過失犯 犯罪事実記載要領〔第2版〕

山口 貴亮 編著

立花書房

本書は時々・情勢の必要に応じ，内容を変更・追加する場合があります。

第2版はしがき

　本書は，水野谷幸夫氏の編著に係る『過失犯犯罪事実記載要領』の記載内容を，ほぼそのまま踏襲した上で，最新判例等を追加したほか，読者の皆様の読みやすさの観点からレイアウト等の見直しをしたものである。

　第2版の特徴としては，
○　医療過誤事件を取り上げることとして，新たに「第15　医療関連事故」の章立てをしたこと
○　初版刊行以降の特殊過失分野における最高裁判例の事案を網羅するなど，合計12の重要な事例を追加したこと
○　新たに「第14　山岳関連事故」及び「第16　公務員関連事故」の章立てをするとともに，内容的に古くなった事例を削除するなど，構成等を見直してアップデートしたこと
などである。

　その他は，基本的には初版の特徴を維持していることから，併せて，「初版はしがき」も参照していただきたい。

　最後に，初版編著者の水野谷幸夫氏（元最高検察庁検事）と，改訂に当たって御尽力をいただいた立花書房出版部馬場野武課長と同部秋山寛和氏に，厚く御礼申し上げる。

　平成31年2月

山口　貴亮

初版はしがき

　本書は，交通事故・船舶事故・医療過誤を除くいわゆる特殊過失事件について，犯罪事実の記載例を示したものである。この種事件の発生件数は，それほど多くはないが，捜査が最終段階に至り，いざ犯罪事実を構成しようとした際，苦慮することがしばしばあるのではないかと思われる。そこで，公刊物に登載された裁判例をできるだけ参照し，その中から参考となりそうな裁判例の「罪となるべき事実」を参照して犯罪事実を構成してみたのが本書である。

　本書の特徴としては

1　最初に実務における過失犯の考え方や，過失犯の共同正犯に係る犯罪事実の記載例を示したこと
2　事故を 12 の類型に分け，これらの類型に入らないものを「その他」とし，犯罪事実を構成したこと
3　最高裁判所まで争われた特殊過失事件についてはできるだけ網羅するようにし，【解説】として当該事件で争点となった事項等を整理したこと
4　火災事故の捜査遂行には消防法令の知識が必要であると思われたことから，必要な限度で消防法令の内容について整理したこと

などを挙げることができる。

　本書では 100 余の裁判例を引用しており，これら裁判例の原典に直接当たることによって，何が捜査上の問題点になっているか，その問題点を解決するためにはどのような捜査をすべきなのかを理解できると思われる。

　なお本書の作成に当たっては，立花書房出版部の安部義彦氏と同編集部の古賀俊臣氏に大変お世話になった。ここに厚く謝意を表したい。

平成 23 年 6 月

水野谷　幸夫

凡　例

本書では，次のような略語等を用いた。

1　判決等

最判（決）	最高裁判所判決（決定）
東京高判	東京高等裁判所判決
大阪地判	大阪地方裁判所判決
広島高岡山支判	広島高等裁判所岡山支部判決
長野地上田支判	長野地方裁判所上田支部判決

2　判例集等

刑集	最高裁判所刑事判例集
高刑集	高等裁判所刑事判例集
下刑集	下級裁判所刑事裁判例集
刑裁月報	刑事裁判月報
判時	判例時報
判タ	判例タイムズ

3　文献等

大塚	大塚裕史『刑法総論の思考方法［新版］』（早稲田経営出版，2005年）
小林	小林充＝植村立郎＝園原敏彦『刑法［第4版］』（立花書房，2015年）
最判解刑	最高裁判所調査官室編『最高裁判所判例解説刑事篇』（法曹会）
注釈2	伊藤榮樹ほか編『注釈特別刑法第2巻』（立花書房，1982年）
西田	西田典之『刑法総論［第2版］』（弘文堂，2010年）
前田	前田雅英『刑法総論講義［第5版］』（東京大学出版会，2011年）

目　次

第2版はしがき

初版はしがき

凡　例

第1　過失犯について

1　過失犯の成立要件……………………………………………………… 1
2　過失犯の構造と犯罪事実の記載例…………………………………… 1
　事例1　過失犯の基本的な記載例………………………………… 4
3　予見可能性における「予見の対象」………………………………… 5
4　過失の個数……………………………………………………………… 7
5　過失の競合と過失犯の共同正犯……………………………………… 10
　事例2　過失犯の共同正犯（その1）…………………………… 11
　事例3　過失犯の共同正犯（その2）…………………………… 14
　事例4　過失犯の共同正犯（その3）…………………………… 15

第2　火災関連事故

1　消防法の概要及び最高裁判例について……………………………… 18
2　犯罪事実………………………………………………………………… 31
　事例5　ホテル火災事故（その1）……………………………… 31
　事例6　ホテル火災事故（その2）……………………………… 40
　事例7　デパート火災事故（その1）…………………………… 43

| 事例 8 | デパート火災事故（その２）……………………………… 49
| 事例 9 | 病院火災事故……………………………………………… 52
| 事例 10 | スーパーマーケット火災事故…………………………… 57
| 事例 11 | その他火災事故（ピアノ塾火災の際にレッスン場にいた児童の焼死事故）……………………………………… 61
| 事例 12 | その他火災事故（石油ストーブ給油中の過失による焼死事故）……………………………………………………… 63
| 事例 13 | その他火災事故（建設会社の寄宿舎火災による焼死事故）……………………………………………………… 65
| 事例 14 | その他火災事故（トンネル内の火災事故）…………… 69
| 事例 15 | その他火災事故（工場内で溶断作業中に飛散した火花による火災事故）………………………………………… 73

第３　食品等の中毒事故

| 事例 16 | ふぐ中毒事故（その１）………………………………… 76
| 事例 17 | ふぐ中毒事故（その２）………………………………… 80
| 事例 18 | 折詰弁当による食中毒事故……………………………… 82
| 事例 19 | さつまあげによる食中毒事故…………………………… 85

第４　乳幼児関連事故

| 事例 20 | 保育園児重傷事故（園外保育中に園児が池に転落した事故）……………………………………………………… 89
| 事例 21 | 保育園児死亡事故（ミルク誤嚥による乳児死亡事故）……… 91
| 事例 22 | 保育園児死亡事故（乳児が寝返りを打ち，敷布団で鼻口を塞がれて死亡した事故）………………………………… 93
| 事例 23 | 保育園児死亡事故（保育園において，幼児が洗濯機槽内に転落して死亡した事故）………………………………… 95

事例24　大型冷蔵庫に入って遊んでいた子供が閉じ込められた事故 …………………………………………………………………… 97
　事例25　幼稚園児死亡事故（病原性大腸菌が混入した井戸水を飲用した園児の死亡事故）……………………………… 99
　事例26　幼稚園児死亡事故（園外保育中に園児が河川の深みにはまって死亡した事故）…………………………… 101
　事例27　幼稚園児死亡事故（幼稚園プールにおいて園児が溺死した事故）……………………………………………… 102
　事例28　幼稚園児死亡事故（浄化槽内に園児が転落して死亡した事故）………………………………………………… 104

第5　学校関連事故

　1　校長の権限等及び学習指導要領について ……………………… 105
　2　犯罪事実 ………………………………………………………… 107
　事例29　高等学校における門扉閉鎖に伴う生徒死亡事故 ………… 107
　事例30　高等学校ラグビー部の合宿練習中における事故 ………… 109
　事例31　高等学校陸上部の練習中における事故 …………………… 111
　事例32　中学校野球部の練習中における事故 ……………………… 112
　事例33　小学校屋上天窓落下事故 …………………………………… 114

第6　飼育動物関連事故

　事例34　飼育している犬による咬傷事故（その1）………………… 116
　事例35　飼育している犬による咬傷事故（その2）………………… 118
　事例36　公園内で飼育している熊による事故 ……………………… 119
　事例37　放し飼いにした闘犬による咬傷事故 ……………………… 121

事例38　猟犬による咬傷事故……………………………………123

第7　鉄道関連事故

　　事例39　単線鉄道における列車の正面衝突事故………………125
　　事例40　ブレーキが作動しない状態となった列車が暴走して多数
　　　　　　の死傷者が出た事故……………………………………127
　　事例41　線路内で作業中の作業員が列車に跳ね飛ばされて死亡し
　　　　　　た事故………………………………………………………130
　　事例42　線路内で負傷者を救助していた救助隊員が列車に跳ね飛
　　　　　　ばされた事故………………………………………………132
　　事例43　列車の正面衝突により多数の死傷者が出た事故……136
　　事例44　発車直前に地下鉄に乗車しようとした乗客の転落事故……139
　　事例45　踏切内で大型貨物自動車と列車が衝突した事故……141
　　事例46　酔客が電車を待っていた女性に衝突して同人をホームか
　　　　　　ら落下させた事故………………………………………143
　　事例47　酔客が線路敷上に転落して圧轢死した事故…………145
　　事例48　大規模な列車脱線事故……………………………………147

第8　ガス関連事故

　　事例49　老朽化したマンション居室内で発生した一酸化炭素中毒
　　　　　　事故…………………………………………………………150
　　事例50　工場内の排水処理場に設置されたジア塩素酸ソーダ貯蔵
　　　　　　タンクから塩素ガスが発生した事故……………………152
　　事例51　アエロジル製造工場の塩素タンクから塩素ガスが漏れた
　　　　　　事故…………………………………………………………157
　　事例52　湯沸器の強制排気装置が作動しなかったため多量の一酸
　　　　　　化炭素が排出された事故………………………………162

事例53 家屋改修工事を担当した者がガス導管を撤去したため，改修工事後に入居した家人が一酸化炭素中毒で死傷した事故………………………………………………………………166

事例54 都市ガスの熱量変更によるガス器具調整作業に過誤があったため一酸化炭素が排出された事故………………169

事例55 工場内で可燃性ガスが噴出し，爆発した事故……………173

事例56 空港ビル増築工事現場において発生したガス中毒事故……176

事例57 ホテル増改築工事における，プロパンガスのガス分岐配管工事によってガス漏れが発生して爆発した事故………178

事例58 地下送水管新設工事中にメタンガスが引火爆発して作業員が死傷した事故……………………………………………181

事例59 温泉施設の爆発事故……………………………………………185

第9 航空関連事故

事例60 ヘリコプター墜落事故…………………………………………189

事例61 超軽量動力機（モーター付きハンググライダー）同士の衝突墜落事故……………………………………………………191

事例62 離陸滑走時に航空機を滑走路外に逸脱させた事故…………193

事例63 着陸の際，滑走路を行き過ぎて前方の堤防に激突し多数の負傷者を出した事故………………………………………197

事例64 航空管制官に過失があるとされたニアミス事故………………201

事例65 脚出し操作を失念して胴体着陸した事故……………………209

第10 スキー場関連事故

事例66 ロープウェイの支索切詰作業中の事故…………………………212

事例67 リフト落下事故……………………………………………………214

| 事例68 | スキースクールに参加した幼児の溺死事故 … 215

第11 遊戯施設関連事故

| 事例69 | 遊戯場内に設置された「象電車」の脱線転覆事故 … 216
| 事例70 | 博覧会会場におけるジェットコースター追突事故 … 218
| 事例71 | 博覧会会場におけるウォーターライド転落事故 … 221

第12 水難等事故

| 事例72 | 観光ダイバーの溺死事故 … 223
| 事例73 | 夜間潜水指導中の溺死事故 … 225
| 事例74 | スキューバ・ダイビング中の死亡事故 … 228
| 事例75 | スイミングスクールにおける小学生の溺死事故 … 229

第13 工事現場関連事故

| 事例76 | 河川の分水路トンネル掘削工事現場において，豪雨のためトンネルが水没し，作業員が溺死した事故 … 230
| 事例77 | マンション建築現場において資材が落下して作業員が死亡した事故 … 234
| 事例78 | 店舗新築工事に伴う試着室の組立が不十分であったため，試着室完成後2年半を経過してから試着室の天井パネル板が落下して客が負傷した事故 … 235
| 事例79 | クレーン車による鋼材吊上作業中，懸吊用ワイヤーロープに高圧電線から流電し，作業員が感電死した事故 … 237
| 事例80 | フォークリフトのフォークを道路へはみ出して駐車していたところ，原動機付自転車が激突した事故 … 239

|事例81| 水道管敷設工事に従事中の作業員がレンガ塀の下敷きになった事故·················241

|事例82| 看板塔への看板取付け作業中の支柱倒壊事故·················243

第14 山岳関連事故

|事例83| 高等学校山岳部の合宿練習中における事故·················245

|事例84| 雪崩事故·················251

|事例85| 登山ツアーに参加したツアー客の遭難事故·················253

第15 医療関連事故

|事例86| 薬剤の取り違え事故·················256

|事例87| 薬剤の過剰投与事故（薬量の誤り）·················259

|事例88| 患者を取り違えて手術をした事故·················264

|事例89| 手技の誤りによる事故（その1）·················271

|事例90| 手技の誤りによる事故（その2）·················273

|事例91| 歯科インプラント手術における事故·················275

|事例92| レーシック手術後の細菌感染による事故·················277

|事例93| 医療機器の操作ミスによる事故·················279

第16 公務員関連事故

|事例94| 医薬品の規制に係る事故·················280

|事例95| 砂浜陥没事故·················285

|事例96| 町民プールで発生した溺死事故·················288

| 事例97 | 花火大会の際の歩道橋における雑踏事故 ……………………289

第17　その他の事故

| 事例98 | 路上でゴルフクラブの素振りをしていた際に生じた事故 …… 294
| 事例99 | ディスコ内の照明器具落下事故 ………………………………296
| 事例100 | 大型回転ドアに挟まれた児童が死亡した事故 ………………298
| 事例101 | 立体駐車場のエレベーターによる圧死事故 …………………301
| 事例102 | 点検中の高所放水車横転による消防士死亡事故 ……………302
| 事例103 | 杉の伐採中における倒木による死亡事故 ……………………303
| 事例104 | 潜水夫が漁船のスクリューに巻き付いた縄を取り除く作業をしていた際，エンジンを始動させたため同人を死亡させた事故 ……………………………………………………304
| 事例105 | ダートトライアル競技の練習中に同乗者が死亡した事故 ……………………………………………………………………307
| 事例106 | トラックの脱輪事故 ……………………………………………311

判例索引 ……………………………………………………………………315

第1 過失犯について

1 過失犯の成立要件

業務上過失致死傷罪・重過失致死傷罪（刑法211条），過失運転致死傷罪（自動車運転死傷処罰法5条），過失致死罪（刑法210条）などの過失犯が成立するためには
- 被疑者が注意義務に違反したこと
- 被疑者の注意義務に違反する行為によって，被害者の死傷という結果が発生したこと（被疑者の注意義務違反行為と結果の発生との間に因果関係があること）

が必要である。その注意義務の内容としては，これを結果の発生を予見すべき義務（結果予見義務）と結果の発生を回避すべき義務（結果回避義務）の2つに分け，それぞれその論理的前提として，結果発生の予見可能性と結果発生の回避可能性とを考えるのが一般的である。

2 過失犯の構造と犯罪事実の記載例

過失犯の構造の理解のため教科書等で示されている判例として，**最決昭和42年5月25日刑集21・4・584**（弥彦神社餅まき事件）がある。この決定において，最高裁は，

「本件事故は，新潟県〇〇郡〇村所在の弥彦神社の職員である被告人らが，昭和30年12月31日から翌年元旦にかけていわゆる2年詣りと呼ばれる行事を企画施行し，その行事の一環として午前0時の花火を合図に拝殿前の斎庭で餅まき（福餅撒散）を行ったが，その2年詣りの参拝者中，午前0時より前に前記斎庭に入り，餅を拾うなどしたのち同神社随神門から出ようとする群衆と，その頃餅まきに遅れまいとして前記随神門から前記斎庭内に入ろうとする群衆とが，前記随神門外の石段付近で接触し，いわゆる滞留現象を

生じたため，折り重なって転倒する者が続出し，窒息死等により124名の死者を出したというものである。この事故において，被告人らにより餅まき等の催しが行われたこと及び前記死者の生ずる結果の発生したことについては，疑いを入れる余地はない。そこで，**前記神社の職員である被告人らにこの事故に関する過失の罪責があるかどうかを，前記結果の発生を予見することの可能性とその義務及びその結果の発生を未然に防止することの可能性とその義務の諸点から順次考察すると**，本件発生当時においては，群衆の参集自体から生じた人身災害の事例は少なく，一般的にこの点の知識の普及が十分ではなかったとはいえるにしても，原判決の認定するごとく，※<u>前記2年詣りの行事は，当地域における著名な行事とされていて，年ごとに参拝者の数が増加し，現に前年（昭和30年元旦）実施した餅まきの際には，多数の参拝者がひしめき合って混乱を生じた事実も存する</u>のであるから，原判決認定にかかる時間的かつ地形的状況の下で餅まき等の催しを計画実施する者として，参拝のための群衆の参集と，これを放置した場合の災害の発生とを予測することは，一般の常識として可能なことであり，また当然これらのことを予測すべきであったといわなければならない。したがって，本件の場合，国鉄弥彦線の列車が延着したことや，往きと帰りの群衆の接触地点が地形的に危険な前記随神門の石段付近であったこと等の悪条件が重なり，このため，災害が異常に大きなものとなった点は否定できないとしても，**かかる災害の発生に関する予見の可能性とこれを予見すべき義務とを，被告人らについて肯定した原判決の判断は，正当なものというべきである。そして，前記予見の可能性と予見の義務が認められる以上，被告人らとしては，あらかじめ，相当数の警備員を配置し，参拝者の一方交通を行う等雑踏整理の手段を講ずるとともに，前記餅まきの催しを実施するに当たっては，その時刻，場所，方法等について配慮し，その終了後参拝者を安全に分散退出させるべく誘導する等事故の発生を未然に防止するための措置をとるべき注意義務を有し，かつこれらの措置をとることが，被告人らとして可能であったことも，また明らかといわなければならない**。それにもかかわらず，被告人らが，参集する参拝者の安全確保について深い関心を寄せることなく，漫然餅まきの催しを行い，雑踏の整理，参拝者の誘導等について適切な具体的手段を講ずることを怠り，そのために本件のごとく多数の死者を生ずる結果を招来したものであることは，原判決の認定するとおりであり，結局，本件について被告人らを過失致死の罪責に問擬した原判決の判断は正

当というべきである。」
旨判示した。ここでは，結果発生の予見可能性→結果発生の予見義務→結果の回避可能性→結果回避義務という順序に従って過失犯の成否を判断している（波線アンダーライン※の箇所は，被告人にとって結果発生が予見可能であった理由を述べているものである。）。

　しかしながら，捜査の現場においては，この種事案について，結果から遡って過失の有無を検討しているのが実際である。上記事案においては，まず，どうすれば結果を回避できたのかを検討し（火災事故やガス爆発事故等の場合は，まず，火災やガス爆発の原因を解明し，その上でどうすれば結果を回避できたかを検討することになる。），その後，当時の状況下においては現実にそのような結果回避措置をとることが可能であったのか，当時の状況からしてそのような結果回避措置をとらなかった場合に事故が発生することの予見が可能であったのか（予見が可能であれば予見すべき義務があることになる。）を考えることになる。その結果，被疑事実や公訴事実については，（結果予見可能性や結果回避可能性の存在を前提として）結果回避義務違反のみを掲げるのが一般的である。

　過失犯（業務上過失致死傷罪）の犯罪事実の記載例を1つ示してみる。

| 事例 | 1 | 過失犯の基本的な記載例 |

　被疑者は，東日本旅客鉄道株式会社（以下「JR東日本」という。）に○○として勤務する一方で，踏切警手の職務にも従事し，平成○年○月○日午前8時25分頃から横浜市○○区○○町△番地先JR東日本○○線の産業道路踏切において，①踏切遮断機の開閉等の業務に従事していたものであるが，②同踏切にはかねてより，○○式警報機が踏切の各側にそれぞれ1基ずつ設置され，同警報機は，上下各線を区別することなく，上り線の場合は同踏切から約440メートル手前まで電車等が進来すると鳴動を開始し，同踏切を過ぎて約70メートルの地点に至ると鳴動を終了し，下り線の場合は同踏切約270メートル手前まで電車等が進来すると鳴動を開始し，同踏切に至ると鳴動を終了するようそれぞれ調整されていたので，上り電車が同踏切を通過しても，同踏切から約70メートルの地点にある警報機鳴動終了点を通過するまでは，同警報機が上り線のみで鳴動しているのか，あるいは下り線を電車等が進来し既に警報機鳴動開始点を過ぎているため，下り線の関係においても鳴動しているのかどうか判別することはできない状態にあったところ，同日午前8時33分頃，上り第○○号電車が同踏切を通過したので降下させていた遮断機を上げようとしたが，当時同踏切の警報機は未だ鳴動中であったので，③踏切警手としてはあらかじめ同踏切を通過する電車等の通過時間を正確に把握しておき，かつ，警報機の作動終了を待ち，反行電車の有無を注意し，遮断機を開く途中あるいは開いた直後，電車が通過することがなく，同踏切を横断する通行人が安全であることを確認した後，遮断機を開くべき業務上の注意義務があるのに，④これを怠り，漫然前記第○○号電車が同踏切を通過し，約15メートル過ぎるや，既に下り第△△号電車が定時運転で，同踏切手前100メートルくらいまで接近していたのに気付かず，同踏切の警報機が上り電車のためにのみ鳴動しているものと軽信し，遮断機を開いた過失により，⑤同踏切○○寄り道路からA（当時○歳）運転の普通乗用自動車及びB（当時○歳）運転の原動

機付自転車をして同踏切内に進入させ，折から進行して来た前記第△△号電車に同人らを接触させて跳ね飛ばさせ，⑥よって，前記Aを脳挫傷により即死させ，前記Bに対し，全治約1か月間を要する脳内出血等の傷害を負わせたものである。

【解説】
　最決昭和37年12月28日刑集16・12・1752の事案を基にした記載例である。記載例のうち，波線アンダーライン①は，被疑者が業務者という身分を有する者（刑法211条前段）であることを示している。二重線アンダーライン②は，注意義務発生の前提となる具体的状況である。これによって，被疑者にとって結果発生の予見が可能であったことを示している。波線アンダーライン③は，被疑者に課せられている注意義務（結果回避義務）の内容を明らかにし，かつ，被疑者がこのような結果回避義務を講じることによって，結果の回避が可能であったことも示している。二重線アンダーライン④は，過失行為を示したものである。二重線アンダーライン⑥は，構成要件的結果を具体的に示したものであり，波線アンダーライン⑤は，過失行為からこの結果に至る具体的な因果の経過を明らかにし，因果関係の存在を示しているものである。

　当該被疑者に課せられる注意義務（結果回避義務）の内容については，具体的事件ごとにその内容が決せられることになるが，法令・契約・慣習・条理などがその発生根拠となる。上記最決は，被告人とされた踏切警手に注意義務が発生する根拠について，「およそ人の生命・身体に危害を生ずるおそれのあるいわゆる危険業務に従事する者は，その業務の性質に照らし危害を防止するため法律上・慣習上若しくは条理上必要なる一切の注意をなすべき義務を負担する。」旨判示している。

3　予見可能性における「予見の対象」

　結果の予見可能性において，予見の対象となる結果とは何かについても考える必要がある。予見可能性は特定の構成要件的結果を対象とした具体的なものでなければならないが，現実に生じた結果の日時・場所・態様等につい

てまで，正確に予見できたか否かを問題にするのは不合理なので，予見可能性の対象となる結果は，ある程度抽象化せざるを得ない。この点で参考となるのは，**最決平成元年3月14日刑集43・3・262**である。この事案は，普通貨物自動車を運転していた被告人が，最高速度が時速30キロメートルに指定された道路を時速約65キロメートルで運転して走行中，対向してきた車両を認めて狼狽し，ハンドルを左に急転把した過失により，道路左側のガードレールに衝突しそうになり，あわてて右に急転把し，自車の走行の自由を失わせて暴走させ，道路左側に設置してある信号柱に自車左側後部荷台を激突させ，後部荷台に同乗していたXとYの2名を死亡させ，助手席に同乗していたZに傷害を負わせたというものであり，被告人は，後部荷台にXとYが乗車していたことは知らなかったところ，最高裁は，

「被告人において，右のような<u>無謀ともいうべき自動車運転をすれば人の死傷を伴ういかなる事故を惹起するかもしれないことは，当然認識しえたものというべきである</u>から，たとえ被告人が自車の後部荷台に前記両名が乗車している事実を認識していなかったとしても，前記両名に関する業務上過失致死罪の成立は妨げないと解すべきであ」る

と判示した（最判解刑平成元年度86頁は，「具体的予見可能性説にいう『具体的結果』についても，一定の抽象化が必要であることは明らかであり，特定の被害者に具体的に発生した死傷の結果を，その日時・場所・態様等についてまで精確に予見することが可能であったか否かを問題にすることは不合理というべきである。問題は，その抽象化の程度であるが，過失犯が故意犯と並ぶ犯罪の形態である以上，その解釈も故意犯とできるだけパラレルにすべきであろうから，故意犯における故意の対象の具体性の程度に関する議論を参考にすべきものと思われる。具体的事実の錯誤に関する判例・通説である法定的符合説（抽象的法定的符合説とも呼ばれる）は，およそ人を殺そうとして人を殺した以上誰を殺そうと，故意犯の成立を認めるのであり，これを故意の対象という観点から言い換えると，たとえば殺人罪の故意の成立には，人を殺すという認識があれば十分であり，『そこにいる人』を殺すという認識や，『誰々という特定の人』を殺すという認識までは不要であるとするのである。また，群集に向かって爆弾を投げ込むような場合，行為者には誰が死亡するのか，幾人が死亡するかは予測できないが，このような場合は，講学上『概括的故意』と呼ばれており，殺人の故意が肯定されることはいうまでもない。故意犯について以上のような解釈を採るのであれば，構成要件

の定型性が緩やかであることは一般に承認されている過失犯について，より厳格に解すべき理由はないはずであるから，たとえば<u>業務上過失致死罪が成立するためには，およそ人が死ぬということの予見可能性があれば足りると解釈せざるをえないであろう。</u>」という。）。

因果の経過についても，現実に生じた具体的な因果の経過について予見可能性がなくても，ある程度抽象化されたものであれば，予見可能性を肯定してよいといわれている。

4 過失の個数

過失の個数も問題となる。ある被疑者の注意義務違反が2個以上段階的に重なって結果が発生した場合，そのうちどれを法律上の過失とみるべきかという問題である。結果に直結する最後の過失（直近過失という）だけが過失犯を構成する過失であるとする考え方（直近過失一個説）と，結果と因果関係を有する過失は，いずれも併存的に過失犯を構成する過失になり得るとする考え方（過失併存説）がある。実務上は，ある被疑者の過失が2個以上段階的に積み重なって結果が発生したと考えられる事案においては，過失併存説に立ち，結果との間に因果関係の認められる過失を被疑事実や公訴事実に複数記載しているのが一般的である。

注） 札幌高判昭和40年3月20日高刑集18・2・117
　　最初に直近過失一個説を採用したのは，上記札幌高判であるといわれているが，この事案は，被告人が知人のXとYを自車（普通貨物自動車）に乗せて飲食店に行き，3人で飲酒後，執ように頼まれたことから，Xが無免許であることを知りながら，自車をXに運転させ，自分は助手席に乗り（Yは後部座席に同乗），Xが運転後約30分を経過した頃（午後9時30分頃），交通事故を起こしたというものである。その事故の内容は，Xが，積雪により凍結した路面上を時速約50キロメートルで走行していた際，対向車の前照灯に驚き急ブレーキを強くかけるという拙劣な運転操作を行い，そのため後車輪を滑走させて道路右側部分に進入した上，車を約90度右回転させ，折から右道路部分を対進してきたW運転の普通乗用自動車の前部に自車左側面を激突させて，W，同人運転車両の同乗者及びYに傷害を負わせたというものである。

この事案において，検察官は，被告人には，①無免許であるXが運転することを許容し委ねたという過失，②X運転中に助手席に同乗しながら事故を防止するための運転操作の指導監督を怠ったという過失，の2個の過失が認められると主張したが，札幌高裁は，
　「実定法上現実に結果が発生した場合にのみ過失犯の成立を認め得るとされている以上，発生した結果と無関係に，ある時点における被告人の不注意な行動を非難することは無意味であるから，被告人の過失責任の存否を判断するには，まず，現実に生じた法益侵害の結果を起点として因果の連鎖を遡り，被告人の作為又は不作為によって因果の流れを変え得たと目される最初の分岐点において被告人による結果の予見及びその回避の可能性を検討し，これが否定された後初めて順次それ以前の段階に遡って同様の検討を繰り返すことが必要であって，かつ，これをもって足りるといわなければならない。本件についてこれをみるに，まず，発生した結果に最も近接する②の注意義務の存否を確定することが先決問題であり，これが肯認されるにおいては，それ以前の段階に属する①の注意義務の存否を論ずることは被告人の刑事責任を追及する上で全く無意味であるということになる。換言すれば，②の注意義務が肯認される限り，その遵守によって結果発生を回避できたことになるのであるから，それ以前の段階において被告人にいかに道義的非難に値する不注意な行状が認められようと，かかる行状は，発生した結果に対する被告人の過失責任を基礎づけるものではなく，②の時点における被告人の注意義務の前提となる客観的状況の一つとして把握すれば足りる。」旨判示した上，
　「被告人の本件における具体的な注意義務の内容につき検討することとする。およそ運転資格なく，技量未熟で，かつ酒気を帯びている者に対し，自己の運行管理する自動車の運転を委ねることは強い道義的非難に値し，また道路交通法に違反する行為であるとはいえ，かかる者の運転行為であっても道路及び交通の状況，運転する速度方法のいかんによっては常に必ず事故を招来するものとは限らない（現にXは本件事故発生に至るまでの約30分間は無事運転を継続している。）のであるが，これらの要素は運転継続中に刻々変化するものであるから，かかる者に自己の運行管理する自動車の運転を委ねつつ車中にある自動車運転者としては，絶えず歩行者の有無，対向車その他の車両等の交通量，地形，路面の状況，障害物の有無，建物その他道路周辺の工作物等の状況，進行速度その他一切の状況に深甚の注意を払い，運転中の無資格者の技量の

程度に応じ,事故発生の危険が予見されるにおいては,直ちに減速,徐行,運転方法の変更その他適切な指示を与え,要すれば運転の中止を命じて自身で運転する等随時適切な措置に出て,もって事故発生を未然に防止すべき業務上の注意義務があると解すべきである。本件にこれをみるに,被告人は,運転資格なく,技量未熟で,かつ,酒気を帯びていたXに被告人の運行管理する本件自動車の運転を委ねつつ助手席に同乗しながら,何ら適切な助言等をすることなく漫然仮眠を貪って本件事故を惹起させるに至ったものであり,Xの無資格,技量未熟及び酒気帯びの事実を知悉している被告人としては,当時の速度,路面の凍結状況及び対向車の存在等の事情から客観的に結果発生を予し得たものと考えられ,被告人の運転経験からすれば結果回避のための適切な指示,助言も可能であったと認められるから,被告人には前記注意義務を怠った過失があると認めるのが相当である。」
旨判示した。

注) 小林110～111頁は,「トラックの運転者が荷台に粗雑な荷の積み方をし,しかも運転の仕方が乱暴であったため,荷が落下して通行人が負傷した場合,不注意としては,①荷台に粗雑な荷の積み方をしたということ,②運転の仕方が乱暴であったということが考えられる。また,ハンドル操作に支障を来すような高速で自動車を運転し,それも一因となって右折に際してのハンドル操作が的確さを欠いたため人身事故が発生した場合,不注意としては,①高速で自動車を運転したということ,②右折に際してのハンドル操作が的確さを欠いたということがそれぞれ考えられる。この点について,直近唯一過失説と過失併存説とが存在する。」,「直近唯一過失説によれば,前記の各例においては,いずれも②だけが過失犯を構成する過失となる。これに対し,過失併存説によれば,前記の各例においては,いずれも①②とも過失犯における過失としてよいことになる」,「基本的には,過失併存説に従うのが相当であろう。いずれの過失も結果発生と無関係とはいえない以上,因果関係につき条件説を基調とする立場からはこれを法律的な過失としない根拠に乏しいといわざるを得ない。また,先行過失の程度が直近過失のそれに比べて同等又は重大である場合は,直近過失のみを法律上の過失とすることは不自然であり,前記例はいずれもそのような場合といってよいであ

ろう。ただ，問題となる不注意が結果に対して極めて間接的で遠因的な意味しかもたない場合は，相当因果関係説的な思考により，これを法律上の過失とは構成しないのが相当であろう。」旨をいう。

5 過失の競合と過失犯の共同正犯

複数人の過失が競合して結果を発生させた場合を過失の競合といい，その場合には，競合した各過失ごとに，過失犯の成立要件を個別的に検討する必要がある。過失の競合の場合は，それぞれにつき異なった注意義務を認めてそれぞれを単独犯とするものである。これに対し，過失犯の共同正犯が認められるか否かについては，学説上，見解の対立があるが，これを認める実益は，結果と個々の過失との間の因果関係が不明である場合に行為者全員に対して発生した結果全部について責任を負わせることができるという点にある。

下級審の裁判例の中には，過失犯の共同正犯を肯定するものがあるので，この裁判例の事案を例にとって「犯罪事実」の記載例を示してみる。

| 事例 | 2 | 過失犯の共同正犯（その１） |

　被疑者両名は，いずれも通信線路工事の設計施工等を目的とするＭ通信工業株式会社の線路部門担当作業員として，電話ケーブルの接続部を被覆している鉛管をトーチランプの炎により溶解開披して行う断線探索作業等の業務に従事していたものであるが，平成○年○月○日午前○時○分頃，東京都世田谷区○○４丁目○番○号所在の日本電信電話株式会社（以下「ＮＴＴ」という。）世田谷電話局第○棟局舎の地下から約130メートル○○交差点寄り地点にある地下洞道（ＮＴＴ所有，コンクリート造，幅員約2.65メートル，高さ約2.35メートル，床面中央部に幅員約0.82メートルの通路，壁面北側に８段24条，南側に７段18条，合計42条の電話ケーブル設置）において，電話ケーブルの断線探索作業に共同して従事し，壁面北側の下から４段目に並列して設置された３本の電話ケーブルのうち通路寄りの１本（ＩＹケーブル）につき断線を探索した際，その下段の電話ケーブル上に布製防護シートを掛け，通路上に垂らして覆い，点火したトーチランプ各１個を各自が使用し，鉛管を溶解開披する作業中，断線箇所を発見し，その修理方法等を検討するため，一時，前記洞道外に退出するに当たり，同所には前記のとおり布製防護シートが垂らされており，前記シートにトーチランプの炎が接して着火し，火災が発生する危険があり，これを十分に予見することができたのであるから，その危険を回避するためには，<u>被疑者両名において，前記作業で使用した合計２個のトーチランプを指差し呼称するなどして確実に消火したことを相互に確認し合い，共同して火災の発生を未然に防止すべき業務上の注意義務があるのに，これを怠り，前記２個のトーチランプの炎が確実に消火しているか否かにつき何ら相互の確認をすることなく，トーチランプを前記防護シートの近接位置に置いたまま，被疑者両名共に同所を立ち去った過失により</u>，前記２個のトーチランプのうちとろ火で点火されたままの状態にあった１個のトーチランプから炎を前記防護シート等に着火させ，さらに前記電話ケーブル等に延焼させ，よって，ＮＴＴ所有

の電話ケーブル合計104条（加入電話回線等23万3800回線，総延長1万4600メートル）及び洞道壁面225メートルを焼損させ，これにより，前記世田谷第○棟局舎に延焼するおそれのある状態を発生させ，もって，公共の危険を生じさせたものである。

（業務上失火）

【解説】

　東京地判平成4年1月23日判時1419・133の事案を基にした記載例である。この事案において，東京地裁は，

「過失犯の共同正犯の成否等に関しては議論の存するところであるが，本件のごとく，社会生活上危険かつ重大な結果の発生することが予想される場合においては，相互利用・補充による共同の注意義務を負う共同作業者が現に存在するところであり，しかもその共同作業者間において，その注意義務を怠った共同の行為があると認められる場合には，その共同作業者全員に対し過失犯の共同正犯の成立を認めた上，発生した結果全体につき共同正犯者としての刑事責任を負わしめることは，なんら刑法上の責任主義に反するものではないと思料する。」

と判示した。この東京地裁の考え方は，「法律上，共同行為者に対して共同の注意義務が課せられている場合に，共同行為者がその注意義務に共同して違反したと認められる客観的事態が存在するとき」に過失犯の共同正犯の成立を認めることができるという学説を採用したといえる。問題は，どのような場合に共同の注意義務違反（結果回避義務違反）が認められるかということである。

　2人以上の者の過失行為が結果発生に関与したといえる場合につき，これを2つの類型に分けて考え，1つの類型を**並行的危険創出型**，もう1つの類型を**一体的危険創出型**と呼び，「前者は，1人1人の行為がそれぞれ独立して結果を発生させる危険性を持っているが，2人以上の者が同一の機会にこのような危険行為を並行して行ったところ，その中の誰かの行為から結果が発生したという類型である。このような場合は，基本的には，各自が個別に，その行為によって生じた結果について罪責を負う過失単独犯が同時に複数存在する過失同時犯として構成するのが原則（過失の競合）であるが，各関与者の作業の危険性から，共同作業に従事する他者の行為からも危険が現実化

することのないように結果を回避すべき義務が関与者全員に課されているような場合には，これを単独犯として評価するよりも共同正犯として評価する方が実体に合っている。その代表的な例が，上記の東京地裁の判決の事案である。この事案において，共同正犯が認められた背景には，両名が同一の通信工事会社に勤務する作業員であり，ほぼ対等の地位で同内容の作業をしていたこと，元請会社の内規に危険回避の措置が明記されていたこと，両名には同社から繰り返し危険回避の措置に関する指示がなされていたことなどの事情があった。この中で，共同の結果回避義務の有無の判断要素として重要なのが『関係者が対等・平等の地位にあった』という点である。自己の行為について注意を払うだけでなく，他人に注意義務を遵守させるという内容の結果回避義務がお互いに認められるためには，両名が実質的にみて同一内容の作業を行っているといえる場合でなければならないからである。これに対し，関与者相互の間に上下関係があるような場合には，原則として，上位者に（過失単独犯としての）監督義務が認められるとしても下位の者が上位の者を監督すべき義務はないので，共同の結果回避義務は否定される。」（大塚531〜532頁）との分析がなされているのが参考となる。

| 事例 | 3 | 過失犯の共同正犯（その2） |

　被疑者甲及び被疑者乙の両名は，いずれも米海軍佐世保基地米国海兵隊所属の海兵隊員であるが，平成○年○月○日午前○時○分頃，佐世保市○町○番地△△桟橋に係留中の同市○○局○○部所属のディーゼルエンジン付き観光船第○○丸（43.76トン）を認めるや，酒に酔って好奇心からこれを運航しようと考えて共に同船に乗り込んだものであるが，両名共にこの種船舶運航の技能も経験もなく，かつ，同所付近は屈曲の多い海岸線がある危険海面であったので，衝突，座礁等の事故発生が十分に予想されたのであるから，自らこれを運航すべきでないのにかかわらず，不注意にも被疑者甲は同船の操舵を，被疑者乙はその機関部の操作をなし，両名共同して同船を運航した過失により，その操舵を誤り，同船を前記桟橋から西方約200メートルの対岸に衝突座礁させ，同船に対し○○の脱落，○○の破損等を生じさせ，同船を破壊したものである。

（過失往来妨害）

【解説】

　佐世保簡判昭和36年8月3日下刑集3・7＝8・816の事案を基にした記載例である。この事案は，一体的危険創出型の事案である。「一体的危険創出型とは，1人1人の行為は独立して結果を発生させる危険はないが，2人以上の者の過失行為が競合すると結果を発生させるという類型である。前記の佐世保簡裁の事案は，両名は，2人で力を合わせなければ動かせないような観光船を意思を通じて運航させたのであるから，2人の関与が一体となって危険を惹起したといえる。したがって，両名には共同して危険行為自体を避止すべき義務（共同の結果回避義務）があるといえる。」（大塚530～531頁）。

| 事例 | 4 | 過失犯の共同正犯（その3） |

　被疑者両名は，鉄骨組立業を営む株式会社X鉄工所の従業員として，いずれも電気溶接機を用いて行う鋼材溶接作業などの業務に従事していたものであるが，同社が請け負った三重県○市○末○番地所在の料理旅館AことY方の食堂拡張工事に関連して，旧館東側（旧館と新館との接続部北側）の同工事現場において，平成○年○月○日午後3時過ぎから相協力して，同工事によりほぼ骨組の完成した建築物（食堂）の天井部のH鋼梁（旧館東側外壁に沿ったH鋼梁）にこれに支えるH鋼間柱（上部）を電気溶接機を用いて溶接して固定するという作業を行うに当たり，同作業（溶接それ自体は前記接続部から張り出した庇の上で行う。）は，あらかじめ同旅館作業員Wにおいて旧館1階客室Eの間の東側モルタル外壁中土台部分と上方1階木製梁（本件梁）付近との間の部分を約30センチメートル幅で壊し，さらに旧館東側外壁中本件梁の上部のモルタルが剝離している箇所に当てられていたベニヤ板の部分を約20センチメートル幅（左右の幅）で切り取った上，本件梁をはつり，その一部をえぐり取るなどして準備しておいた跡に前記H鋼間柱を垂直にはめ込み，その上部を，上方のH鋼梁に溶接して固定するというものであり，同溶接箇所周辺には，この箇所に接着して，若しくは接着に近い状態で近接して，前記ベニヤ板残存部，その裏側のモルタルが剝離して露出している下地（フェルト），乾燥した木ずりなどの可燃物が存在し，しかも，同可燃物は溶接者や監視者からは視認できない場所にも存在していたのであるから，かかる状況下で本件溶接作業を行うときには，電気溶接の際発生する熱（溶接時，そのアーク炎の温度は摂氏4000度から5000度に達する）の輻射熱又は火花（スパッタ）などによって前記可燃物が発火し燃焼し始め，その火が回って旧館が炎上して建物焼損に至る危険があり，これを回避するには，以上の輻射熱やスパッタなどが前記可燃物に達したりしないように，被疑者両名とも，あらかじめ，薄鉄板などの不燃物で同可燃物を溶接箇所から遮へいする措置を講じなければならない業務上の

注意義務があるのに，これを怠り，同措置を講じないまま本件溶接作業を始めても，作業中に1人が溶接し，他方がこれを監視し，さらに作業後に溶接部位にバケツ1杯の水をかけさえすれば，前記可燃物の発火を防止できると軽信し，前記措置を講じないまま，一方が庇の上で溶接し，その間他方が地上でスパッタの飛散状況を監視するという方法で，共同して本件溶接作業を開始した過失により，同作業中に電気溶接により発生した熱の輻射又はスパッタなどによって前記可燃物が発火して燃焼し始め，その火が急速に回って旧館が炎上し，もって，前記Yらが現に旅館客室などに使用する建造物を焼損したものである。 （業務上失火）

【解説】

名古屋高判昭和61年9月30日判時1224・137の事案を基にした記載例である。この事案は，両名のうちのいずれの溶接行為の火花が原因であるか特定できなかったものである。

名古屋高裁は，

「被告人両名の行った本件溶接作業（電気溶接機を用いて行う鋼材溶接作業）は，まさに同一機会に同一場所で前記H鋼梁とH鋼間柱上部鉄板とを溶接固定するという1つの目的に向けられた作業をほぼ対等の立場で交互に（交替して），一方が溶接し，他方が監視するという方法で2人が一体となって協力して行った（一方が他方の動作を利用して行った）ものであり，また，被告人両名の間には，あらかじめ，遮へい措置を講じないまま本件溶接作業を始めても，作業中に一方が溶接し他方が監視し作業終了後に溶接箇所にバケツ1杯の水をかければ大丈夫である（可燃物への着火の危険性はない）からこのまま本件溶接作業にとりかかろうと考えていること（予見義務違反の心理状態）についての相互の意思連絡の下に本件溶接作業という1つの実質的危険行為を共同して（危険防止の対策上も相互に相手の動作を利用し補充し合うという共同実行意思の下に共同して）本件溶接作業を遂行したものと認められる。つまり，被告人両名は，単に職場の同僚としてあらかじめ前記措置を講ずることなくして前記危険な溶接作業（実質的危険行為）をそれぞれ独立に行ったというものではない。このような場合，被告人両名は，共同の注意義務違反行為の所産としての本件火災について，業務上失火の同時犯ではなく，そ

の共同正犯としての責任を負うべきものと解するのが相当である。」
旨判示した。

　「この名古屋高裁の事案は，やや態様は異なるものの，一体的危険創出型の亜型であるといってよい。単独では危険の創出が困難というような事情はないものの，一体的危険創出型と同じく，両名が，相互に協力して積極的に一体的危険を創出しているからである。溶接箇所とこれに接着又は近接する可燃物を遮へいする措置を講ずることなく，相互に交替しながら溶接作業を行った事実がこれに当たる。」（大塚仁＝佐藤文哉編『新実例刑法（総論）』〔青林書院，2001年〕348〜349頁）とされている。

第2 火災関連事故

　戦前・戦後を通じて，我が国では，デパートやホテル等の火災によってこれら建物内にいた多数の者が死傷するという火災事故が発生している。これら火災事故の捜査遂行に当たっては，消防法等の関係法令を知っておく必要がある。それは，刑法211条前段の業務上過失致死傷罪の成否を検討する際，誰にどのような内容の注意義務があるのかを確定する際に必要であるからである（注意義務の内容が確定しないと犯罪事実を構成することはできない。）。そこで，ここでは消防法について説明することとする（建築基準法等については，「犯罪事実の記載例」の解説中で触れることとする。）。

1 消防法の概要及び最高裁判例について

(1) 消防法17条1項は,
　「学校，病院，工場，事業場，興行場，百貨店，旅館，飲食店，地下街，複合用途防火対象物その他の<u>防火対象物</u>で政令で定めるものの関係者は，<u>政令で定める消防の用に供する設備</u>，消防用水及び<u>消防活動上必要な施設</u>（以下「<u>消防用設備等</u>」という。）について，消火，避難その他の消防の活動のために必要とされる性能を有するように，政令で定める技術上の基準に従って，<u>設置し，及び維持しなければならない</u>」（<u>防火対象物とは建築物の</u>ことであると考えてよい。防火対象物の定義規定は同法2条2項。）
と規定している。したがって，学校・病院・百貨店・政令で定める防火対象物の「関係者」は，政令で定める「消防用設備等」を当該防火対象物に<u>設置し</u>，これを維持しなければならない。

注) 消防法17条1項の法意
　「17条1項の法意は，一定の建築物における火災および人命に対する危険の排除，安全確保等のため，定型的，技術的な措置（作為義務）を課したもの」である（森本宏編著『判例から見た防火管理責任論』〔全

国加除法令出版，1979年〕96頁）。消防長又は消防署長は，同項の防火対象物に消防用設備等が設置されていない場合や設置されていてもそれが適正でない場合は，当該防火対象物の関係者で権原を有する者（当該防火対象物の所有者，管理者又は占有者で下記命令の内容を法律上履行できる地位にある者のこと）に対し，消防用設備等を設置するよう命じたり，修理・部品の取替え等必要な措置をなすべきことを命じたりすることができる（同法17条の4第1項。この命令に違反した場合は，1年以下の懲役又は100万円以下の罰金に処せられる〔同法41条1項5号〕。）。

注）**条例による技術基準**

　　市町村は，消防用設備等の技術基準に関する政令の規定のみによっては，防火の目的を十分に達し難いと認めるときは，条例によって政令と異なる技術基準を定めることができる（同法17条2項）。ホテル等の火災事故の捜査においては，当該ホテル等の所在地の地方自治体がこの種の条例を制定していないかどうか，条例違反の事実がないかどうかも確認する必要がある。

　上記「政令」とは，消防法施行令を意味し，同施行令6条は，「防火対象物」を，①劇場，映画館，演芸場，観覧場，②百貨店，マーケットその他の物品販売業を営む店舗又は展示場，③旅館，ホテル，宿泊所，④病院，診療所，助産所，⑤老人短期入所施設，養護老人ホーム，特別養護老人ホーム，有料老人ホーム，⑥図書館，美術館，博物館，⑦地下街，などとしている（詳細については，同施行令別表第1を参照）。また，上記「関係者」とは，「防火対象物……の所有者，管理者又は占有者をいう。」（同法2条4項）とされているので，ホテル，デパート等の防火対象物の所有者，管理者又は占有者は，同施行令で定める「消防用設備等」をホテル，デパート等に設置し，これを維持すべき義務を有する（「関係者」については後述する。）。

　同法17条1項の「消防用設備等」とは
㋐　消防の用に供する設備（消火設備，警報設備及び避難設備）
㋑　消防用水
㋒　消防活動上必要な施設
をいい，具体的には同法施行令（以下「施行令」という。）が定めている。

施行令が定める「消防用設備等」は，以下の一覧表記載のとおりである。

		種　類
消防の用に供する設備	消火設備	①消火器，②簡易消火用具（水バケツ，水槽，乾燥砂，膨張ひる石又は膨張真珠岩），③屋内消火栓設備，④スプリンクラー設備，⑤水噴霧消火設備，⑥泡消火設備，⑦不活性ガス消火設備，⑧ハロゲン化物消火設備，⑨粉末消火設備，⑩屋外消火栓設備，⑪動力消防ポンプ設備（施行令7条2項）
	警報設備	①自動火災報知設備，②ガス漏れ火災警報設備，③漏電火災警報器，④消防機関へ通報する火災報知設備，⑤非常警報器具（警鐘，携帯用拡声器，手動式サイレン等），⑥非常警報設備（非常ベル，自動式サイレン，放送設備）（施行令7条3項）
	避難設備	①避難器具（すべり台，避難はしご，救助袋，緩降機，避難橋等），②誘導灯，③誘導標識（施行令7条4項）
消防用水		防火水槽又はこれに代わる貯水池などの用水（施行令7条5項）
消防活動上必要な施設		①排煙設備，②連結散水設備，③連結送水管，④非常コンセント設備，⑤無線通信補助設備（施行令7条6項）

注）　消防の用に供する設備の意義
　　消火設備とは水その他消火剤を使用して消火を行う機械器具又は設備（施行令7条2項），警報設備とは火災の発生を報知する機械器具又は設備（同条3項），避難設備とは火災が発生した場合において避難するために用いる機械器具又は設備（同条4項）のことである。

「消防用設備等」については，全ての防火対象物に上記一覧表記載のもの全てを設置する必要はなく，防火対象物の用途，構造，規模等に応じて，これらのうちのいくつかが設置を義務付けられており，これを「設置基準」という（例えば，スプリンクラー設備については，11階以上の高層のホテルはこれを各階に設置する義務があるが，小学校や中学校等の学校は，通常は11階以上の高層建築物ではないので，これを設置する義務はない。）。

注) **消防用設備等に関する関係者の義務**

　消防法17条1項の防火対象物の関係者は，消防用設備等について，その機能の維持を図るために，定期的に消防設備士又は消防設備点検資格者に点検させ，特定防火対象物の場合には年に1回，非特定防火対象物の場合は3年に1回，消防署長等に報告しなければならない（同法17条の3の3，同法施行令36条2項，同法施行規則31条の6第6項・第3項，平成16年消防庁告示第9号「消防法施行規則の規定に基づき，消防用設備等又は特殊消防用設備等の種類及び点検内容に応じて行う点検の期間，点検の方法並びに点検の結果についての報告書の様式を定める件」）。

注) **特定防火対象物と非特定防火対象物**

　防火対象物には，特定防火対象物と非特定防火対象物があることに留意すべきである。昭和57年にホテルニュージャパン火災事故が発生したが，同ホテルの営業開始は昭和33年であったところ，当時，消防法上，同ホテルにスプリンクラー設備を設置する義務はなかった。そこで，同ホテルはこれを設置してこなかったところ，その後の消防法改正により，同ホテルにはスプリンクラー設備を設置する義務が生じていた。このように消防用設備等に関する規定が改正された場合，既存の防火対象物の中には，その改正された新しい規定が遡って適用されるものがあり，これを特定防火対象物という（同法17条の2の5第2項4号，同法施行令34条の4）。例えば，ホテル，百貨店，旅館，病院，老人ホーム等がこれに該当し，これらの建物については，常に現行の規定に基づいて消防用設備等を設置し，維持しなければならない（このような場合には，適当な猶予期間が設けられるのが一般なので，その期間中に改正法によって義務付けられた消防用設備等を設置すればよい。）。

　特定防火対象物は，防火対象物の中でも，不特定多数の者が利用することにより，あるいは身体的弱者がいることなどにより，いったん火災が発生した場合，人命の被害が多くなること等が予想されるため，消防用設備等を現行の技術基準に従って設置し，維持しなければならないとしたものである。これに対し，学校や図書館など，特定防火対象物に該当しないものを非特定防火対象物といい，これについては，法律不遡及の原則が適用される。

(2)　消防法8条1項は，「学校，病院，工場，事業場，興行場，百貨店（こ

れに準ずるものとして政令で定める大規模な小売店舗を含む。以下同じ。)，複合用途防火対象物（防火対象物で政令で定める２以上の用途にされるものをいう。以下同じ。）その他多数の者が出入し，勤務し，又は居住する防火対象物で政令で定めるものの<u>管理について権原を有する者</u>は，政令で定める資格を有する者のうちから<u>防火管理者</u>を定め，当該防火対象物について消防計画の作成，当該消防計画に基づく消火，通報及び避難の訓練の実施，消防の用に供する設備，消火用水又は消火活動上必要な施設の点検及び整備，火気の使用又は取扱いに関する監督，避難又は防火上必要な構造及び設備の維持管理並びに収容人員の管理その他防火管理上必要な業務を行なわせなければならない。」と規定し，管理権原者が防火管理者を定めたときは，遅滞なくその旨を所轄消防長又は消防署長に届け出なければならず（同条２項：これに違反した場合は，30万円以下の罰金又は拘留に処せられる〔同法44条８号〕。），防火管理者が選任されていないときは，消防長又は消防署長は，管理権原者に対し，防火管理者を選任するよう命ずることができる（同法８条３項：この命令に違反した場合は，６月以下の懲役又は50万円以下の罰金に処せられる〔同法42条１項１号〕。）としている。

　このように，消防法は，８条１項所定の防火対象物（同項の防火対象物と同法17条１項の防火対象物は同じではないことに注意すべきである。前者の防火対象物は施行令１条の２が規定しており，例えば，ホテルはその全てが同法８条１項の防火対象物に該当するわけではなく，収容人員が30人以上のホテルのみがこれに該当する。なお，「収容人員」とは，「防火対象物に出入し，勤務し，又は居住する者の数」であり，具体的な算定方法は消防法施行規則１条に定められている。）について，管理権原者は防火管理者を選任し，所定の防火管理業務を行わせなければならないとし，防火管理業務を防火管理者に集約させ，その一方で，消防長又は消防署長は，防火管理者の行うべき防火管理上必要な業務が法令の規定又は消防計画に従って行われていないと認める場合には，管理権原者に対し，当該業務が法令の規定又は消防計画に従って行われるように必要な措置を講ずべきことを命ずることができる（同法８条４項：これに違反した場合は１年以下の懲役又は100万円以下の罰金に処せられる〔同法41条１項２号〕。）としており，<u>防火管理業務の最終的責任者は管理権原者であるが，日頃の防火管理義務については，防火管理者がこれを担当する</u>という建前になっている。

注）　政令で定める資格を有する者

　　管理権原者は,「政令で定める資格を有する者」のうちから防火管理者を定めなければならないが,「政令で定める資格を有する者」とは, 防火対象物の区分に応じ, 下記①・②に掲げる者で, 当該防火対象物において防火管理上必要な業務を適切に遂行することができる管理的又は監督的な地位にある者をいう（施行令3条1項）。

　　防火管理者を定めなければならない防火対象物については, 規模が小さく比較的防火管理が容易なもの（乙種防火対象物：施行令3条1項2号）と, 規模が大きく消防用設備等も複雑で, 高度の防火管理上の知識を必要とするもの（甲種防火対象物：同項1号）とがあり, ①甲種防火対象物には甲種防火管理者, ②乙種防火対象物には乙種防火管理者, をそれぞれ選任しなければならない。防火管理者の資格を得るためには,（都道府県知事, 消防本部及び消防署を置く市町村その他総務大臣の登録を受けた法人が行う）「防火管理者講習」を受講しなければならないが, 上記防火対象物に応じて, 講習も, 甲種と乙種とに分けて実施されている（なお, 消防職員で管理の又は監督的な職に1年以上あった者などは, この講習を受けないで, 防火管理者の資格を取得できる。同号ロ・ハ・ニ・同項2号ロ参照）。

　<u>防火管理者が行うべき業務</u>は, 消防法8条1項によると, ①当該防火対象物について消防計画を作成する, ②その消防計画に基づき, 消火, 通報及び避難の訓練を実施する, ③消防用設備等の点検及び整備を行う, ④火気の使用又は取扱いに関する監督を行う, ⑤避難上又は防火上必要な構造及び設備の維持管理を行う, ⑥収容人員の管理を行う, ⑦その他防火管理上必要な業務を行う, とされており, 防火管理者は, 防火管理上必要な業務を行うときは, 必要に応じて当該防火対象物の管理について権原を有する者の指示を求め, 誠実にその職務を遂行しなければならず（施行令4条1項）, 消防用設備等の点検・整備又は火気の使用若しくは取扱いに関する監督を行うときは, 火元責任者その他の防火管理の業務に従事する者に対し, 必要な指示を与えなければならない（同条2項）とされている。

注）　消防計画

　　「消防計画」とは, 以下のような内容を定めたもので, 防火管理者が, 当該防火対象物の管理について権原を有する者の指示を受けて作成する

ものである（消防法施行規則3条1項）。その内容は，①自衛消防の組織に関すること，②防火対象物についての火災予防上の自主検査に関すること，③消防用設備等の点検及び整備に関すること，④避難通路，避難口，安全区画，防煙区画その他の避難施設の維持管理及びその案内に関すること，⑤防火壁，内装その他の防水上の構造の維持管理に関すること，⑥定員の遵守その他収容人員の適正化に関すること，⑦防火管理上必要な教育に関すること，⑧消火，通報及び避難の訓練その他防火管理上必要な訓練の実施に関すること，⑨火災，地震その他の災害が発生した場合における消火活動，通報連絡及び避難誘導に関すること，⑩防火管理についての消防機関との連絡に関すること，⑪増築，改築，移転，修繕又は模様替えの工事中の防火対象物における防火管理者又はその補助者の立会いその他火気の使用又は取扱いの監督に関することなどである。

なお，火元責任者については消防法に定義規定はないが，消防庁の行政解釈では，「防火管理者の指導監督の下に火気の使用又は取扱いについて防火上直接の責任を有する防火管理の補助者をいう。通常火元責任者は，区画された部屋ごと又は小規模な防火対象物にあっては階ごとに定められ，その範囲において第一次的な防火管理の責任を負う。施行令4条の火元責任者は，防火管理者以外の者でその監督下にあって防火管理上必要な業務を補助的に行うものの例示である。」（消防基本法制研究会編著『消防法施行令解説［第2版］』〔近代消防社，2011年〕62頁）とされている。

注）　消火訓練等
　ホテル，病院，百貨店，老人ホーム等の防火管理者は，消防計画に基づき，消火訓練及び避難訓練を年2回以上実施しなければならず（施行規則3条10項），上記消火訓練等を実施する場合には，あらかじめ，その旨を消防機関に通報しなければならない（同条11項）。

(3)　ところで，ホテル等は株式会社が経営することが多く，その会社が当該ホテル建物を所有している場合も多いが，この場合，消防法8条1項の当該防火対象物の「管理について権原を有する者」とは，当該株式会社自体なのであろうか。

　この点について，**東京高判平成2年8月15日判タ746・227**（ホテルニュージャパン火災事故の控訴審判決）は，

「管理について権原を有する者」とは,「その防火対象物を管理する正当な法的原因を有する者と解されるが,法人が防火対象物を所有するとともに,これを占有,管理して事業を行っている場合,その管理権原者は,法人そのものではなく,自然人であり,それも,原則として,法人の代表者であると解するのが正当である。けだし,管理権原者は,防火対象物の防火管理上,最高の責任者として,右〔消防法等〕の諸規定により一定の権限を有し,義務を負っているが,もし法人そのものを管理権原者と解するならば,その意思決定に所要の機関決定を経なければならない等により時間を要し,また,実際上責任の所在が明確でない等の弊の生ずるのを免れず,その結果,管理権原者としての責務が迅速適切に履行され得ない事態の発生を避けることができず,このようなことを避けるためには自然人をもって管理権原者とすることが必要であり,それには,内規等をもって他の役員又は職員に権限及び義務が委譲され,かつ,その委譲が相当と認められる等の特段の事情のない限り,法人の代表者がこれに当たると解するのが相当であるからである。」
と判示した。

注) ホテルニュージャパン火災事故は,昭和57年2月8日発生に係る宿泊客33名死亡の火災事故である。同ホテルは,株式会社ホテルニュージャパンが所有し,同社が経営するホテルであった。この事件の上記控訴審判決は,同社の代表取締役社長が,消防法8条1項の管理権原者であると認定したが,この判断は,上告審決定(**最決平成5年11月25日刑集47・9・242**)でも支持されている。

次に,消防法17条1項の「関係者」とは,「防火対象物の所有者,管理者又は占有者」をいう(同法2条4項)が,法人がホテルやデパート等の建物を所有している場合,上記同様,特段の事情のない限り,法人の代表者が管理者として「関係者」に該当すると考えられる。

(4) ところで,103名が死亡した昭和48年11月29日発生の熊本大洋デパート火災事故の上告審である**最判平成3年11月14日刑集45・8・221**は,「多数人を収容する建物の火災を防止し,右の火災による被害を軽減するための防火管理上の注意義務は,消防法8条1項がこれを消防計画作成

等の義務として具体的に定めているが，本来は同項に定める防火対象物を使用して活動する事業主が負う一般的な注意義務であると考えられる。そして，右の事業主が株式会社である場合に右義務を負うのは，一般には会社の業務執行権限を有する代表取締役であり，取締役会ではない。すなわち，株式会社にあっては，通常は代表取締役が会社のため自らの注意義務の履行として防火管理業務に当たっているものとみるべきであり，取締役会が防火管理上の注意義務の主体として代表取締役に右義務を履行させているものとみるべきではない。」

「もっとも，取締役は，商法上，会社に対し，代表取締役の業務執行一般について監視し，必要があれば取締役会を通じて業務執行が適正に行われるようにする職責を有しており，会社の建物の防火管理も，右監視の対象となる業務執行に含まれるものである。

しかしながら，前記のとおり，一般に会社の建物について防火管理上の注意義務を負うのは取締役会ではなく，代表取締役であり，代表取締役が自らの注意義務の履行として防火管理業務の遂行に当たっているものであることにかんがみると，たとえ取締役が代表取締役の右業務の執行につき取締役会において問題点を指摘し，必要な措置を採るべく決議を促さなかったとしても，そのことから直ちに右取締役が防火管理上の注意義務を怠ったものということはできない。取締役としては，取締役会において代表取締役を選任し，これに適正な防火管理業務を執行することができる権限を与えた以上は，代表取締役の右業務の遂行を期待することができないなどの特別の事情のない限り，代表取締役の不適正な業務執行から生じた死傷の結果について過失責任を問われることはないものというべきである。」

と判示した。

この判決は，デパートのような多数人を収容する建物の火災を防止し火災による被害を軽減するための防火管理上の注意義務は，その事業主が負う一般的な注意義務であるとしたものである。この点については，この判決の調査官解説によると，デパートの事業主は，このような一般的な注意義務を負っているところ，その注意義務発生の根拠は条理に基づくものであり，消防法8条1項は，この一般的な注意義務を具体的，個別的に規定したものと考えられる，としている（最判解刑平成3年度190～191頁）。

ホテルの事業主も同様な一般的な注意義務を負っている（ホテルニュージャパン火災事故の上告審である**最決平成 5 年 11 月 25 日**刑集 47・9・242，45 名が死亡した昭和 55 年 11 月 20 日発生の川治プリンスホテル火災事故の上告審である**最決平成 2 年 11 月 16 日**刑集 44・8・744）。

注）　**株式会社の機関**

　　上記最判平成 3 年 11 月 14 日は，商法（会社編）が施行されていた当時の判決である。平成 18 年 5 月から会社法が施行されており，株式会社の機関については商法施行当時と若干異なっている。ところで，株式会社がその目的を達成するためには，事業戦略を策定し，使用人（従業員）を雇用・管理し，原材料を調達し，あるいは製品を製造・販売するといった，様々な行為（事業活動）が必要であるところ，こうした事業活動に関する意思決定を，会社法は「業務執行の決定」と呼び，その意思決定を実行することを「業務（の）執行」と呼んでいる。例えば，会社が他の会社を買収すると決めることが，業務の執行の決定であり，その決定に基づいて会社を代表・代理して当該他の会社やその株主と交渉し，買収のための契約を締結することが「業務（の）執行」ということになる。会社の「業務（の）執行」については，対外的な業務執行と対内的な業務執行に分類することができ，前者は，会社を代表・代理して第三者との間で取引その他の行為をすることであり（上記買収は対外的な業務執行である），後者は，予算の編成や帳簿の作成等会社の内部で完結し，第三者との関係を伴わない行為をすることである。

　　会社法の下では，取締役会を設置していない株式会社（「取締役会非設置」会社）とこれを設置している株式会社（「取締役会設置」会社）がある。「取締役会非設置」会社の取締役が 1 人である場合には，原則として，その者が単独で業務執行の決定及びその執行を行うことができ（会社法 348 条 1 項・2 項参照），取締役が 2 人以上である場合には，定款で別段の定めがある場合を除き，取締役の過半数で業務執行を決定し（同条 2 項），各取締役が会社の業務を執行することになる（同条 1 項）ところ，対外的な業務執行については，原則として，各取締役が代表権を有する（同法 349 条 1 項）。なお，定款等に基づき，特定の取締役を代表取締役と定めることができ（同条 3 項），この場合，他の取締役は，対外的な業務執行において会社を代表する権限を失うことになる。

　　これに対し，(委員会設置会社以外の)「取締役会設置」会社においては，

3人以上の取締役（同法331条4項）で構成される取締役会が，その決議により会社の業務執行の決定を行い（同法362条2項1号），この決定の執行を行う代表取締役又はそれ以外の業務執行取締役を選定し，それらの者が，取締役会の決議により委任を受けた業務執行の決定及びその執行を行い（同項3号，363条1項），取締役会によって，代表取締役としても業務執行取締役としても選定されない取締役は，会社の業務執行を行う者として予定されておらず，取締役会を構成するメンバーとして取締役会における業務執行に参画し，代表取締役や業務執行取締役の業務執行を監督することがその役割となる（同法362条2項2号）。

次に，委員会設置会社では，取締役会が執行役や代表執行役を選定し（同法402条2項，420条1項），それらの者が取締役会の決議により委任を受けた業務執行の決定及びその執行を行い，取締役は，会社法又は会社法に基づく命令に別段の定めがある場合を除き，また執行役を兼任しない限り（同法402条6項），会社の業務を執行することができない（同法415条）。委員会設置会社においては，対外的な関係で包括的な業務執行権限を有するのは代表執行役である（同法420条3項，349条4項・5項）。しかし，委員会設置会社の取締役会は，業務執行の決定を執行役に委任した場合にも，依然として業務執行の全てについて決定する権限を有している（同法416条1項1号柱書）（以上につき，奥島孝康＝落合誠一＝浜田道代編『新基本法コンメンタール会社法2［初版］』〔日本評論社，2010年〕）。

上記のとおり，株式会社などの法人がホテル等を経営し，当該ホテル建物等も所有している場合，消防法8条1項の防火対象物である当該ホテル建物等の管理権原者及び関係者は，原則として，当該法人の代表者であると考えられ，その代表者は，当該ホテル建物等に消防用設備等を設置した上，防火管理者を定めて，当該ホテル建物等について消防計画の作成，当該消防計画に基づく消火，通報及び避難の訓練の実施，消防用設備等の点検及び整備，火気の使用又は取扱いに関する監督，避難又は防火上必要な構造及び設備の維持管理並びに収容人員の管理等の防火管理上必要な業務を行わせなければならないが，これらの義務は消防法上の義務である。当該法人の代表者は，上記のとおり，ホテル建物等について一般的な防火管理上の（刑法上の）注意義務を負うが，刑法上の具体的な注意義務の内容と上記消防法上の義務とは同一であるのかが問題となる。

この点について，ホテルニュージャパン火災事故の上告審である上記最決の調査官解説は，「一般的にいえば，消防法等保安法規上の安全義務は，一般的，定型的な危険を回避することを目的とするものであるのに対し，業務上過失致死傷罪における注意義務は具体的な個性を持った結果発生の危険を防止するための臨機の措置であるから，保安法規の違反が当然に業務上過失致死傷罪における注意義務違反となるわけではないが，他方，具体的場合において両者が一致することもあるし，場合によっては，保安法規の要求していない措置を採るべき注意義務が認められることもあるということになる。しかし，消防法の要求する措置と同様の措置を採るべきことが刑法上要求される場合でも，それは，あくまでも具体的場合において刑法上要求される措置が消防法上の措置と一致したというにすぎず，<u>消防法に違反したこと自体が直ちに業務上過失致死傷罪における注意義務違反となるということでないことはもちろんである。</u>」，「この問題は，消防法上の義務が刑法上の注意義務とどのような関係にあるかという問題ではなく，単に，本件において，刑法上，被告人にスプリンクラー設備等の防火用・消防用設備を設置すべき義務があるのかという問題であるところ，<u>消防法上の安全義務が一般的，定型的な危険の回避を目的とすることよりすれば，通常は消防法上の措置は結果の回避に必要かつ有効な措置であるということができるから</u>，消防法上の措置では結果を回避できないとか，右以外のより容易な措置でも結果を回避できるとかの事情がない限り，<u>右消防法上の義務は原則として刑法上の注意義務の具体的内容となるというべきである</u>。そして，一般に，事故による被害の発生を防止するために具体的にどのような措置を講ずべきかは，予想される被害の性質及び規模，当該措置の有効性，技術的・経済的制約，社会の防災意識等によるといってよい。消防法令が義務付けている防災措置は，これらの観点から，同種建物について一般的，定型的に予想される危険を防止するために一般的に要求すべきものを示しているということができる。」と述べている（最判解刑平成5年度190〜191頁）。

注）　**取締役の意見具申ないし進言義務の有無**
　　　ホテル等を経営する法人の代表者が防火管理上の注意義務を負う場合，取締役において，当該代表者に対し，積極的に意見を具申し，代表

者の統括的な防火管理上の注意義務の履行を促すよう助言して補佐する義務があるのかが問題になる。意見具申ないし進言義務が認められる理由は，その者が有する権限だけでは予見される結果の発生を防止することができない場合，これを有する他の者の権限発動を求める義務が生じることにあると考えられる。したがって，ある者が意見具申ないし進言をしなかったことを過失と認めるためには，その者が結果発生を防止する注意義務を負っていることがその前提となるので，そのような注意義務を負っていない取締役には意見具申ないし進言義務はないということになる（最判解刑平成3年度201頁）。

なお，進言義務違反自体が過失となる場合，進言義務を負う者が進言義務を果たしたなら，結果を回避することができたのかを検討する必要がある。進言さえすれば，上位の権限者が直ちに進言の内容を実施し，結果回避の措置をとってくれることが確実であるというような場合でなければ，結果回避可能性ないし因果関係の点で過失犯の成立は困難になるであろう（最判解刑平成2年度262頁）。

2 犯罪事実

事例 5　ホテル火災事故（その1）

　被疑者甲野太郎は，株式会社○○の代表取締役社長として，同社が経営する東京都○○区○○町○丁目○番○号所在の△△ホテルの経営，管理事務を統括するとともに，防火対象物である同ホテル建物について，消防法8条1項にいう「管理について権原」を有し，かつ，同法17条1項の「関係者」として，同ホテル建物における消防用設備等を設置，維持し，防火管理者をして消防計画を作成させ，これに基づく消防訓練の実施，防火用，消防用設備等の点検，維持管理等，防火管理上必要な措置を講じさせるなどの業務に従事していたものであり，被疑者乙野次郎は，同社の支配人兼総務部長として，ホテル業務全般にわたって，被疑者甲野の下で，従業員らの指揮，監督に当たるとともに，消防法上の防火管理者として，同ホテル建物について，消防計画の作成，消防訓練の実施，防火用，消防用設備等の維持管理等の防火管理業務に従事していたものであるところ，同ホテルは，客室数約○○室，宿泊定員約○○名を擁する11階建ての建物で，その内部の天井，壁面の大部分にはベニヤ板に可燃性クロスを貼り，大半の客室等の出入口扉には木製のものを用い，客室壁面，パイプシャフトスペースなどの随所に間隙があるなど，いったん出火すれば火煙が伝走，拡大しやすい状態であり，8ないし11階にはスプリンクラー設備は全く設置されていないなど，同ホテル内から火災が発生した場合には，急速に火煙が同ホテル建物内を伝走して火災が拡大し，適切な通報，避難誘導等を欠けば，多数の宿泊客らを安全に避難させることが困難な状態となって，その生命，身体に危険を及ぼすおそれのあることが十分予見されたのであるから，火災発生時における宿泊客らの生命，身体の安全を確保し，死傷者の発生を未然に防止するため

第1　被疑者甲野は，同ホテル建物につき，消防法令上の設置基準に従い，スプリンクラー設備を設置するとともに，防火管理者である被疑者乙野を指揮して，防火，消防上必要な諸設備等の点検，維持管理及び火災発生時における具体的対策その他同ホテルの防火管理に関し必要な事項を定めた消防計画を作成させて，従業員らに対しこれを周知徹底させ，これに基づく消火，通報及び避難訓練や前記防火用，消防用設備等の点検，維持管理等を実施させるなどして，出火に際しては，早期にこれを消火し，火煙の伝走，拡大を阻止するとともに，宿泊客らを適切に誘導して安全な場所へ避難させることができるよう万全の防火管理体制を確立し，もって，火災発生時における宿泊客らの生命，身体の安全を確保すべき業務上の注意義務があるのに，いずれもこれを怠り，前記スプリンクラー設備を設置せず，かつ，被疑者乙野を指揮して，前記のような消防計画の作成，消火，通報及び避難訓練，防火戸等の防火用，消防用設備等の点検，維持管理等を行わせなかった過失

第2　被疑者乙野は，前記のように同ホテルの実態に適合した消防計画を作成して，従業員らにこれを周知徹底させ，かつ，これに基づく適切な消火，通報及び避難訓練を実施するとともに，同ホテル内の防火戸等の防火用，消防用設備等が火災発生時に正常に作動するように点検，維持管理するなどして，火災発生時における宿泊客らの生命，身体の安全を確保すべき業務上の注意義務があるのに，いずれもこれを怠り，前記のような消防計画の作成，消火，通報，避難訓練，防火戸等の防火用，消防用設備等の点検，維持管理等を行わなかった過失

の競合により，平成○年○月○日午前○時○分頃，同ホテル10階○○号室から出火した際，早期にこれを消火し，あるいはその延焼を防止することができず，同ホテル10，11階の大部分の範囲にわたり，廊下，天井裏，客室壁面やパイプシャフトスペースの間隙等を通じて，火煙を急速に伝走させて延焼を拡大させ，かつ，宿泊客らに対する適切な通

報，避難誘導等をなさなかったため，10，11階の宿泊客ら多数の者を早期に安全な場所へ避難させることができず，激しい火災や多量の煙を浴びないし吸引させ，窓等から階下へ転落若しくは飛び降り，又は狭い窓台を伝って火煙に追われながら脱出するのをやむなきに至らしめるなどし，よって，別紙死亡者一覧表記載のとおり，○ほか○名をそれぞれ死亡させ，かつ，別紙負傷者一覧表記載のとおり，○ほか○名にそれぞれ傷害を負わせたものである。　　　　　　　　　**（業務上過失致死傷）**

（別紙死亡者一覧表，別紙負傷者一覧表は省略）

○　**刑法211条前段**
　「業務上必要な注意を怠り，よって人を死傷させた者は，5年以下の懲役若しくは禁錮又は100万円以下の罰金に処する。」

【解説】
①　ホテルニュージャパン火災事故の事案を基にした記載例である。
　刑法211条前段の「業務」には，「人の生命・身体の危険を防止することを義務内容とする業務」も含まれる（**最決昭和60年10月21日刑集39・6・362**）。ホテル業務も，上記「業務」に該当する。その理由について，ホテルニュージャパン火災事故の上記控訴審判決（第2・1⑶参照）は，
　「ホテルは，多数の人が出入りする建築物の1つであって，その特徴は，不特定多数の利用客が，自宅その他普段自己が起居している場所とは異なった環境下に，提供された客室等にくつろぎ，殊に夜間は寝入ってしまうという点にある。特に火災が発生し，拡大するや，利用客その他出入りする多数の人の生命・身体に重大な被害をもたらす危険性を包蔵するものである。消防法令が，ホテルを防火対象物の1つとして，消防用設備等の設置及び防火管理等について規制している主たる理由も，ここにあるのである。」
という。
　川治プリンスホテル火災事故の上告審である上記**最決平成2年11月16日刑集44・8・744**（第2・1⑷参照）の調査官解説も，「ホテル業務は，

宿泊施設を設け，昼夜を問わず不特定多数の人に宿泊等の利便を提供するものであり，火災が発生した場合，建物の構造等に不案内な宿泊客等に死傷の結果が発生する危険性を常にはらんでおり，この危険を防止する業務が刑法211条1項〔当時〕にいう『業務』に該当することは明らかである。」(最判解刑平成2年度222頁)という。

② 被疑者甲野の過失は，㋐自らスプリンクラー設備を設置しなかったこと，㋑防火管理者である乙野を指揮監督して，消防計画の作成及びその周知徹底，これに基づく消防訓練，防火用・消防用設備等の点検・維持管理等を行わせなかったこと，である。㋐は管理過失で，㋑は監督過失である。

　管理過失とは，事故の予見可能性がある場合に，その発生を未然に防止する，又は事故が発生した場合でもその被害の拡大を防止するための物的設備や人的体制を用意する安全体制確立義務に違反することであり，そのような体制を準備しないことが過失であるから，管理過失は不作為である。それゆえ，作為義務としての注意義務は，実質的に安全体制の確立を決定・命令する権限を有する者に存する（西田276〜277頁）。ホテルのような多数人を収容する建物の火災を防止し，その火災による被害を軽減するための防火管理上の注意義務は，そのホテルを経営する事業主が負う一般的な注意義務であり，事業主が株式会社である場合にその義務を負うのは一般には代表取締役であるとされている。しかし，その代表取締役がそのような義務を負うためには，実質的に義務を履行するのに必要な業務執行権限を有していることが前提となる。建物の防火管理業務について，会社の組織機構に基づくその権限と責任が，例えば，他の取締役（常務取締役など）に委任され，その者が遂行するとされている場合も考えられる。この場合には，その取締役がその権限と責任においてスプリンクラー設備を設置すべきであり，代表取締役には後述の監督過失が問題となる。

　監督過失とは，現場の作業員がミスをして事故が起きた場合，このようなミスが起きないように指導，訓練，監督すべきであり，この監督義務を履行していれば結果の発生ないし結果の拡大は回避できたという場合をいう（西田275頁）。上記犯罪事実記載例は，スプリンクラー設備の設置は膨大な費用を必要とする措置であって，支配人兼総務部長である乙野にはその権限がないということを前提としている（このような権限があるのは甲野

であり，甲野が自らその設置義務を履行すべきであるという構成である。）。その一方で，消防計画の作成及びその周知徹底，消防訓練の実施，防火用・消防用設備等の点検・維持管理については，乙野にその実施が委任されていたので，甲野は，これらの点については，監督義務を負う立場にあったという構成である。

　ところで，乙野は，甲野の指揮監督の下に防火管理業務を行うべき権限と職責を有しており，消防計画の作成及びその周知徹底，これに基づく消防訓練，防火用・消防用設備等の点検・維持管理等の実施は乙野に委任されていた。そこで，甲野において，もし，乙野が上記業務についてその職責を果たしていないことを知らなかった場合，信頼の原則の適否が問題となる（信頼の原則については，第15・事例87の【解説】参照）。

③　上記犯罪事実記載例で説明すると，捜査においては，ⓐ代表取締役社長の甲野や防火管理者の乙野は，法律上，スプリンクラー設備をホテルに設置する義務があることを知っていたのか否か，知っていた場合にはその時期及び知るに至った理由，ⓑ所轄消防署の立入検査を受けていたのか否か，その結果通知書の内容はどのようなものであったのか，その立入検査結果通知書について甲野や乙野は知っていたのか，知っていた場合にはその時期及び知るに至った理由，ⓒ甲野は，乙野が消防計画を作成しておらず，避難訓練も実施していないこと，消防用設備の点検等をしていないことなどを知っていたのか，知っていた場合にはその時期及び知るに至った理由，ⓓ乙野が消防計画を作成せず，避難訓練も実施せず，消防用設備の点検等もしなかった理由は何か，などについては捜査が必要である（なお，消防署の立入検査等については消防法4条，4条の2，5条，5条の2を参照）。これらは，甲野や乙野について，結果発生の予見可能性の有無を判断する上で必要であるからである。

④　防火管理者については，熊本大洋デパート火災事故の上告審である上記最判平成3年11月14日（第2・1⑷参照）に留意すべきである。すなわち，この判決が，「消防法施行令3条は，同法8条1項に定める防火管理者の資格として所定の講習課程を修了したことなどのほか，『当該防火対象物において防火管理上必要な業務を適切に遂行することができる管理的又は

監督的な地位にあるもの』という要件を定めているところ，管理的又は監督的な地位にあるものとは，その者が企業組織内において一般的に管理的又は監督的な地位にあるだけでなく，更に当該防火対象物における防火管理上必要な業務を適切に遂行することができる権限を有する地位にあるものをいう趣旨と解される。……もっとも，防火管理者が企業組織内において消防法8条1項に定める防火管理業務をすべて自己の判断のみで実行することができる地位，権限を有することまでは必要でなく，必要があれば管理権原者の指示を求め（同法施行令4条1項参照），あるいは組織内で関係を有する所管部門の協力を得るなどして業務を遂行することが消防法上予定されているものと考えられる。」と判示している点に留意すべきである（消防庁の行政解釈も，「管理的又は監督的な地位とは，防火管理上必要な業務のすべてについて，自己の責任において遂行することができる権限を有する地位のことをいう。具体的には，各事業所等における権限委譲により特定されるが，一般的には大規模な対象物にあっては，総務部長，安全課長，管財課長等を，小規模なものにあっては，社長，専務，支配人，事務長等の職務にある者をいう。」としている〔前掲『消防法施行令解説』〕）。

　熊本大洋デパート火災事故においては，店舗本館の防火管理者として選任された（営繕部営繕課の一課員の）X（消防長に選任届が提出されていた。）は，防火管理者の職責である消防計画の作成もこれに基づく消火訓練等の実施もしていなかったところ，Xの公訴事実の要旨は，「Xは，店舗本館の防火管理者として，社長，取締役人事部長及び営繕部を統括していた常務取締役の指揮監督を受けて，消防計画を作成し，右計画に基づく消火，通報及び避難の訓練を実施し，自動火災報知設備を設置し，店舗本館の増改築工事期間中，同工事に伴い撤去された既設の非常階段に代わる避難階段を設置し，その他誘導灯，必要数の救助袋，避難はしごなどの避難設備を設置し，避難階段に出火延焼の原因となる商品などを放置させないようにすべき注意義務があるのに，これを怠った。」というものであった。

　これに対し，第一審判決は，Xは，店舗本館の防火管理者として選任届が提出されていたものの，防火管理者に適した地位にはなく，実質的にも防火管理業務の権限を与えられてその業務に従事していたともいえず，消防署との窓口的な役割を果たしていたにすぎないものであって，消防計画を作成し，これに基づく消火訓練等を実施するなどの公訴事実記載の注意

義務を負う立場にはなかった旨判示してＸには過失はないとしたが，控訴審判決は，Ｘは，店舗本館の防火管理者として，消防計画案とこれに基づく避難誘導等の訓練の実施に関する稟議書を起案し，これを社長らの決裁に回すことにより，消防計画を作成し，これに基づく避難誘導等の訓練を実施すべき注意義務があるのに，これを怠った過失があるとした。

　最高裁は，①Ｘは，営繕部営繕課の課員として勤務（本件火災の約３年前に入社）し，主に建物の修理，維持及び管理に関する仕事をしていたが，その指揮監督下にある従業員は１人もおらず，②選任された直後，防火管理者理事会で，消防法施行令の改正により防火管理者の社会的地位，権限に関する資格が厳しく定められることの説明を受け，取締役人事部長に対して自己が防火管理者にふさわしい社会的地位にないことを上申したが，何らの措置もとられなかった，③Ｘは，その後本件火災までの間，市役所建築指導課や所轄消防署の消防に関する検査の立会い，消防署から配付された印刷物の回覧や掲示，消火器の点検や消火剤の詰め替え，消防署との連絡や打ち合わせなどの防火管理に関する業務をしていたが，そのほとんどは上司の営繕課長と相談し，あるいは人事部長の指示を仰ぐなどしていたものであり，独自の判断ですることができたのは，消火器の点検や消火剤の詰め替え程度のことであった，と認定し，「Ｘが当該防火対象物における防火管理上必要な業務を適切に遂行することができる権限を有する地位にあったとは認められず，消防計画を作成し，これに基づく避難誘導等の訓練を実施するための具体的な権限を与えられていたとも認められない。Ｘが消防計画の作成等の主要な防火管理業務を遂行するためには，社長や常務取締役らに対し，全てそれらの者の職務権限の発動を求めるほかなかったのであり，このような地位にしかなかったＸに防火管理者としての責任を問うことはできない。したがって，原判決（控訴審判決）がＸについて店舗本館の防火管理者として社長らに稟議を上げることにより消防計画を作成し，これに基づく避難誘導等の訓練を実施すべき注意義務があるとしたのは，誤りというべきである。」旨判示した。この判例をみると分かるように，防火管理者に過失があるかどうかを検討する場合，防火管理者として選任された者に，実質的に防火管理上必要な業務を適切に遂行できる権限があったか否かについてしっかりとした捜査をしなくてはならない。

なお，控訴審判決は，Xに店舗本館の防火管理者として消防計画案とこれに基づく避難誘導等の実施に関する稟議書を起案し，これを社長らの決裁に回すことにより消防計画を作成するなどの義務があるとしているが，この点について，調査官解説は，「〔原判決がこのような義務があるとしたのは〕消防計画や消防訓練の立案自体は，地位と権限とはかかわりなく，防火管理者の専門的，技術的知識によって実行できるとする理解がその背景にあるのではないかと思われる。しかし，防火管理者の職責は，統括的な立場において，消防計画を作成し，これに基づく消火等の訓練を実施し，その他必要な防火管理業務を遂行することにあるから，その職責に見合う地位，権限が必要であることは当然であろう。結局，原判決の見解は，消防法施行令3条の要件を不要とすることに帰し，正当ではないであろう。事柄を実質的に考えても，ある者に注意義務違反を問うためには，その者が現実に注意義務を履行できる場合でなければならない。しかし，本件において，Xは，防火管理上必要な業務を遂行するための実質的権限を与えられていなかったのであるから，同人に防火管理上の注意義務違反を問うことはできないであろう。」と指摘している（最判解刑平成3年度210～211頁）。

「防火管理者」として防火管理業務を遂行し得る職務権限を有していたか否かが争われた事件として，昭和44年2月発生の<u>磐梯熱海磐光ホテル火災事故</u>があるので紹介する。この火災事故の控訴審判決である**仙台高判昭和53年1月24日判時892・109**は，当時，総務部総務課長の地位にあった被告人には「防火管理者」として防火管理業務を遂行し得る権限があったとしたものであるが，この事案では，被告人が，「会社内での防火管理の権限は明確にされず，被告人に防火面の強い発言権はなく，防火管理者としての権限を委託されたような体制ではなかった。」旨主張したところ，裁判所は，被告人には会社内における予算措置を伴う発言権がなく，他の部課やホテル支配人の指揮下にある従業員を指導，監督する地位にはなかったとした上で，㋑被告人は，ホテル支配人の命を受け，昭和41年10月に防火管理に関する講習会の課程を修了して防火管理者となる資格を取得し，昭和43年に総務部総務課長に任命され，消防署長に被告人を防火管理者とする選任届が提出されたこと，㋺被告人は，ホテルの内外に設置されている消火栓，防火用水，防火シャッター，防火扉，自動火災報

知設備，放送設備，防火構造などについて詳細に把握し，自ら防火管理者として毎日ホテル内を巡回していたこと，㈥ホテルの西側非常口に避難階段が設置されていなかったので，これを設置するよう常務取締役ら上司に数回にわたって具申していたこと，㊂消防署と会社との防火訓練が実施された際，被告人は，その事前打ち合わせに会社から常務取締役，管理部長らと共に出席し，訓練計画のための「磐光ホテル防火管理機構編成表」を起案し，自らを「自衛消防隊長（防火管理者）」の地位に置いたほか，社長，常務取締役らとともに防火対策委員会の構成員となり，訓練にあって指導的地位にあったこと，㊉被告人は総務課長であり，防火管理の有資格者と考えられていたので，防火管理の業務は総務部の担当と考えられ，被告人は防火管理者として，ホテル支配人の指揮下にあるフロント要員等の従業員を直接指導，訓練することは何ら差し支えなかったことが認められる，と認定し，被告人が，たとえ会社内での強い発言権を持たず他の部課の従業員を直接指導，監督する権限がなくとも，防火管理者としての職責を尽くすことは十分可能であったとした。

| 事例 | 6 | ホテル火災事故（その2） |

　被疑者は，株式会社△△の代表取締役社長として，同社が経営する○○県○○郡○○町○○番地所在の○○観光ホテルの経営，管理業務を統括するとともに，防火管理者として，防火対象物である同ホテル建物について，消防計画の作成，消防訓練の実施，防火用，消防用設備等の維持管理等の防火管理業務に従事していたものであるところ，同ホテル本館は，客室30室（宿泊定員120名）を擁する昭和35年頃建築された木造4階建ての老朽建物（延床面積約1896平方メートル）で，その3階部分はほぼ東西に区画されていて相互に往来することができず，1階から2階に通じる階段と2階から3階に通じる階段とは離れて設けられ直接連絡することができない構造となっている上，冬期間に入るとスキー客ら多数が宿泊しており，いったん出火すると延焼が速く，かつ，火煙が伝走，拡大しやすい状態であり，適切な通報，避難誘導等を欠くときは，同ホテルに現在する宿泊客，従業員，被疑者の家族を早期かつ安全に避難させることが困難な状態となって，その生命，身体に危険を及ぼすおそれがあることが十分予想されたのであるから，万一火災が発生した場合においては，同ホテルの宿泊客，同ホテルに住み込みで稼働していた従業員，同ホテルに居住していた被疑者の家族が早期に火災発生の事実を覚知してより早く避難態勢をとり得るために同建物に設置されていた自動火災報知設備を常に正常に作動し得る状態に置くように管理し，前記宿泊客らの生命，身体の安全を確保すべき業務上の注意義務があるのに，これを怠り，自動火災報知設備のうちの受信機（感知器が火災の発生を感知したとき，これを受信して非常ベル等の電鈴を鳴動させるもの）が被疑者の普段執務する同ホテル本館1階事務室に設置され，受信機の主音響スイッチ又は地区音響スイッチ（スイッチが正常の位置にあれば電鈴が鳴動する。）のいずれか一方でも「断」にされていれば受信機前面のスイッチ注意灯が点滅するようになっており，被疑者にとって前記受信機の各音響スイッチの状態を確認することは極めて容易であり，また，同

ホテル従業員甲野花子が，火災が発生していないのに感知器が誤って火災が発生したと感知して自動火災報知設備が作動するいわゆる非火災報があったときなどに，一時的に受信機の各音響スイッチを「断」にして電鈴が鳴動しないようにすることがあったことを知っていたにもかかわらず，平成〇年2月10日午後11時30分頃，執務を終えて最後に前記事務室を出るに際し，前記受信機の各音響スイッチの状態を確認せず，その各音響スイッチが，それ以前に前記甲野によって「断」にされ，そのため「断」の状態のままになっていることを見逃した過失により，同月11日午前4時過ぎ頃，同ホテル本館2階東側男子便所付近から出火して火災が発生した際，同建物に現在した宿泊客，従業員及び被疑者の家族をして自動火災報知設備のうち電鈴の鳴動による火災発生の早期覚知の機会を失わせてその避難の開始を遅らせ，安全に避難することを不能又は困難にさせ，よって，その頃，同建物内において，別紙死亡者一覧表記載のとおり，〇〇ほか10名を一酸化中毒により死亡させ，同建物4階客室に宿泊していたA及びBをして同客室窓ガラスを破って避難し，あるいは，煙を吸引することなどを余儀なくさせ，前記Aに対し，加療約〇週間を要する△△の傷害を，前記Bに対し，加療約2か月を要する△△の傷害をそれぞれ負わせたものである。　**（業務上過失致死傷）**

（別紙死亡者一覧表は省略）

【解説】

① 山形地判昭和60年5月8日判時1162・172（蔵王観光ホテル火災事故）の事案を基にした記載例である。

② 自動火災報知設備とは，火災により発生した熱，煙，炎を感知器によって感知し，自動的に警報（ベルやサイレン）を発することにより，火災の発生の早期発見，早期通報，早期避難，早期消火を可能にするために設置される警報設備である。ホテルなどの特定防火対象物では，原則として延面積300平方メートル以上の場合にはこれを設置しなくてはならない（消防法施行令21条1項3号）。

自動火災報知設備は、感知器、中継器、受信機、発信機、音響装置などによって構成されている。まず、感知器（原則として、天井、天井裏、天井がない場合は屋根裏に設置するよう定められている。感知器には、熱感知器・煙感知器・炎感知器がある。）が熱、煙、炎を感知するか、又は人が火災の発生を知り発信機のボタンを押すことにより、火災信号が直接防災センターなどにある受信機に、又は中継器（感知器や発信機から発信された火災信号を受信し、これを受信機あるいは消火設備、排煙設備、警報設備に発信する装置。中継器は、全ての自動火災報知設備に必要なわけではなく、煙感知器、スプリンクラー設備などの自動消火設備や排煙設備などと連動させる場合に必要となる。）を介して送信され、自動的に受信機の主音響装置が鳴るとともに火災表示灯が点灯する。受信機には、どこの警戒地区で火災が発生したかを表示する地区表示灯があり、これが点灯することにより、容易に火災の発生場所が分かるようになっている。主音響装置は、受信機本体に組み込まれている音響装置で、防災センターにいる関係者に火災発生を知らせるために警報音を発するもので、音圧は85デシベル以上とされている。地区音響装置は、防火対象物の各階や各部分に設置して、防火対象物内などにいる一般の人に火災発生を知らせるために警報音を発するものであり、これが鳴動して館内の人に火災の発生を知らせる（以上につき、大脇賢次『図解早わかり消防法』〔ナツメ社、2008年〕）。

③　非火災報とは、火災が発生していないのに、火災信号を発信することをいう。自動火災報知設備では、非火災報の頻度が高く、大きな問題になっている。火災でもないのに頻繁にベルが鳴れば、受信機のベルを止めたり、実際の火災の時に非火災報のベルと勘違いして対応が遅れたりすることがある（前掲『図解早わかり消防法』）。

④　ホテルの火災事故については、参考となる事例として、**和歌山地判昭和51年3月30日判時823・112**（椿グランドホテル火災事故。自動火災報知設備を設置していなかった事案）、**神戸地判昭和53年12月25日判時935・137**（有馬温泉池之坊満月城火災事故。自動火災報知設備を設置していなかった事案）、**静岡地沼津支判平成5年3月11日判タ835・252**（ホテル大東館火災事故。自動火災報知設備の点検等を怠った事案）などがある。

| 事例 | 7 | デパート火災事故（その１） |

　被疑者甲野太郎は，物品の販売及び建物の賃貸借業等を営む株式会社Ｎ観光のＡデパート管理部管理課長として，同社が直営し，あるいは賃貸して営業している○○市○○区○○町○丁目○番○号所在の同社所有のＡデパートビル（鉄骨鉄筋コンクリート造，地下１階，地上７階，床面積合計約２万6227平方メートル）について，その維持・管理を統括するとともに，「Ａデパート」と称していた同デパートビル６階以下の防火管理者としてその防火上必要な構造及び設備の維持・管理等を行うなどの業務に従事していたもの，被疑者乙野次郎は，同ビル７階（床面積約1780平方メートル）を，前記Ｎ観光から賃借して風俗営業キャバレー「タウン」を営むＳ観光株式会社の代表取締役として，前記「タウン」の経営・管理を統括するとともに，消防法８条１項の「管理について権原」を有する者として，前記「タウン」の防火管理者をして消防計画を作成させ，これに基づく消防訓練の実施等防火管理上必要な措置を講じさせるなどの業務に従事していたもの，被疑者丙野三郎は，前記「タウン」の支配人として，被疑者乙野を補佐するとともに，防火管理者として，前同様の消防計画及び消防訓練の実施等に関する業務に従事していたものであるところ，平成○年○月○日午後10時30分頃，同ビル３階（床面積約3665平方メートル）の大半をＮ観光から賃借使用している株式会社ＭＭＩの衣料品・寝具等売場において，株式会社Ｒ電気商会の作業員ら６名が前記ＭＭＩから請け負った電気配線増設工事を行っていた際，東寄りの寝具売場付近から出火し，同階並びに２階（床面積約3713平方メートル）及び４階（床面積約3520平方メートル）をほぼ全焼するに至ったものであるが

第１　被疑者甲野としては，同ビルが前記のように直営のあるいは賃貸の店舗で雑多に構成されており，３階も前記ＭＭＩのほか株式会社ＳＯＳ等４店舗が雑居するいわゆる複合ビルで，６階以下の各売場は午後９時に閉店し，その後は各売場の責任者等は全く不在であ

り，7階の前記「タウン」だけが午後11時まで営業しているという特異な状況にあり，しかも，火災の拡大を防止するため，6階以下の各階売場には，建築基準法令に基づき，床面積1500平方メートル以内ごとに防火区画シャッターが，それぞれ設置されていたのであるから，平素から同シャッターを点検・整備した上，6階以下各売場の閉店時には，保安係員らをして，少なくとも，1階ないし4階のこれらシャッターを完全に閉鎖させ，閉店後前記のように工事等を行わせるような場合でも，工事に最小限必要な部分のシャッターだけを開けさせ，保安係員を立ち会わせるなどして，万一火災が発生しても，直ちにこれを閉鎖できる措置を講じ，もって，火災の拡大による煙が営業中の前記「タウン」店内に多量に侵入するのを未然に防止すべき業務上の注意義務があるのに，これを怠り，前記シャッターの点検・整備を行わず，かつ，同シャッターを全く閉鎖せず，前記工事に際しても保安係員を立ち会わせることなく漫然これを放置した過失により，火災を3階東寄り売場の一区画（床面積約1062平方メートル）だけで防止することができず，前記のように拡大させて多量の煙をビル7階に通ずる換気ダクト，らせん階段等により，前記「タウン」店内に侵入充満させ

第2 前記のように，閉店後の6階以下で火災が発生した場合，多量の煙が営業中の前記「タウン」店内に侵入充満することが十分予測されたのであるから

1 被疑者乙野としては，被疑者丙野を指揮して，平素から救助袋の維持管理に努めさせるとともに，従業員をして客等に対する避難誘導訓練を実施させ，煙が侵入した場合，従業員をして速やかに客等を避難階段に誘導し，又は，救助袋を利用して客等を避難させるように指導し，もって客等の逃げ遅れによる事故の発生を未然に防止すべき業務上の注意義務があるのに，これを怠り，前記「タウン」店内から安全に避難するための経路を把握するよう指導せず，また，備え付けの救助袋（1個）が一部破損し，その

使用が困難な状況にあったのに，新品と取り替え，あるいは修理するよう指導することなく，漫然これを放置させた上，避難誘導訓練を実施するよう指導しなかった過失により

2　被疑者丙野としては，平素から救助袋の維持管理に努め，従業員を指揮して客等に対する避難誘導訓練を実施し，煙が侵入した場合，速やかに従業員をして客等を避難階段に誘導し，又は，救助袋を利用して避難させ，もって客等の逃げ遅れによる事故の発生を未然に防止すべき業務上の注意義務があるのに，これを怠り，前記「タウン」店内から安全に避難するための経路を把握することなく，また備え付けの救助袋（1個）が一部破損し，その使用が困難な状況にあったのに，新品と取り替え，あるいは修理するよう被疑者乙野に進言することなく，漫然これを放置した上，避難誘導訓練を実施しなかった過失により

前記煙が店内に侵入した際，客等に対する適切な避難誘導及び救助袋による脱出を不能にさせ

もって，被疑者らの前記各過失の競合により，「タウン」店内で遊興中の客及び従業員のうち，別紙死亡者一覧表記載のとおり，翌11日，同市○区○町△丁目○番地所在の○○病院において，○○ほか10名を一酸化中毒等により死亡させ，別紙負傷者一覧表記載のとおり，○○ほか15名にそれぞれ傷害を負わせたものである。　　**（業務上過失致死傷）**

（別紙死亡者一覧表，別紙負傷者一覧表は省略）

【解説】

① 千日デパートビル火災事故の事案を基にした記載例である。消防法8条1項の「管理について権原を有する者」とは，前記のとおり，当該防火対象物を法人が所有する場合には，原則として，その法人の代表者である。しかし，その権原については下部の者に委譲することができる。この事件においては，千日デパートビルの店長（記載例の乙野に相当する。）が「管理について権原を有する者」とされている。

②　防火管理者は，防火管理上必要な業務を行うときは，必要に応じて当該防火対象物の管理について権原を有する者の指示を求め，誠実にその職務を遂行しなければならないとされている（消防法施行令4条1項）。したがって，防火管理者は，自己の権限でなし得る事項については，直接責任を負い，自己の権限でなし得ない事項については，権限者である管理権原者に進言すべき義務を負うことになる（管理権原者は，防火管理者が自己の権限で行う事項については監督責任を負い，管理権原者自身の権限で行うべき事項については直接責任を負う。）。上記犯罪事実記載例においては，被疑者甲野において，「6階以下各売場の閉店時には，保安係員らをして，1階ないし4階のこれらシャッターを完全に閉鎖させる」ことのできる権限があるということを前提にしている。被疑者甲野において，「シャッターを完全に閉鎖させるべき」注意義務はあるものの，このような措置をとることのできる権限がない場合には，それをなし得る権限を有する者（乙野）に進言してシャッターを完全に閉鎖させるように努めなければならない。

　この点については，千日デパートビル火災事故の上告審決定である**最決平成2年11月29日刑集44・8・871**の調査官解説は，「〔このような進言をしなければ〕自ら義務を引き受けたということになるから，被告人〔甲野〕の義務は解除されないのであり，それをすれば，店長〔乙野〕にその義務が移転し，被告人〔甲野〕の責任は解除されるのである。〔この場合の〕進言は注意義務の主体から免れるための条件であるといってもよい。ことに，防火管理者に防火管理業務を集約させる法の趣旨からみて，防火管理の本来的な責務を負う防火管理者が自己の権限ではなしえない事項について，権限者である管理権原者に進言しなければ，その者も問題の所在を知らず，事態を解決することができないことから，この進言義務が要請されるのであり，これを果たさなければ，その本来的な義務を免れないのである。そして，防火管理者が進言義務を果たしさえすれば，自己の本来的な責務を解除されるのであるから，進言義務を果たした結果，上部の権限者がそれを受け入れるかどうか，さらに受け入れられて，結果が確実に回避できるかどうかは，関係がないのである。進言義務を果たせば，義務が上部の権限者に移転するから，その者が適切な対応をしなければ，その者の過失が問われることになる。」という（最判解刑平成2年度261～262頁）。

　なお，千日デパートビル火災事故においては，防火管理者の地位にあっ

た被告人（甲野）は，大阪市消防局から，閉店時には全面的な閉鎖体制（1階ないし4階のシャッターを完全に閉鎖させること）をとるべき必要があると言われていたとされているところ，この種事件の捜査においては，防火管理者の地位にあった者が，所轄消防署から，どのような指導を受けていたのか，その指導内容はいかなる理由に基づくものなのか（シャッターを完全に閉鎖することが必要である旨の指導を受けた際，消防署はその必要性の理由についてどのように説明したのか），甲野がその指導に従わなかった理由は何かなどを明らかにすることが必要である。

③　また，上記調査官解説によると，「千日デパートの防火管理体制は当時の法令には適合していたが，既に他のデパートの水準からみてかなり遅れていた。大阪市内の他の大手のデパートでは，当時からスプリンクラーを設置しているか（この場合は，防火区画シャッターの閉鎖は不要となる），設置していない場合の防火区画シャッターは閉店後全部降ろしていた。しかも，防火区画シャッターは電動式であり，潜り戸も設けられていた。いずれも，当時の法令で要求されているより安全性の高い防火構造をとっていた。また，店内工事の際には，必ずデパート側の保安係員が監視のため常時立ち会い，工事の際には，赤バケツを用意し，消火器とともに携行させていたという。これに対し，千日デパートの場合，設置当時の法令に適合していたとはいえ，スプリンクラーはなく，防火区画シャッターは手動式で潜り戸もなく，夜間は閉鎖せず，工事の際，保安係員も置かず，赤バケツや消火器も用意せず，要するにないない尽くしであって，このような防火管理体制であれば，それだけ結果回避の方法が限られてくるのは当然で，防火区画シャッターを多少下ろすのが大変だからとって，それもしなければ，後は火災が起こらなければ幸いということになってしまうような状況にあったのである。したがって，防火区画シャッター等の閉鎖について法令上の要請はないが，それが可能というだけではなく，千日デパートの防火管理にとって残された必要かつ有効な限られた手段であったのである。ことに，夜間誰も人がいないのであればともかく，電気工事の関係者が多数人入っていたのであるから，いっそう防火区画シャッター等の閉鎖の必要性が大きかったのである。」とされている（最判解刑平成2年度269～270頁）。

したがって，このようなデパートの火災事故においては，近隣のデパートにおいてどのような防火管理体制が敷かれているのかを捜査し，その防火管理体制と，当該火災事故が発生したデパートの防火管理体制とを比較検討することも必要である。このような検討結果は，結果発生を回避するためにはどのような措置を講じるべきであったのかを考える際に役に立つと思われる。

④　上記記載例のうち，丙野については，自らの権限では救助袋を取り替えるなどができなかったということを前提としている。

⑤　映画館，劇場，病院，ホテル，学校，百貨店などは，建築基準法上の「特殊建築物」である（同法2条1項2号，別表第1，同法施行令115条の3）。上記記載例のような規模のデパートの場合は，耐火建築物（同法2条9号の2）としなければならず（同法27条1項1号・2号参照），火災時に建築物内部での火災の拡大を防止し，火災による被害を局所的に抑え，避難を容易にするために，内部に耐火構造の床や壁によって防火的な区画を設置しなくてはならない（同法施行令112条）。これが防火区画であり，この区画をシャッターで区画するものが防火区画シャッターである。

| 事例 | 8 | デパート火災事故（その2） |

　被疑者は，○市○○1丁目○番○号所在の百貨店「Tデパート」を営む株式会社Tの代表取締役社長として，同デパートの管理，経営業務を統括するとともに，防火対象物であるTデパート建物（鉄筋コンクリート造，地下1階，地上7階，総床面積約9752平方メートル。以下「店舗本館」という。）について，消防法8条1項の「管理について権原」を有し，同法17条1項の「関係者」として，消防用設備等を設置，維持する一方で，防火管理者を選任していなかったため自ら防火管理上必要な措置を講じるなどの業務に従事していたものであるが，平成○年○月○日午後1時15分頃，営業中の店舗本館南西隅所在の避難階段であるC号エレベーター外周階段（以下「C号階段」という。）の2階階段踊り場から3階への上り口付近から出火し，火は上層階に燃え広がり，店舗本館の3階以上（床面積合計約8725平方メートル）の内部がほぼ全焼するに至ったが，営業中の店舗本館には，不特定多数の客及び多数の従業員を収容していた上，前記火災当時，店舗本館北側の増築工事と店内の防火設備工事が施工中で，既設の北側非常階段が撤去され，避難階段が西側に偏在する状態となり，店舗本館の窓はそのほとんどがベニヤ板などで覆われ，店舗内には可燃性商品が大量に陳列されていたので，万一火災が発生した場合には，容易に他に延焼し，避難誘導などに適切を欠けば，多数の生命，身体に危害を及ぼす危険のあることが当然予測されたのであるから，火災発生時における客及び従業員らの生命，身体の安全を図り，死傷者の発生を未然に防止するため，客や従業員への通報及び避難誘導等の担当者，手順等に関する消防計画を作成し，これに基づく避難誘導訓練を実施してこれを従業員間に周知徹底させ，さらに，前記の北側非常階段に代わる避難階段の設置，避難はしご，その他誘導灯などの避難設備を設置すべき業務上の注意義務があるのに，これをいずれも怠り，前記出火の際，早期に消火できずに延焼させ，客や従業員らに対する火災発生の通報の機を逸し，適切な誘導避難をさせることができず，

逃げ場を失ったあげく，火煙が店内に充満したことによって，店内の客及び従業員らのうち，別紙一覧表記載のとおり，○○ほか90名を一酸化炭素中毒により死亡させたものである。　　　　（業務上過失致死）

（別紙一覧表は省略）

【解説】

　最判平成3年11月14日刑集45・8・221（熊本大洋デパート火災事故）の事案を基にした記載例であり，防火管理者が選任されていない場合である。
　防火管理者が選任されていなかった火災事故としては川治プリンスホテル火災事故がある。この事案においては，有限会社がホテル建物を所有し，代表取締役はX，取締役はその妻のYであったところ，Yが，常時ホテルで執務し，直接従業員を指揮監督して業務を行っており，このホテルでは防火管理者は選任されておらず，また，ホテルには支配人の肩書きを持つ従業員はいたものの，支配人は実質的な防火管理者としての立場にあったともいえなかった。この火災事故事案について，最高裁は，
　「Yが，Xと共に川治プリンスホテルの経営管理業務を統括掌理する最高の権限を有し，同ホテルの建物に対する防火防災の管理業務を遂行すべき立場にあったことは明らかである。」，「Yは，ホテルにおいては，防火管理者が選任されていなかったのであるから，必要と認められる消防計画を自ら作成し，あるいは幹部従業員に命じて作成させ，これに基づく避難誘導訓練を実施する義務を負っている。」
旨判示した。
　この点について，川治プリンスホテル火災事故の最高裁決定（最決平成2年11月16日）の調査官解説は，「消防法8条は，管理権原者に対し防火管理者の選任を義務づけるとともに，防火管理者のなすべき職務として，消防計画の作成，消火，通報及び避難の訓練の実施の義務を定めている。本件では，Yは消防法に違反して防火管理者を選任しておらず，実質的にも防火管理を行っている従業員はいなかったのであるから，Yが条理上上記の消防計画の作成，避難誘導訓練の実施義務を負うことは当然である。ただ，防火管理者に要求される消防法上の消防計画の作成については，専門性・技術性が要求されるので，Yに要求される上記の義務は，防火管理者を選任するまでの間，

自ら便宜的に同ホテルに必要な程度の消防計画を作成し（消防法上の消防計画と同程度のものである必要はないであろう。）あるいは幹部従業員に命じて作成させ，これに基づく避難誘導訓練を実施するという内容のものになるのではないかと考えられる。本決定の趣旨は，このようなものではないかと思われる。」としている（最判解刑平成2年度225～226頁）。

| 事例 | 9 | 病院火災事故 |

　被疑者甲野太郎は，〇〇市〇区〇通〇丁目〇番〇号所在の医療法人A病院のボイラーマンとして，同病院のボイラー及び暖房設備の操作，維持，管理等の業務に従事していたもの，被疑者乙野次郎は，同病院の理事長兼病院長として，同病院の経営管理事務の一切を掌理統括する業務に従事していたものであるところ，同病院建物は，旧館（木造モルタル亜鉛メッキ鋼板葺一部2階建て，延床面積合計約1098平方メートル）とこれに隣接する新館（鉄筋コンクリート造2階建て，延床面積合計約876平方メートル）からなり，旧館と新館は廊下で接続され，旧館1階には事務室，診療室，薬局，ボイラー室，厨房室等が，同館2階南端に産婦人科分娩室と新生児室，新生児室北側に看護師詰所，南北に通ずる中央廊下を挟んで両側に産婦人科入院室7室等，前記看護師詰所の北側横と前記中央廊下北端付近の洗面所横に1階に通じる階段がそれぞれ存し，新館には1，2階とも内科，外科，整形外科の入院室22室等があったが，前記旧館は建築後13年余を経た木造の建築物であり，同館2階には新生児や単独歩行困難な者を含む患者が多数収容されていて，同建物で火災が発生した場合はこれらの者の生命，身体に危害が及ぶおそれが極めて大きかったところ

第1　被疑者甲野は，当直勤務中の平成〇年〇月〇日午前7時頃，同病院旧館1階第1診療室南側モルタル壁から戸外に約23センチメートル突出している暖房用配管の蒸気抜き用パイプであるドレンパイプがたびたび凍結して蒸気の送流が妨げられることがあったので，当日も同パイプが凍結しているのではないかと思い，前記第1診療室に同室の放熱器（ラジエーター）の点検に赴いたところ，同放熱器が放熱していなかったため，その原因が同パイプの凍結によるものと考え，携行していた圧電点火装置付きガストーチランプの炎を噴射して同パイプの凍結を融解しようとしたが，前記トーチランプの炎は極めて高熱であり，また，前記モルタル壁と同パイプの周囲

には隙間が存する上，同壁内側には下地板など燃焼しやすい物があり，さらに，同パイプ先端は雪庇(せっぴ)に覆われ，その露出部は前記モルタル壁から約8センチメートルに及ぶ部分のみであって，同露出部に炎を噴射しようとすれば，いきおい同壁に接近した箇所に炎を噴射することになり，前記隙間から同壁内に炎ないし炎による高熱が流入し，同壁内の下地板等に着火する危険性が大きかったのであるから，同パイプの凍結を融解するに当たっては，除雪をして同パイプ先端部を露出させ，その先端部に炎を噴射するなどして，炎を壁から離れた箇所に噴射し，万が一にも炎ないし炎による高熱が同壁内に流入しないように配慮し，もって，火災の発生を未然に防止すべき業務上の注意義務があるのに，これを怠り，漫然，前記トーチランプの炎をモルタル壁近くの同パイプ露出部分に約2分間にわたって噴射し，前記隙間から炎ないし炎による高熱を同壁内部に流入させて同壁内部の下地板等に着火させた過失により，間もなく，火を同下地板などから前記第1診療室の壁体，柱，天井板等に燃え移らせ，よって，Aほか多数の者が現在する前記旧館建物を焼損するとともに，後記第2記載の被疑者甲野及び同乙野の過失とあいまって，前記火災により，旧館2階病室に入院中の患者及び新生児のうち，A（当時55歳），B（平成○年○月○日生），C（平成○年○月○日生）及びD（平成○年○月○日生）を焼死させ

第2　被疑者乙野は，前記経営管理事務の一分野である防火防災面において，入院患者らを始め病院関係者の安全を確保するための万全の措置を講ずるべき職務を有しており，火災発生の防止に努めるばかりではなく，何らかの理由による火災発生の場合に備え，前記新生児，患者らを夜間宿直時における人員配置によっても安全確実に救出，避難誘導できるよう，あらかじめ，火災報知ベル作動時における火災発生の有無，出火場所の確認，通報，火災発生の際における非常口の開錠，新生児の搬出，患者らの避難誘導等に関する具体的対策を立て，各従業員らが災害時において具体的に何をなすべきか

の手順，役割分担を示す行動準則を定め，これを同病院の看護師，警備員その他関係従業員らに周知徹底させるとともに，これに基づき，これらの者を指揮監督して十分な避難訓練を実施し，もって，火災により死傷者が生ずることがないよう未然に防止すべき業務上の注意義務があるのに，いずれもこれを怠った過失により，前記第1記載のとおり，旧館1階第1診療室から出火した際，旧館2階の当直看護師，助産師，夜警員らをして迅速適切な通報，救出，避難誘導行為を行わせることができず，同記載のとおりAほか3名を焼死させたものである。

（業務上失火，業務上過失致死）

【解説】

① **札幌地判昭和54年11月28日**判時971・130（白石中央病院火災事故）の事案を基にした記載例である。第1事実は，業務上失火罪と業務上過失致死罪であり，第2事実は，業務上過失致死罪である。

② 上記札幌地判の事案（負傷者も存在した。）については，被疑者乙野は，第一審では有罪となったが，控訴審では無罪となった（**札幌高判昭和56年1月22日**判時994・129）。

この事案においては，「旧館1階第1診療室付近から出火した際，同館1階事務室には夜警員がおり，火災報知ベルが鳴ったとき，同室に設置された火災発生場所を表示する火災報知盤を見て，第1診療室に行った。しかし，夜警員は診療室の火災の状況を見て狼狽し，その場に居合わせた賄婦に消防署に通報するよう依頼し，自らはそのまま新館に退避した。」，「火災の際に旧館2階にいた当直看護婦Xは，旧館2階看護婦詰所のすぐそばで階段から上ってくる煙を認めて本件火災に気付いたが，その後旧館2階入院室の入口から入院患者らに対し避難を呼びかけたが，旧館2階非常口の開錠や旧館2階新生児室に収容中の新生児の救出については何ら思いを及ぼさず，ただわずかに，助産婦Yが上記非常口のそばで抱きかかえてきた新生児3名の屋外搬出に手を貸しただけにすぎなかった。もし，Xが遅

くとも，入院患者らに避難を呼びかけている段階において前記非常口の開錠と前記新生児の救出とに思いを致したならば，この非常口の開扉のための鍵は前記看護婦詰所内の窓枠に非常口の鍵である旨を表示した札に結び付けられて吊されており，また，新生児は全て同詰所のすぐ隣の新生児室に収容されていて同室には新生児搬出用担架（1個で新生児4名くらいを搬出し得るもの）が2個備え付けられていたから，Xが前記非常口を早期に開錠し，かつ，Yによる救出活動とあいまって，当時旧館内にいた新生児6名全員を無事救出することは確実であった。新生児3名の焼死は，この3名に対する救出活動が全く行われなかったことによるものである。入院患者Aの焼死は，Aが前記非常口のすぐそばまでたどりついたのに，その時点でも同非常口が依然として閉鎖施錠されたままであったことによるものである。したがって，Xが前記のような行動をとっていたならば，つまり，Xが本件火災発生に気付いた直後頃，非常口開錠と新生児救出とに思いを致していたならば，本件死亡の結果は発生しなかったはずである。」という事実関係が認められた。

　札幌高裁は，

「被告人乙野は，本件当時，本件病院の理事長兼病院長として，本件病院の経営及び管理部門全体を統括し，診療部門全体を監督する職責を担っており，旧館出火の場合に備えて新生児及び入院患者並びに付添人の救出や避難誘導に関する職責をも当然負担していたといわざるを得ないけれども，本件病院の理事長ないし病院長としての立場から考えるとき，当直看護婦や夜警員が当然果たしてくれるものと予想されるような出火通報，非常口開錠及び新生児搬出などの救出活動ないし避難誘導活動が現実に実行されないであろうという場合までも考慮に入れて火災発生に備えた対策を定めなければならないとまでいうのは行き過ぎといわざるを得ない。すなわち，検察官が本件死傷者6名の死傷事故につき理事長兼病院長である被告人乙野の過失としてとらえている注意義務は，出火の際の救出活動や避難誘導活動についての人員の質（対策の定立とこれに基づく訓練の実施が経由されていること）及び量（当直人員の増員）の拡充と物的設備の改善（非常口扉の改造又は右の扉の鍵の携行）とに尽きるところ，かかる拡充改善の措置をとることを刑法上の業務上の注意義務として要求するには，既存の当直人員の質及び量並びに既存の物的設備の下で，従業員が当然に果たす

であろう救出活動ないし避難誘導活動によってもなお回避不能とみられる死傷事故に対する関係において初めて肯定されるべきものにすぎないというべきであり，そして，本件火災により発生した前記6名の死傷という結果については，当時の当直人員の質及び量並びに当時の物的設備の下で回避不能であったとは認められない。」
旨判示した。
　この事件は，監督過失について，信頼の原則が問題とされた事案であるが，「監督過失における監督者の過失は現場の作業員等のミスが監督者によって具体的に予見可能であったかにより決定されることになる。しかし，その場合も，監督義務の履行により結果回避が可能であったことは充分に立証される必要があろう。」といわれている（西田276頁）。

| 事例 | 10 | スーパーマーケット火災事故 |

　被疑者甲野一郎は，物品販売業を営む株式会社Ａが経営する○県○市○町○丁目○番地所在の「Ｘスーパー」Ｙ店の店長として，同店の運営管理を統括するとともに，同店建物（鉄筋コンクリート造，陸屋根，地下１階地上５階建て塔屋２階建て，延面積5140平方メートル）につき，消防法８条１項に規定する管理権原を有するものとして防火管理者を指揮監督し，消防計画を作成させ，これに基づく消火，通報及び避難訓練の実施，避難又は防火上必要な構造設備等の維持管理等防火管理上必要な措置を講じさせるなどの業務に従事していたもの，被疑者乙野太郎は，同店の総務マネージャーとして，被疑者甲野の下で，同店従業員らの指導監督に当たるとともに，消防法８条１項に規定する防火管理者として，同店建物について，消防計画の作成，これに基づく消火，通報及び避難訓練の実施，避難又は防火上必要な構造設備等の維持管理等防火管理上必要な措置を講じるなどの業務に従事していたものであるところ，同店は，その営業形態から営業中は不特定多数の客及び従業員等を収容し，また，同店内の２階，３階及び４階には可燃性の高い衣料品，カーテン，寝具等の商品が多数陳列されていた上，その売場内部は各階とも床面積の広い無窓の大部屋形式で，地階から屋上までの各階の南東と北東には階段が，地階から４階までの各階西側中央部にはエスカレーターが設置されていて，前記階段等を通して各階へ煙が伝走しやすい構造であり，同店内から火災が発生した場合には，各階の防火戸前に障害物が置かれていたならば，前記防火戸が閉鎖せずに急速に煙が伝走し，火災発生の報知を含む適切な避難誘導を欠けば，多数の客及び従業員等を早期かつ安全に避難させることが困難な状態となって，その生命身体に危害を及ぼす危険のあることが十分予見されたのであるから，火災発生時における同人らの生命身体の安全を確保し，死傷者の発生を未然に防止するため

第１　被疑者甲野は，管理権原者として，防火管理者である被疑者乙野を指揮し，各階に設置された防火戸が火災時に正常に作動するよう

に維持管理させ、かつ、従業員をして、消防計画に基づいて各階の客及び従業員等に対する適切な避難誘導訓練を実施させるなどし、万一出火した場合、火災の拡大による煙の伝走を阻止するとともに、客及び従業員等を早期に安全な場所へ避難させることができるように万全の防火管理体制を確立すべき業務上の注意義務があるのに、いずれもこれを怠り、被疑者乙野を指揮して前記のような防火戸の維持管理及び避難誘導訓練を実施させなかった過失

第2　被疑者乙野は、防火管理者として、各階に設置された防火戸前に商品やゴミ袋等の障害物を置かないようにして防火戸が火災時に正常に作動するように維持管理し、かつ、消防計画に基づいて各階の客及び従業員等に対する適切な避難誘導訓練を実施するなどし、万一出火した場合、火災の拡大による煙の伝走を阻止するとともに、客及び従業員等を早期に安全な場所へ避難させることができるようにすべき業務上の注意義務があるのに、いずれもこれを怠り、4階北東側階段防火戸の前に、これと密着して、厚紙等の廃棄物を入れたゴミ袋（幅約1メートル、高さ約0.5メートル、奥行き約0.7メートル、重量約11.4キログラムの紙製布団袋）が置かれ、また、5階北東側防火戸の前に、これと密着して、それぞれ段ボール箱で包装したテレビ2台、テレビ台1台及び包装された布団1包（これらの総重量約33.7キログラム）の配送商品が置かれていて、前記各防火戸が火災時に正常に作動しない状態であるのに、これを放置するとともに前記のような適切な避難誘導訓練を十分に実施しなかった過失

の競合により、平成○年○月○日午後0時30分頃、同店の4階カーテン売場付近から出火した際、4階及び5階の北東側階段の各防火戸の前に、前記のとおりそれぞれ物品が置かれていたことにより、前記各防火戸が作動せず、開放状態になっていたため、火災の拡大による煙の伝走を阻止することができず、同店4階から北東側階段部分を経て5階に大量の煙を侵入充満させ、かつ、当時同店5階にいた客及び従業員等に対

して，火災報知係や同階の避難誘導係において適切な避難誘導を行わなかったため，同階ゲームコーナーで遊戯中の客及び同階社員食堂で食事等をしていた従業員等を早期に安全な場所へ避難させることができず，同人らをして多量の煙を吸引させ，あるいは，同階の窓から同店東側駐車場に飛び降りるのをやむなきに至らせるなどし，よって，別紙死亡者一覧表のとおり，○○ほか○名をいずれも一酸化炭素中毒により死亡させ，かつ，別紙負傷者一覧表のとおり，○ほか1名に対し，加療約○日間又は約○日間を要する頭部打撲等の各傷害を負わせたものである。

(業務上過失致死傷)

(別紙死亡者一覧表，別紙負傷者一覧表は省略)

【解説】
① 神戸地尼崎支判平成5年9月13日公刊物未登載(長崎屋火災事故)の事案を基にした記載例である。

② 上記事件では，弁護人は，1階以外の各階北東側階段防火戸前に恒常的に商品，什器，ゴミ袋等が置かれたり，同戸前がこれらの物の置き場にされていたりしたわけではなく，たまに置かれることがあったにすぎず，しかも，これに対して乙野が一般的にも個別的にも何度も注意していたのであるから，乙野らの過失責任の程度は小さいと主張した。

　これに対し，裁判所は，関係証拠から，各防火戸前に障害物が置かれるのは稀ではなかったと認定した上，乙野は，年2回の消防の定期査察前に，防火戸前などに物を置かないよう一般的な注意をし，それ以外にも，防火戸前に物が置かれていることについて個別的に従業員らに注意をしていたことは認められるものの，㋐この一般的注意は，いわば消防署向けの形式的なもので，防火戸の機能等の説明が不十分であるなど，それによって従業員らに防火戸の重要性を周知徹底させるようなものではなかった，㋑個別的な注意については，従業員らの中には，防火戸前に物を置いたことを個別的に注意された者とそうでない者がいるが，個別的な注意の際，なぜ防火戸前に物を置いてはいけないのか，その理由について説明をしなかったので，注意を受けた従業員の中にはどうして注意されたのか分からず，

漠然と通行の邪魔になるからだろうと思っていた者もおり，また注意されても，他に置く場所がないし，乙野もどこに置けとは言わなかったことから，一向に改めようとしなかったこと，などが認められ，乙野の注意の仕方は，不十分かつ不適切であったと認定した。

　火災事故に当たっては，このような主張がなされる可能性があることを想定して関係者の取調べに当たることが必要である。

| 事例 | 11 | その他火災事故（ピアノ塾火災の際にレッスン場にいた児童の焼死事故） |

　被疑者は，平成○年9月頃から自宅である○○市○○町○丁目○番地所在の木造瓦葺2階建て（1階約110平方メートル，2階約45平方メートル）の建物においてピアノレッスン塾を設け近隣の児童にピアノの個人レッスンを行っていたものであるが，前記レッスン場入口から玄関前廊下を挟んでわずか3.84メートルに近接した自宅玄関南側の4畳半間には平成○年12月頃から下半身不随のため寝たきりとなっていた実父（当時80歳）が在室し，同人の寝たばこの習癖でこれまでにも同間の畳を焼く等の事故があり日頃から火災発生が懸念されていたことから，万一火災が発生した場合には児童を安全な場所へ避難誘導する立場にあったところ，妻子が不在であった平成○年11月15日午後○時○分頃，前記ピアノレッスン場において，A（中学1年生，当時12歳）及びB（小学4年生，当時10歳）の姉妹のレッスンを終えて同所で帰り支度をさせ，引き続きC（小学1年，当時7歳）のレッスンを始めようとした際，熱気を覚えるとともにレッスン場の北側天井の一部から白煙がわずかに立ちこめ始め，それとともにきな臭いにおいを感じたので，レッスン場の引き戸を開け玄関前廊下に出て様子を見て，前記実父Mの寝たばこの不始末により同人の前記寝室から出火したのではないかと考えて同廊下に接する同人の寝室の入口の開き戸を開けたところ，既に同室内は一面炎に包まれ，さらに炎や煙が前記入口の外に噴出する状態となっていて同人の救出はおろか自力で消火することも到底困難な状況となっていたのを認めたが，前記のとおり同入口に近接してレッスン場の入口があり，すぐに玄関前廊下やレッスン場にも煙が充満し，延焼するおそれが多分にあったのであるから，このような場合，直ちにレッスン場にいる前記3名の児童を誘導し，玄関，レッスン場北側窓，又は裏口に当たるレッスン場西側風呂場のくぐり戸等から屋外に脱出させてその生命の安全を図るべき注意義務があるのに，これを怠り，前記裏口の安全を確認した後でも前記3名の児童を避難誘導できるものと軽信し，レッスン場にい

る前記3名の児童に「火事だからそこで待っていて」と声を掛け，同人らを出入口の戸を開放したままのレッスン場に残したまま，いったんその場から前記裏口に当たる風呂場のくぐり戸に至り外部の様子をうかがうなどして時間を徒過した重大な過失により，その後レッスン場出入口に通じる廊下まで引き返したものの，既に煙が廊下に充満していてそれ以上進んでレッスン場に入り前記児童らを救出することができず，やむなく裏口から外に出てレッスン場北側の窓の外から前記児童らを救出しようとしたが及ばず，同室に充満した煙や炎により，その頃，B及びCの両名を一酸化中毒により間もなく死亡させ，Aの全身に重度の火傷を負わせ，同月18日午後2時頃，同市○○町○丁目○番地所在の△△病院において，同人を死亡させたものである。　　　　　　（重過失致死）

○　刑法211条
「業務上必要な注意を怠り，よって人を死傷させた者は，5年以下の懲役若しくは禁錮又は100万円以下の罰金に処する。重大な過失により人を死傷させた者も，同様とする。」

【解説】
　大阪地判昭和54年4月10日判時949・135の事案を基にした記載例である。この事件において，裁判所は，
「被告人は自宅でピアノ塾を開設し，レッスン中は保護者に代わり児童を自己の管理下に置いていたのであって，その間に自宅において火災が発生する等児童の生命，身体の安全に危険を及ぼすような事態の発生があればその危険回避に必要適切な措置をとるべき立場にあったところ，本件火災は判示のような状況下において発生したのであるから，被告人に対し直ちに児童の避難誘導の措置をとるべき注意義務を課するのが相当であって，その懈怠は重大な過失である。」
旨判示した。

第2　火災関連事故　63

| 事例 | 12 | その他火災事故（石油ストーブ給油中の過失による焼死事故） |

　被疑者は，平成○年○月○日午後10時45分頃，○○市○○町○丁目○番地所在の木造瓦葺2階建て店舗（被疑者及びその妻の共有，床面積1階約54平方メートル，2階約50平方メートル，2階は妻の父母が経営する麻雀店「△△クラブ」となっており，当時麻雀客甲野一郎ら12名が在室していた。）の1階で経営する中華料理店「△△」を閉店後，同店内で使用していた3台の石油ストーブに給油するため，そのうち2台から三角柱形カートリッジ式燃料タンクをそれぞれ取り外して，残りの1台のストーブ（芯上下式，反射型）のそばへ運んで床面上に立て，燃焼していた同ストーブの芯上下用つまみを消火用位置まで回し，直ちに18リットル入りの灯油缶から電動式サイフォンを用いて，同ストーブの燃料タンク及び前記カートリッジ式燃料タンク2個に順次，給油しようとしたが，つまみを消火位置まで回した直後の芯上下式石油ストーブにおいては，燃焼筒内に火気が残存しているから，その直近で給油を行って灯油を溢出ないし飛散させるときは，同火気によって灯油に着火させ火災を発生させる危険を予測し得る状態にあったのであるから，このような場合，同火気が消失してから給油を始めるか，灯油が溢出することのないよう給油の進行状況を注視し，万一溢出したならばそれに着火することのないようにするかして火を失することのないようにすべき注意義務があるのに，これを怠り，前記芯上下式ストーブの燃料タンクに前記灯油缶から前記電動式サイフォンを用いて給油した後，つまみを消火位置まで回した直後で燃焼筒内に火気の残存する前記ストーブの直近で前記カートリッジ式燃料タンクに前記灯油缶から前記電動式サイフォンを用いて給油し，その給油中，同店の売上金の始末に気を奪われてその場を離れ，間もなく満杯となった同カートリッジ式燃料タンクから灯油を床面に溢出させた上，これに気付き，あわてて同電動式サイフォンを同カートリッジ式燃料タンクから急に引き抜いた重大な過失により，同サイフォン内の灯油を前記ストーブの燃焼筒内の残炎に浴びせかけて着火さ

せ，さらに，床面に溢出させた灯油に引火させて火を失し，前記甲野一郎ら12名の現在する前記店舗に燃え移らせてこれを全焼させて焼損した上，前記「△△クラブ」に在室していた麻雀客A，同B，同C及びDの4名を焼死させたものである。　　　　　　（**重過失致死，重過失失火**）

○　刑法117条の2

「第116条又は前条第1項の行為が業務上必要な注意を怠ったことによるとき，又は重大な過失によるときは，3年以下の禁錮又は150万円以下の罰金に処する。」

【解説】

東京高判昭和62年10月6日判時1258・136の事案を基にした記載例である。

| 事例 | 13 | その他火災事故（建設会社の寄宿舎火災による焼死事故） |

　被疑者株式会社甲野組（以下「被疑会社」という。）は，○○県○○市○町○丁目○番地に本店を置き，建築工事や土木工事の請負等を業とし，同県△△市○町○丁目○番地所在の株式会社甲野組第１工事部作業員宿舎（鉄骨造，亜鉛メッキ鋼板葺３階建て，延床面積1280平方メートル）を所有する事業主であったもの，被疑者甲野一郎は，被疑会社の代表取締役としてその業務全般を統括するとともに，被疑会社の作業員宿舎の管理も統括するものとして，防火対象物で建設業附属寄宿舎である前記第１工事部作業員宿舎につき，警報，避難等に必要な構造及び設備の設置，維持管理等の防火管理上及び労働者の生命の保持に必要な措置を講じるなどの業務に従事していたもの，被疑者乙野太郎は，被疑会社の取締役工事総括部長兼第１工事部長で，前記作業員宿舎の防火及び寄宿労働者の安全等の管理全般を担当するものとして，同宿舎につき，警報，避難等に必要な構造及び設備の設置，維持管理等の防火管理上及び労働者の生命の保持に必要な措置を講じ，かつ，同宿舎内において労働者が安全に寄宿できるような適正配置をするなどの業務に従事していたものであるところ，同宿舎は平素50名以上の労働者が寄宿し，常時15名以上の者が２階以上の寝室に居住する建物で，平成○年○月頃，その２階居室及び廊下部分を増築したが，その際床や天井をベニヤ板張りにするなどして防火構造とせず，かつ，１階中央部付近に通じる内階段１基を設けたのみで避難や排煙等のため必要な避難階段や外気に有効に通じる窓を設けず，自動火災報知設備を設置しないなど関係法令に違反して増築した違法建築であって，いったん同宿舎内から火災が発生した場合，同宿舎２階部分に寄宿する多数の労働者が避難の時機，場所を失し，その生命身体に危害を及ぼす危険があったのであるから，被疑者甲野及び同乙野は，火災発生時における寄宿労働者の生命身体の安全を図り，死傷者の発生を未然に防止するため，同宿舎２階居室及び廊下部分につき，適正に配置され，かつ，容易に屋外の安全な場所に通じる２以上の

避難階段，外気と有効に通じる窓及び自動火災報知設備等必要な構造及び設備を設置し，これを有効なものとして維持管理するなどして，出火した場合，早期にこれを寄宿労働者に覚知させ，同人らが安全な場所に避難できるよう万全の措置を講じるか，同宿舎2階居室部分に寄宿する労働者を同宿舎3階に移動させるなどして同宿舎2階居室部分に寄宿させないようにし，もって火災発生時における寄宿労働者の生命身体の安全を確保すべき業務上の注意義務があるのに，いずれもこれを怠り，同宿舎2階居室及び廊下部分につき，避難階段，窓及び自動火災報知設備等必要な構造，設備を設置しないまま，漫然，同宿舎2階居室部分に労働者を寄宿させ続けた過失により，平成○年○月○日午前2時頃，同宿舎1階中央部付近から出火して同宿舎2階，3階など約1249平方メートルを焼損した際，同宿舎2階で就寝中の寄宿労働者をして，避難の時機及び場所を失わせ，激しい火炎を浴びさせ，多量の煙を吸引させるなどし，よって，その頃，同所付近において，別紙死亡者一覧表のとおり，A（当時45歳）ら8名を死亡させ，その際，いずれも被疑会社の業務に関し，同日，同宿舎を建設業附属寄宿舎として使用するに際し，被疑者甲野及び同乙野において，法定の除外事由がないのに，同宿舎は15名以上の者が2階以上の寝室に居住する建物であったから，同宿舎2階部分につき，適正に配置され，かつ，容易に屋外の安全な場所に通じる2以上の避難階段を設けず，被疑者甲野において，火災その他非常の場合に，寄宿する者にこれを速やかに知らせるための警鐘，非常ベル，サイレンその他の警報設備を設けなければならないのに，これを設けず，いずれも建設業附属寄宿舎について，避難に必要な措置その他労働者の生命の保持に必要な措置を講じなかったものである。

（業務上過失致死，労働基準法違反）

（別紙死亡者一覧表は省略）

【解説】

① 横浜地判平成7年10月30日判時1575・151（業務上過失致死罪，労働基

準法違反。火災の原因は放火）の事案を基にした記載例である。

② 労働基準法96条1項は，「使用者は，事業の附属寄宿舎について，換気，採光，照明，保温，防湿，清潔，避難，定員の収容，就寝に必要な措置その他労働者の健康，風紀及び生命の保持に必要な措置を講じなければならない。」と，同条2項は，「使用者が前項の規定によって講ずべき措置の基準は，厚生労働省令で定める。」と各規定している（同条に違反した場合は，行為者は同法119条1号によって処罰され，法人等は同法121条1項によって処罰される。）。同条2項を受けた建設業附属寄宿舎規程8条1項は，「使用者は，常時15人未満の者が2階以上の寝室に居住する建物にあっては1箇所以上，常時15人以上の者が2階以上の寝室に居住する建物にあっては2箇所以上の避難階段を設けなければならない。」と，同条2項は，「前項の避難階段については，すべり台，避難はしご，避難用タラップその他の避難器具に代えることができる。ただし，常時15人以上の者が2階以上の寝室に居住する建物にあっては，1箇所は避難階段としなければならない。」と，同条3項は，「前2項の避難階段又は避難器具は，各階に適当に配置され，かつ，容易に屋外の安全な場所に通ずるものでなければならない。」と，各規定している。さらに，同規程10条1項は，「使用者が，避難を要する場合を考慮して適当に配置された2以上の出入口を設けなければならない。」と，同規程11条1項は，「使用者は，火災その他非常の場合に，寄宿舎に寄宿する者にこれを速やかに知らせるために，警鐘，非常ベル，サイレンその他の警報設備を設けなければならない。」と，同条2項は，「使用者は，前項の警報設備については，常時有効に作動するようにしておかなければならない。」と，同条3項は，「使用者は，寄宿舎に寄宿する者に対し，第1項の警報設備について，その設置場所及び使用方法を周知させなければならない。」と，各規定している。

③ 記載例の寄宿舎には自動火災報知設備を設置しなければならず（消防法施行令21条1項4号），もし，2階の収容人員が30人以上であれば，2階には避難ロープ・すべり棒・すべり台・避難はしご・避難用タラップ・救助袋・緩降機・避難橋を設置しなければならず，3階の収容人員が30人以上であれば，3階にもすべり台・避難はしご・避難用タラップ・救助袋・

緩降機・避難橋を設置しなければならない（同施行令25条1項2号）。さらに，本件の寄宿舎の収容人員が50名以上の場合は，非常ベルあるいは自動式サイレンを設置しなければならない（同施行令24条2項2号。自動火災報知設備が設置されている場合には，その有効範囲には設置しなくてもよい。）。

④ 「防火構造」とは，外壁，軒裏についての，防火性能に関する技術的基準に適合する鉄網モルタル塗り，しっくい塗りなどの構造をいい，防火性能とは，建築物の周囲で発生する通常火災による延焼を抑制するために外壁，軒裏に必要とされる性能をいう（建築基準法2条8号）。その技術的基準は同法施行令108条に定められており，耐力壁である外壁には30分間の非損傷性質，一般の外壁と軒裏には30分間の遮熱性が必要とされている。寄宿舎は，特殊建築物とされており（同法2条2号），防災地域及び準防災地域以外の市街地の区域内にある木造建築物等（床，屋根及び階段を除く主要構造物のうち自重又は積載荷重を支える部分の全部又は一部が木材，プラスチックその他の可燃材料で造られたもの）である寄宿舎で，階数が2つあり，かつ，その用途に供する部分の床面積の合計が200平方メートルを超えるものについては，その外壁及び軒裏で延焼のおそれのある部分を防火構造としなければならない（同法24条3号）。

| 事例 | 14 | その他火災事故（トンネル内の火災事故） |

　被疑者は，株式会社Ａ電設の代表取締役として，同社が請け負う電力ケーブル接続工事等に従事するものであるが，平成○年３月23日から同月26日までの間，同社が近畿日本鉄道株式会社東大阪線開通工事の一環として請け負った同東大阪線新石切駅・生駒間の大阪府東大阪市上石切町から奈良県生駒市元町に至る生駒トンネル（全長約4737.4メートル）内の同トンネル西口起点約1949メートル東方付近側壁の横穴における電力ケーブル（配電線。三相交流。二重系統。特別高圧〔２万2000ボルト〕ケーブル）接続工事を前記株式会社Ａ電設従業員Ｘほか２名を使用して施工するに当たり，同接続工事は，同トンネル西方の新石切変電所から同トンネルを通って同横穴まで敷設されている電力ケーブル６本と同トンネル東方の新生駒変電所から同トンネルを通って同横穴まで敷設されている電力ケーブル６本の各先端を△△分岐接続器６個によってそれぞれ同じ相ごとに接続した上，各接続箇所から電力ケーブル１本を分岐させて同トンネル上方の石切き電開閉所に敷設するための作業であり，同電力ケーブル内部に施された遮へい銅テープの三方（新石切変電所側，新生駒変電所側及び石切き電開閉所側からの三方）間を電気的に接続するための接続銅板（接地銅板）を欠く接続器に取り付け，誘起された電流を同接続銅板及び新石切変電所側の遮へい銅テープを経由し同変電所に設置されているアース端子を通して大地に流す導通路を確保し，もって，同電流が他の箇所に漏れて発熱により前記△△分岐接続器や電力ケーブルを焼損して火災を生じないよう設計されていたのであるから，およそ工事施工者としては，同工事のための前記△△分岐接続器組立作業説明書に示された作業手順を遵守し，接続銅板の取り付けを怠ることなどないよう万全の注意を払い，漏電による火災の発生及びこれに伴う電車乗客等の死傷の結果の発生を未然に防止すべき業務上の注意義務があるのに，これを怠り，同接続器６個にそれぞれ取り付けられた新生駒変電所側と新石切変電所側の遮へい銅テープ間の接続銅板の取り付けを

行うに際し，前記両遮へい銅テープ間を絶縁抵抗計によって測定の結果，電気抵抗が検出されなかったところ，これは電気抵抗値の測定に適さない絶縁抵抗計を使用したことによるものであり，実際は，前記両遮へい銅テープ間に接続された前記△△分岐接続器の半導電層部に電気抵抗があるのに，これを看過し，電気抵抗が検出されなかったのは前記両遮へい銅テープ間が同接続器の構造上内部で電気的に接続されていることによるものと誤認し，同接続銅板の取り付けは不要であるとしてこれを取り付けなかった過失により，同年4月21日以降，同電力ケーブルに2万2000ボルトの電圧が課電されあるいは同電圧による電流が通電された結果，新生駒変電所・△△分岐接続器間の電力ケーブル6本の各遮へい銅テープに誘起された電流を大地に流す導電路が断たれ，同電流が同接続器内部の半導電層部に漏えいして，徐々にこれを加熱，炭化させた上，アーク放電を発生させ，遂に，翌○年9月21日午後4時過ぎ頃，同半導電層部を炎上させ，これを同接続部に接続されている電力ケーブルの外装部に燃え移らせて火を失し，同電力ケーブル等ケーブル合計11本等を焼損し，同トンネル内に濃煙及び有毒ガスをまん延させ，もって公共の危険を生じさせるとともに，同日午後4時21分頃，同電力ケーブルの炎上による地絡により，き電停止の事態を招来させ，折から，生駒トンネル西口から同トンネル内に進入してきた○○が運転する同東大阪線長田駅午後4時9分発生駒駅行き下り列車（6両編成）を同トンネル西口起点約2735.5メートル東方のトンネル内に停止するに至らせ，同列車の乗客及び乗務員を，同日午後5時19分頃までの間，同トンネル内に閉じ込め，その間，煙及び有毒ガスを多量に吸引させ，よって，乗客及び乗務員のうち，○（当時○歳）をその場で急性呼吸不全により死亡させたほか，別紙記載のとおり，○ほか○名に対し，加療約○日間ないし約○○日間を要する○○，○○等の傷害を負わせたものである．

（業務上失火，業務上過失致死傷）

（別紙は省略）

【解説】

　最決平成 12 年 12 月 20 日刑集 54・9・1095（生駒トンネル火災事故）の事案を基にした記載例である。この事故については，第一審の大阪地裁は無罪判決を言い渡したが（**大阪地判平成 7 年 10 月 6 日**判タ 893・87），控訴審の大阪高裁はこれを破棄して有罪判決を言い渡し（**大阪高判平成 10 年 3 月 25 日**判タ 991・86），最高裁は，被告人の上告を棄却した。

　最高裁は，

　「近畿日本鉄道東大阪線生駒トンネル内における電力ケーブルの接続工事に関し，施工資格を有してその工事に当たった被告人が，ケーブルに特別高圧電流が流れる場合に発生する誘起電流を接地するための大小 2 種類の接地銅板のうちの 1 種類を△△分岐接続器に取り付けるのを怠ったため，上記誘起電流が，大地に流されずに，本来流れるべきでない△△分岐接続器本体の半導電層部に流れて炭化導電路を形成し，長期間にわたり同部分に集中して流れ続けたことにより，本件火災が発生したものである。上記事実関係の下においては，被告人は，上記のような炭化導電路が形成されるという経過を具体的に予見することはできなかったとしても，誘起電流が大地に流されずに本来流れるべきでない部分に長期間にわたり流れ続けることによって火災の発生に至る可能性があることを予見することはできたというべきである。したがって，本件火災発生の予見可能性を認めた原判決は，相当である。」旨判示している。

　予見可能性の対象は，何かが起きるという抽象的な結果では足りず，特定の構成要件的結果及びその結果の発生に至る因果関係の基本的部分と解されている（西田 265 頁）。「因果関係の基本的部分」とは，その事実を認識可能であれば結果に対する予見可能性も肯定できるような予兆，契機，経験的事実などを意味するところ（西田 265 頁），本件に関していえば，「本件火災事故発生に至る核心は，被告人が接地銅板（小）の取り付けを怠ったことにより，ケーブルの遮へい銅テープに発生した誘起電流が長期間にわたり，本来流れてはいけない△△分岐接続器本体の半導電層部に流れ続けたことにあるのであって，因果の経路の基本的部分とは，まさに，そのこととそのことにより同部が発熱し発火に至るという最終的な結果に尽きるのであって，これらのことを大筋で予見，認識できたと判断される以上，予見可能性があったとするに必要にして十分であり，半導電層部に流れ続けた誘起電流が招来し

た炭化導電路の形成，拡大，可燃性ガスの発生，アーク放電をきっかけとする火災発生というこの間のプロセスの細目まで具体的に予見，認識し得なかったからといって，予見可能性が否定されるべきいわれは全くない」のである（上記大阪高判）。

事例 15　その他火災事故（工場内で溶断作業中に飛散した火花による火災事故）

　被疑者甲野一郎は，平成○年○月頃，社団法人日本溶接協会からガス溶接技能講習修了証書を受けるなどした上，鉄骨組立加工業を営むA鉄工株式会社に工事主任として勤務し，鉄骨組立工事等の施工及びこれに伴う電気溶接，ガス溶断等の業務に従事し，同社が請け負った大阪市○区○○町○丁目○番○号所在のYゴム株式会社本社工場の鉄骨造り3階建て一部4階建て建物内の資材運搬用簡易リフトの補修工事を担当していたものであり，被疑者乙野次郎は，ウレタンフォームの加工販売業を営む前記Yゴム株式会社の工場部門の責任者として，同社工場の機械設備の維持管理並びに易燃物であるウレタンフォームの取扱保管及びこれに伴う火災の防止等の業務に従事し，被疑者甲野らの前記補修工事の施工に立ち会い，これを監視していたものであるところ，平成○年○月○日午後2時頃，人の現在する前記建物の4階東側リフト昇降用通路（縦，横各1.5メートル程度）開口部において，前記補修工事の一環として，リフト懸垂用ワイヤーロープを懸ける滑車を大きいものに取り替えるため，被疑者甲野において，前記滑車をフックを引っかける鉄板（厚さ約10ミリメートルで，リフト昇降用通路天井部の梁の中心部に取り付けられたもの）の穴（直径約3センチメートル）を新しい滑車のフックの太さに適合させるため酸素アセチレン火炎の出るガス切断器で拡大溶断しようとし，被疑者乙野において，前記開口部付近で前記拡大溶断作業に立ち会いこれを監視していたのであるが，その際，同建物1階の前記リフト昇降用通路の最下部には，縦，横各約1.23メートル，高さ約2.5メートルの，鉄骨で枠組みした箱型リフト用ケージが留め置かれ，前記ケージは底部が板張りのほかは高さ1.8メートルのベニヤ板で背面及び両側面の三方を板囲いしてあるだけであって，その三方の上部約70センチメートルの周囲は枠組のみで隙間が生じており，その西側正面は全く開放されている上，前記リフト昇降用通路の1階部分も，西側は床面から高さ3.5メートルぐらいの天井部まで開放され，北側は床上約1.7メ

ートルまで，南側は床上約1.8メートルまでの部分がベニヤ板の壁となっているだけで，その上方は前記天井部まで空間となっており，しかも前記1階には，前記リフト昇降用通路に近接して，その西南方及び南方の床面や棚の上には大量の易燃性ウレタンフォームの原反及び同半製品等（以下「ウレタンフォーム原反等」という。）が山積みされていて，前記溶断作業に伴って発生する多量の火花が4階作業現場から約10メートル下の前記ケージ上部の梁や枠あるいは底部に落下して周囲に飛散し，これらウレタンフォーム原反等に接触着火して火災を発生させる危険があったところ

第1　被疑者甲野は，それがウレタンフォーム原反等であるとは分からなかったものの，溶断火花が落下飛散する可能性のある前記1階部分には何か物が山積みにされていることは認識していたのであるから，前記溶断作業の開始に当たり，そこに可燃物や易燃物がないかどうかを，自ら，あるいは被疑者乙野に説明を求めて確認し，可燃物や易燃物がある場合には被疑者乙野に要請してこれらを安全な場所に移動させ，あるいは自ら4階リフト昇降用通路の開口部を歩み板等で覆い尽くすなどし，溶断作業に伴って発生する火花による火災事故の発生を未然に防止すべき業務上の注意義務があるのに，これを怠り，何らの措置も講じないまま，前記開口部に幅約30センチメートルの歩み板を足場用として2枚渡しただけで，前記鉄板の穴の拡大溶断作業を開始，継続した過失

第2　被疑者乙野は，被疑者甲野において溶断作業を開始すれば多数の溶断火花が落下飛散することを認識しており，また当時1階に存在した易燃性のウレタンフォーム原反等の大部分につきその存在状況を把握していたのであるから，被疑者甲野が前記溶断作業を開始するに当たり，同人に対し，前記1階には易燃性のウレタンフォーム原反等が存在することを説明するとともに，同人に要請して4階リフト昇降用通路開口部を歩み板等で覆い尽くさせるなどし，溶断作業に伴って発生する火花がウレタンフォーム原反等に接触しないよ

うにし，そのような措置が講じられていない場合には被疑者甲野に溶断作業を開始させてはならない業務上の注意義務があるのに，これを怠り，何らの措置も講じないまま，同人が前記状況の下に前記溶断作業を開始，継続することを許容し，同人をしてこれを行わせた過失

の競合により，前記溶断作業で発生落下した多量の溶断火花を1階の前期リフト昇降用通路最下部の周辺に飛散させ，その一部を同所にあった前記ウレタンフォーム原反等に接触着火させて急速に燃え広がらせ，さらにその火を○○らが現在するYゴム株式会社所有の前記3階建て一部4階建ての建物（床面積合計○○平方メートル）に燃え移らせ，よって，前記建物を全焼させてこれを焼損するとともに，当時同建物内にいた○○（当時○歳），○○（当時○歳），○○（当時○歳），○○（当時○歳），○○（当時○歳），○○（当時○歳）及び○○（当時○歳）の合計7名を，いずれもその頃，同建物内2階で一酸化炭素中毒により死亡させたものである。

(業務上失火，業務上過失致死)

【解説】

最決昭和60年10月21日刑集39・6・362の事案を基にした記載例である（第一審は**大阪地判昭和57年3月30日**判時1176・154，控訴審は**大阪高判昭和58年3月22日**刑集39・6・396）。この事案においては，上記記載例の被疑者乙野について，業務上失火罪と業務上過失致死罪が成立するか否かが争われたが，上記最決は，刑法117条の2第2段にいう「業務」とは，職務として火気の安全に配慮すべき社会生活上の地位をいうと解するのが相当であり，刑法211条の「業務」には，人の生命・身体の危険を防止することを業務内容とする業務も含まれると解すべきであるとし，乙野については，ウレタンフォームの加工販売業を営む会社の工場部門の責任者として，易燃性のウレタンフォーム原反等を管理する上で当然に伴う火災防止の職務に従事していたというのであるから，乙野が第一審判決の認定する経過で火を失し，死者を伴う火災を発生させた場合には，業務上失火罪及び業務上致死罪に該当するものと解するのが相当であるとした。

第3 食品等の中毒事故

事例 16　ふぐ中毒事故（その1）

　被疑者は，○○府知事から調理師の免許及びふぐ取扱い登録者の登録を，○○市長から飲食店営業の許可をそれぞれ受け，△△市△△区○○通○丁目○番地△△ビル1階飲食店「A」を経営するとともに，板前としてふぐなどを調理し同店の客に提供する業務に従事していたものであるが，平成○年○月○日午後8時頃から同日午後9時頃までの間，同店において，飲食客の甲野太郎（当時60歳）ほか別表記載の7名に対し，ふぐ料理を提供するに際し，とらふぐの肝臓には毒物であるテトロドトキシンが多量に含まれている場合があり，これを食すると，いわゆるふぐ中毒を惹起する危険があるため，とらふぐの肝臓を調理して客に提供することは厳に差し控えるべき業務上の注意義務があるのに，これを怠り，前記甲野ら8名に対し，とらふぐの生肝を調理してそれぞれ生肝2切れないし3切れ（1切れ約2グラム）をとらふぐの皮の湯引きなどとともに提供して食させた過失により，同月○日午後○時頃，同市○区○○1丁目3番地○○病院において，前記甲野をふぐ中毒により死亡させ，別表記載のとおり，乙野次郎（当時70歳）ほか6名に対し，1日ないし5日間の入院加療を要するふぐ中毒の傷害を負わせたものである。

（業務上過失致死傷）

（別表は省略）

【解説】

① 　地方自治体の中には，条例を制定してふぐの販売や調理を規制しているところがある。例えば，京都府は，「京都府ふぐの処理及び販売の規制に関する条例」を制定し，⑦知事の免許を受けた「ふぐ処理師」でなければ

「ふぐの処理」に従事してはならず，④何人も食用に供する目的でふぐの有毒部位を調理，加工，又は販売（不特定又は多数の者に対する授与を含む。）をしてはならない，と規定し，これらに違反した場合には2年以下の懲役又は50万円以下の罰金に処すると規定している。また，東京都は，「ふぐの取扱い規制条例」を制定し，知事の免許を受けた「ふぐ調理師」でなければ「ふぐの取扱い」に従事してはならないとし，これに違反した場合には2年以下の懲役又は50万円以下の罰金に処すると規定している。したがって，上記記載例のような事件においては，この種の条例が制定されているか否かを確認する必要がある（京都府や東京都の条例では，とらふぐの生肝を客に提供すること自体が条例違反となる。条例違反も起訴する場合は，業務上過失致死傷罪と観念的競合の関係になる。）。なお，地方自治体によっては，ふぐを取り扱う営業を行うためには「ふぐ処理講習会」を受講してふぐ取扱登録者として登録をしなければならない旨を定めているところもある。

② ふぐの毒はテトロドトキシンと呼ばれ，神経を麻痺させる作用があり，その毒力は，煮たり焼いたりしてもなくならない。とらふぐは，筋肉，皮，精巣は食べることができるが（肝臓や卵巣は猛毒がある。），ふぐの種類によって有毒な部位が異なる（厚生労働省通知で食べられる部位が種類別に決められている。）。

　上記記載例のような事案においては，被疑者を取り調べた際，ⓐふぐの肝臓に毒があることを知っていたのか否か，ⓑなぜ，そのことを知っていたのか，ⓒなぜ，知っていたにもかかわらず，生肝を客に提供したのか，について明らかにする必要がある。例えば，**京都地判昭和53年5月26日判時905・126**の事案（料理店でとらふぐの生肝を食した客1名がふぐ中毒によって死亡した事案）では，ふぐ処理条例に基づいてふぐ処理師の資格を得るとともに，条例の存在及びその内容を知っていた被告人において，①ふぐの肝臓や卵巣にはテトロドトキシンという毒が含まれていること，②ふぐには青酸カリ以上の強い毒性があるにもかかわらず解毒の方法がなく，結局，水で毒を洗い流すよりほかに毒を除去する有効な方法はないこと，を熟知していたが，被告人は，「とらふぐの肝臓にはふぐ毒が含まれていることは分かっていたが，これまで店で8，9年調理してきてふぐ

中毒の事故が起きたことはなかった。店では、肝臓を幅約2センチメートル四方、厚さ約1センチメートルの大きさに切って真水で洗い、塩をかけてもみ、これをぬかを入れた湯で1時間くらいゆがき、さらに真水の湯で20分くらいゆがいていた（そうすれば、1切れの大きさが幅約1.5センチメートル四方、厚さ1センチメートル弱に縮む。）。このような調理方法で大丈夫だと思っていた。」旨供述していた。この事案では、とらふぐの肝臓を客に提供することによって客がふぐ中毒に陥って死に至ること（結果）についての（客観的）予見可能性があったのか否かが争点となった。

　裁判所は、
「被告人のふぐ毒を除去する方法は、あくまで水洗いといういわば原始的方法によった非科学的かつ不完全な調理方法というべく、そのため処理が十分できた部分とできない部分が生ずる可能性があり（さらに、同じ肝でも毒の強いところと弱いところがあるとさえいわれる。）。俗に『ふぐ毒に当たるか当たらないかは食べてみなければ分からない。』と言われているように、そもそもふぐの生肝を食することは、経験的にはともかく、科学的には甚だ偶然に頼った危険なことである。」
旨判示した上、
「本件で被害者1人だけが中毒したことも、同人がたまたま毒性の強いところを多く食したことに主たる原因があったと認めるのが自然であり、被告人の調理方法により8，9年の間事故がなかったということは全く偶然にすぎないというべきである。もっとも、このように事故がなかったという事実は、顕著なふぐ中毒を起こすような強い毒を持っているとらふぐは稀であり、通常とらふぐの肝は十分水洗いをすれば中毒して死ぬようなことはないという事実を一応推測させるということができるかもしれない。しかし、ふぐ毒についての科学的解明がある程度なされ、その危険性が改めて認識されたともいい得る今日、単に『ふぐに当たるのは稀である』との体験的事実を根拠に予見可能性を否定するのは相当でない。以上のような被告人の置かれていた具体的事情に徴すれば、京都府においてふぐ処理師の資格を有する調理師であれば、とらふぐの肝臓を客に提供することによって客が中毒し死に至ることについての客観的予見可能性があると認めるのが相当であり、したがって、被告人は結果発生を回避するために、量の多寡にかかわらずとらふぐの肝を客に提供しないという措置をと

ることができたものと解するのが相当である。」
旨判示した。

　なお，裁判所は，ふぐ処理条例で定められた義務と刑法上の注意義務の関係について，

　「ふぐ中毒についてある程度解明がなされ，その危険性がふぐを調理する者はもとより一般にも認識されている今日では，特段の事情のない限り，その多寡にかかわらず，ふぐの肝を調理して客に提供してはならないという注意義務があるというべく，条例はこのような注意義務を取締りの観点から特に明文化したということができる。したがって，ふぐ処理条例のない県においても，ふぐの肝臓を客に提供することは一般に業務上の注意義務に違反するというべきであり，ただ，条例のある県に比べて具体的事情いかんにより客観的予見可能性の有無が問題にされる余地が多いというにすぎない。」

旨判示した（上記京都地判の上告審が**最決昭和 55 年 4 月 18 日刑集 34・3・149** であるが，同決定も，被告人にはふぐの肝料理を提供することによって客がふぐ中毒症状を起こすことにつき予見可能性があったとした。）。

| 事例 | 17 | ふぐ中毒事故（その２） |

　被疑者は，平成○年頃から○○市○○区○○町○丁目○番○号飲食店「A」を経営するとともに，自らふぐなどを調理し同店の来客に提供する業務に従事していたものであるが，平成○年○月○日午後8時30分頃，同店に客として訪れた乙野太郎（当時○歳）に対し，しょうさいふぐの皮などのふぐ料理を提供するに当たり，しょうさいふぐの皮には毒物であるテトロドトキシンが多量に含まれている場合があり，これを食すると，いわゆるふぐ中毒により死亡する危険があり，被疑者もしょうさいふぐの内臓が有毒であることは知っていたものの，ふぐ料理に関する専門的知識や技術はほとんどなく，しょうさいふぐの内蔵以外の部位に毒が含まれているのかどうかについて全く知らなかった上，これを調べたこともなかったのであるから，しょうさいふぐの皮を調理して客に提供することは厳に差し控えるべき業務上の注意義務があるのに，これを怠り，しょうさいふぐの皮を調理して前記乙野に提供して食させた過失により，翌○日午後○時○分頃，同市○○区○○町○丁目○番地○○診療所において，同人をふぐ中毒に基づく呼吸筋麻痺により窒息死させたものである。

（業務上過失致死）

【解説】

① 　上記記載例は，ふぐ処理条例が制定されていない地方自治体において発生した事件を想定したものである。ふぐ中毒に関する裁判例として，前記京都地判のほかに，**大阪高判昭和45年6月16日判時613・101**，**長野地判昭和52年12月24日判時886・113**（控訴審判決は**東京高判昭和54年11月19日判時966・135**）があるところ，この東京高判の事案は，調理師の免許もなく，ふぐの調理技術もない被告人がふぐを調理して客に提供して客にふぐ中毒による傷害を与えたという事案であるが，裁判所は，

　「ふぐの内臓に毒があり，これを食すべきでないとの認識は一般公知の事実と認められる。」，「本件の被告人は，ふぐの料理に関する専門的知識はもちろんその技術も習得していない上，ふぐの内臓の有毒性を十分認識

しながらも，そのどの部分が有毒かは知らなかったし，かつ，それを判別する能力もなかったのであるから，来客に提供するふぐ料理を調理するに当たっては，危険な内臓を除去するなどしてその有毒性のないことを十分調査確認した上，来客に提供し，もって事故の発生を未然に防止すべき業務上の注意義務があるものというべきである。」
旨判示している。

② しょうさいふぐは，肝臓と卵巣に猛毒があり，皮膚と腸に強毒がある。

| 事例 | 18 | 折詰弁当による食中毒事故 |

　被疑者は，○○県知事の許可を受けて仕出業を営んでいた○○市○○町○○番地所在株式会社甲野の代表取締役として，弁当類の注文を受け，従業員を指揮監督して仕出弁当の調製納品等の業務に従事していたものであるところ，平成○年9月5日頃，A市から，同市が同月15日に開催する敬老会の昼食用として，たい，えび，たらの魚介類を含む材料を使用して調製するちらしずし折詰弁当3600食の注文を受けたが，元来魚介類には食中毒菌である腸炎ビブリオ菌が付着しており，これと同じ調理場で調理調製すれば，調理器具等を介して他の食品にも菌が付着するのが通常であり，また，人体の鼻腔などには毒素型の食中毒菌であるブドウ球菌が存在し，調理調製の過程を通じて，これらの菌が食品に付着するのを防止し，完全にこれを除去することは不可能に近く，しかも腸炎ビブリオ菌は，塩分のある場所では摂氏10度ぐらいから増殖を始め，摂氏30度から37度で最も激しく増殖するもので，ブドウ球菌も塩分を必要とせず，多少増殖の速度は遅いがほぼ同様に増殖し，病原性の毒素を産出し，最初に付着した菌が僅少であっても，数時間後には優に食中毒症状を起こさせるだけの数にまで増殖する性質があるのであるから，これらの病原菌による食中毒の発生を防止するためには，調理調製の過程を通じて調理場，調理器具等をできるだけ清潔にして付着する菌の数を最小限にとどめるよう努めるのはもちろん，付着した菌が食中毒を発症させるに足りる数にまで増殖しない時間内である調理開始後遅くとも数時間内に，食用に供させる必要があるところ，前記株式会社甲野では前記仕出業の許可を受ける際，前記の食中毒防止の見地から，一食事帯における折詰弁当の調製数を400食までとする旨指定されていて，同社の調理設備，調理場面積などからして，比較的作業の単純なちらしずしといえども，一食事帯分の調製数としては，その能力をはるかに超えた3600食ものちらしずし折詰弁当を調製すれば，調理開始後数時間内にこれを食用に供させることは到底不可能であって，かつ，当時は前

記両菌の増殖しやすい高気温の季節でもあったのであるから，被疑者としては，このような大量の注文を引き受けないようにし，もって食中毒事故の発生を未然に防止すべき業務上の注意義務があるのに，これを怠り，漫然前記注文を引き受けた過失により，調理人乙野太郎等25名を指揮して，同月13日午前8時頃から前記弁当材料のたい，えび，たら等の下処理調理にとりかからせ，さらに，同月15日午前2時頃から盛付け調製させ，その間に食品に付着した前記両菌を，当日の高気温（摂氏24.8度ないし31.8度）の影響もあって，著しく増殖させ，同日，○○市○○町○○番地所在△△小学校の敬老会会場において配布を受けてこれを昼食に供したA（当時75歳）に対し，腸炎ビブリオ菌及びブドウ球菌による食中毒症状を発生させ，同月16日午後8時頃，同人を同市○○町○○番地所在△△病院において死亡させたほか，別表記載のとおり，Bほか250名に対し，前記両菌による下痢，腹痛，嘔吐及び発熱などの食中毒症状を発生させて傷害を負わせたものである。

（業務上過失致死傷）

（別表は省略）

注） **腸炎ビブリオ菌とブドウ球菌**

　腸炎ビブリオ菌（1951年に日本の細菌学者である藤野恒三郎が発見）は，日本で発生する細菌食中毒のうち最も重要な原因菌であるといわれているところ，この菌は，食塩を2～3％加えた海水と等しい塩分のある培地で旺盛に発育し，海洋の魚介に付着して摂氏30度前後の気温が加わると，数時間のうちに中毒量に達するとされている。

　一方，ブドウ球菌は，生物学的な性質から3種類（黄色種，表皮種，腐性種）に分類されているところ，この菌は自然界に広く分布し，人間の皮膚や鼻腔にも常在しており，人間に病原性を示すのはほとんど黄色種であるとされている。ブドウ球菌の混入した食品が，適当な温度と湿度のところで保存されると，同菌は盛んに繁殖して毒素を生産するとされている。

【解説】

① 大阪地判昭和50年2月28日判時788・114（敬老会会場で配られた昼食用のちらしずし折詰弁当による集団食中毒事故）の事案を基にした記載例である。

② 上記事案は，「作業過程が粗雑であったため，食品に大量の病原菌を付着させて食中毒を発生させた。」というものではない。過失の内容は，能力以上に大量の注文を受けたということである。

事例　19　さつまあげによる食中毒事故

　被疑者は，平成○年５月から○県○市○町△丁目△番地に工場を設けてさつまあげの製造販売業を営む株式会社甲野の代表取締役として，その経営業務はもとより，同工場の建物，製造機械，器具等の管理業務も統括していたものであるが，同工場内に病原微生物を媒介するといわれる鼠が時折侵入していたことを知っていたのであるから，同工場建物を点検するなどして鼠が同工場内に侵入するおそれのある箇所が存在する場合には防鼠設備を施すとともに，鼠が同工場内に侵入した場合に備えて鼠の駆除措置を講じ，同工場内に鼠が侵入して徘徊することによってその糞尿を介して製造販売するさつまあげに病原微生物が付着しないようにしてこれを食する消費者に食中毒事故が発生するのを未然に防止すべき業務上の注意義務があるのに，これを怠り，平成△年６月下旬頃から同工場製品搬出用出入口シャッター扉下部コンクリート床ほか２箇所に鼠が容易に侵入できる隙間が生じていたのにこれを補修しないまま放置し，さらに，同工場内においても十分な鼠の駆除措置をとらず，同年７月５日午後○時頃から午後○時頃までの間に，同工場１階製造場内においてサルモネラ菌を体内に保有する鼠を徘徊させ，その鼠の排泄した糞尿内に含まれていたサルモネラ菌を，さつまあげの製造工程中，筋取機から出された主原料である魚肉と，裁断された副原料である玉ねぎ，にんじん等をそれぞれ練り臼機まで運んですり身（形成機による成型前のものをいう。）を作る段階で原料に混入させ，さらにその後の形成機による成型において不揃いが生じ通常よりも厚く成型されたものがあったことやこれを釜に入れて油で揚げた際に油温が低下したことがあったことなどの当日の製造条件ともあいまって，生き残ったサルモネラ菌を含有するさつまあげを，製品として他の同時に製造されたさつまあげとともに包装した上，同日，運送業者を経由して別紙１出荷・販売経路一覧表記載のとおり，卸売業者である○県○市○町△丁目△番地所在の株式会社Ｘに600枚，○県○市○町△丁目△番地所在の株式会社Ｙに700枚

及び○県○市○町△丁目△番地所在の株式会社Ｚに1200枚（合計2500枚）を消費者に販売すべく引き渡した過失により，これらの業者からさらに仲買人，小売人等を経て前記サルモネラ菌を含有するさつまあげ又はそれらとともに包装されるなどしたことにより同菌に汚染されたさつまあげを購入して食用に供した別紙２被害者一覧表記載の丙野三郎（当時○歳）ほか350名に対し，サルモネラ菌による食中毒に罹患させ，よって同一覧表記載のとおり，前記丙野ほか２名をそれぞれ備考欄記載の各日時・場所で死亡させ，乙野花子（当時○歳）ほか347名に対しそれぞれ発病日時・発病場所欄に記載の各日時・場所において，加療又は全治日数欄記載の加療又は全治日数を要する下痢，発熱，腹痛等の傷害を負わせたものである。　　　　　　　　　　　　　　　（業務上過失致死傷）

（別紙１出荷・販売経路一覧表，別紙２被害者一覧表は省略）

注）　サルモネラ菌

　　サルモネラ菌は2000種類くらいあり，そのうち腸チフス菌とパラチフスＡ菌は，感染力が強いだけでなく，経口感染した後，血液中に入って増殖し，発熱その他の重い全身病状を起こすので，腸チフス，パラチフスという独立した病気として扱われている。それ以外のサルモネラ菌は，経口感染後，腸で繁殖し，毒素を生産し，この毒素のために小腸の粘膜に炎症が生じ，発熱，嘔吐，下痢が起こる。これがサルモネラ菌食中毒である。サルモネラ菌は，病人や保菌者の糞便中に含まれており，犬，猫，ニワトリ，鼠は，この菌を持っているだけでなく，運搬もする。

【解説】
①　仙台地判昭和56年７月２日判タ469・161（さつまあげを製造販売している会社が製造販売したさつまあげにいわゆるサルモネラ菌が付着していたため，これを食べた者が死傷した事故）の事案を基にした記載例である。

　この判決の事案では，検察官が，汚染原因及び汚染経路について，「工場内において製造中のさつまあげに鼠の糞尿によるサルモネラ菌を付着・媒介させた。」旨主張し（公訴事実はそのような記載となっている），これで

もって訴因は特定されていると主張したが，これで訴因が特定されているのかが争点の1つになった。この事案については，第一審では無罪となったが（仙台地判昭和49年10月11日判時763・24），検察官が控訴し，控訴審は無罪判決を破棄して第一審に差し戻し（仙台高判昭和52年2月10日判時846・43。上記検察官の主張が認められ，上記公訴事実の程度で訴因は特定されている旨判示した。），差戻し後の判決が上記昭和56年仙台地判である（差戻審において，汚染原因及び汚染経路について，改めて検察官立証がなされた。）。

② 上記記載例のような事案において，被疑者に上記記載例のような業務上の注意義務が発生する根拠について，上記昭和56年仙台地判は，「製造業者としての職務上から，また食品衛生法に規定される清潔衛生の原則及び同法に基づく食品衛生法施行細則（宮城県規則）に規定されている食品製造工場等に鼠などが侵入することを防止すべき義務の趣旨等」からであるとしている（食品衛生法3条1項は，「食品等事業者は，その採取し，製造し，輸入し，加工し，調理し，貯蔵し，運搬し，販売し，不特定若しくは多数の者に授与し，又は営業上使用する食品，添加物，器具又は容器包装について，自らの責任においてそれらの安全性を確保するため，販売食品等の安全性の確保に係る知識及び技術の習得，販売食品等の原材料の安全性の確保，販売食品等の自主検査の実施その他の必要な措置を講ずるよう努めなければならない。」，同法5条は，「販売の用に供する食品又は添加物の採取，製造，加工，使用，調理，貯蔵，運搬，陳列及び授受は，清潔で衛生的に行われなければならない。」と規定している。）。

③ 上記記載例のような事案においては，汚染の原因や経路を特定するには限界があるところ，因果関係における「条件関係」をどのように判断するかが問題となる。上記昭和56年仙台地判は，
　「刑事裁判における疫学的な判断方法による立証について付言すると，いわゆる疫学的判断方法と刑事裁判における事実認定とは，その目的，機能及び法による制約等から来る差異のあるのはもちろんであるが，刑事裁判における事実認定においても疫学的に証明された事実を有力な情況証拠として利用することは，各具体的な場合に応じて許されると解することが

できるところ，本件は具体的な因果関係を細部にわたって直接証拠のみによって立証することが困難な事案である反面，事案の性質上，事件直後から疫学の専門家らによりその原因の究明が進められ，疫学的な判断の基礎となる資料も数多く収集されており，疫学的判断方法にかなりの有効性を期待し得る事案であるから，本件因果関係の認定に当たっては，その活用に慎重さが要求されるものではあるが，疫学的な証明を情況証拠として他の証拠とともに事実認定の用に供することは許されるというべきである。」旨判示している（西田典之＝山口厚＝佐伯仁志編『刑法の争点』〔有斐閣，2007年〕21頁参照）。

疫学的証明とは，「病気の原因となる物質・菌を解明し，伝染経路を明らかにする方法で，異常を訴えている人に共通の因子を発見し，その中から科学的に説明可能で作用が大きい因子を選び出し，原因ないし経路として特定しようという考え方である。」（前田182頁）。なお，この他に刑事裁判において，疫学的因果関係が問題とされた事件として，千葉大チフス菌事件と水俣病事件がある。

第4 乳幼児関連事故

事例 20　保育園児重傷事故（園外保育中に園児が池に転落した事故）

　被疑者甲野太郎は，平成○年○月から社会福祉法人Ａ会が経営する○○県○○市○○町○丁目○番○号所在のＸ保育園の園長として保育活動の立案計画・実施及び園児の保育業務に当たる職員の指揮監督など運営全般を統括掌理していたもの，被疑者乙野一郎は，平成○年○月から同園の主任保育士として被疑者甲野を補佐し，園内外における保育活動の実施及び部下職員の指揮監督に当たっていたものであるところ，同園においては，従前から園児の情操教育の一環として同園に隣接する△△八幡宮に参拝を行う園外保育を行っていたが，平成○年4月20日，同八幡宮に参拝する園外保育を行うに当たっては，当時，その参拝途上の通路から数メートルほど南側奥には，東西約11.5メートル，南北約10.5メートル，最深部約80センチメートルの周囲に防護柵等のない同八幡宮の放生池があり，園外保育に慣れない新入園児を含む3歳児から5歳児までの合計約70名の園児を合計5名の担任保育士で引率，監視することにしていたためかなりの混乱が予想され，このような混乱の中から園児が保育士の監視を離れて前記放生池に近寄り，これに転落する危険性が十分あったのであるから，被疑者甲野においては，園長として，直接に，又は主任保育士である被疑者乙野を介して間接に，引率保育士らに対し，園外保育に出発するまでの間に，前記放生池の危険性を十分に認識させるとともに，園外保育中は，自らの担当園児だけでなく園児集団全体を視野に入れ，その集団から離脱して前記放生池付近に残留し，あるいは立ち戻るなどする園児がいないよう，それぞれの立場で互いに共同して引率，監視するよう，さらに，最後尾の保育士において

は園児の残留等について最終的な確認をするよう指示し，もって，園児が前記放生池に転落することがないようにし，たとえ転落事故が発生しても速やかに発見してこれを救出することができるように指導すべき業務上の注意義務があり，被疑者乙野においては，主任保育士の立場から，直接引率保育士に対し，被疑者甲野の場合と同様の事故防止のための具体的指導をなすべき業務上の注意義務があるのに，いずれもこれを怠り，被疑者両名において，前記放生池の危険性に思い至らなかったため，引率保育士に対し，単に自分の担当園児だけでなく園児集団全体を監視するよう一般的な注意を与えただけで，それぞれ前記のような具体的な指示・指導を行わなかった過失と，引率保育士において，前記放生池への転落の危険性とその予防策について十分認識しないまま，同日午前11時頃，前記の約70名の同園園児を引率して前記八幡宮参拝に出発し，前記のような引率，監視の注意義務を尽くさず，参拝を終えて，漫然と帰園した過失の競合により，同日午後0時頃，同園園児A（当時3歳）が集団から離脱して前記放生池に転落したにもかかわらず，これに気付かないまま放置して溺れさせ，よって，同児に対し，回復の見込みのない低酸素性脳症後遺症の傷害を負わせたものである。

（業務上過失致傷）

【解説】

　水戸地下妻支判平成6年12月7日公刊物未登載（園外保育中に園児が池に転落し溺れたことにより脳に傷害を負った事故）の事案を基にした記載例である（この判決は，**東京高判平成4年9月29日**東京高等裁判所刑事判決時報43・1＝12・41によって破棄差戻しとなった簡裁第一審判決の差戻し後の判決である。）。

| 事例 | 21 | 保育園児死亡事故（ミルク誤嚥による乳児死亡事故） |

　被疑者は，平成○年○月から甲野一郎が経営する○○県○○市○○町○丁目○番○号所在の無認可保育所「X」園の保育士見習いとして，同園が保護者から委託を受けて預かる乳幼児の保育業務に従事していたものであるが，平成○年○月○日午前9時頃，同園保育室において，保護者から預かり保管中の乳児A（平成○年○月○日生，生後4か月）を同保育室内の1人用ベビーベッドに移し替えて仰向けに寝かせたが，同児は予定の授乳時間より約1時間30分早く，かつ，前の授乳時間から余り経過していない同日午後7時30分頃にミルク約140ミリリットルを飲んだ状態であったので，過度の授乳によりミルクを嘔吐し，その吐乳により窒息死するに至るおそれがあることが予見できたのであるから，かかる場合，絶えず同児の状態を十分監視して同児の動静に留意し，同児がミルクを嘔吐してこれを気道に入れるなどの異変が生じないようにすべきはもとより，かかる異変が生じた場合は直ちにそれに相応した適切な措置を講じ得るようにし，もって窒息死などの事故の発生を未然に防止すべき業務上の注意義務があるのに，これを怠り，他の預かり乳幼児の保育等に気を奪われ，前記Aに対する監視を一切することなく，同日午後10時30分頃まで漫然放置した過失により，同日午後9時過ぎ頃，同所において，同児がミルクを嘔吐し，これを気道に入れたことに気付かず，同児をそのまま放置し，よって，その頃，同児を窒息死させたものである。

（業務上過失致死）

【解説】

① 　上記の記載例は保育所において保育士見習いが生後4か月の乳児にミルクを飲ませ，その後，横向きに寝かせていたが，飲んだミルクを誤嚥して死亡した事故の事案である。上記記載例と類似する事例として，**高知簡判昭和58年1月17日判タ500・234**がある。この事案は，生後4か月の自力で寝返りができる乳児が，ベッドの柵に頭をくっつけてうつ伏せにな

り，マットで鼻口を塞ぐようにして死亡した事案であるが，司法解剖の結果，死因が窒息死とSIDS（乳幼児急死症候群）のいずれであるかが判断できないとして無罪となったものである。厚生労働省の「乳幼児突然死症候群（SIDS）診断ガイドライン（第2版）」（平成24年10月）によれば，「SIDS」は，「それまでの健康状態および既往歴からその死亡が予測できず，しかも死亡状況調査および解剖検査によってもその原因が同定されない，原則として1歳未満の児に突然の死をもたらした症候群」と定義されており，同ガイドラインには，診断のための問診・チェックリストが付いている。

② 保育所については，児童福祉法上，厚生労働省が管轄する児童福祉施設としての認可保育所（同法7条1項，35条4項）と，無認可保育所（同法59条の2）がある。前者は，都道府県知事の認可を受けて設置するものであり，後者は，都道府県知事に届出をして設置するものである。また，保育所経営事業は，社会福祉法2条3項2号の第二種社会福祉事業とされており，社会福祉法人は保育所（認可保育所又は無認可保育所）を経営することができる。

| 事例 | 22 | 保育園児死亡事故（乳児が寝返りを打ち，敷布団で鼻口を塞がれて死亡した事故） |

　被疑者は，甲野一郎が経営する無認可保育所「〇〇」の主任保育士として，〇県〇市〇町△丁目△番地所在の保育施設において保護者から委託を受けて預かる乳幼児の保育業務に従事するとともに，乳幼児の保育に従事する他の職員に対する指導，監督を行っていたものであるが，平成〇年〇月〇日午前9時頃，保護者から預かり保育中の乳児A（平成〇年〇月〇日生）を同保育室内ベビーベッドの敷布団上に寝かせるに当たり，同児は，生後4か月の乳児で，独力で寝返りを打つおそれがあり，同児が寝返りを打てば，柔らかい敷布団に顔を埋めてその鼻口を塞ぐなどして窒息するおそれがあった上，2，3日前まで風邪をひいていたためその健康状態にも注意を要する状態であったのであるから，このような場合，厚みのある柔軟な敷布団を避けるとともに，自ら絶えず同児の状態を十分監視して同児の動静に留意するのはもちろんのこと，保育業務に従事していた他の職員にもその旨指示して，同児の鼻や口が敷布団で塞がれるような異変が生じないようにすべきはもとより，このような異変が生じた場合には直ちにそれに相応した適切な措置を講じ得るようにし，もって窒息死などの事故の発生を未然に防止すべき業務上の注意義務があるのに，これを怠り，厚さ△センチメートルの柔軟な敷布団の上に同児を仰向けに寝かせたまま，保育業務に従事していた乙野花子ら3名に対しても同児を絶えず監視するよう指示するなど適切な指示をしないままその場を離れ，その頃から同日午後0時20分頃までの間，同児に対する監視を一切することなく漫然放置した過失により，同日午前10時頃，同所において，同児が独力で寝返りを打ち，前記敷布団で鼻や口を塞がれたことに気付かず，同児をそのまま放置し，よって，その頃，同児を窒息死させたものである。

（業務上過失致死）

【解説】

① 保育所において，風邪気味の生後4か月の乳児を預かって保育中，ミルク，白湯を飲ませ4時間後に見回ったところ，既に死亡していた事故である。

② 乳児のうつ伏せ姿勢での死亡については，その死因が「窒息死」なのか，「SIDS」なのかが争点になることがあるので，司法解剖によってその死因を明確にしておくことが重要である。

| 事例 | 23 | 保育園児死亡事故（保育園において，幼児が洗濯機槽内に転落して死亡した事故） |

　被疑者甲野一郎は，○県○市○町△丁目△番地において，0歳から5歳までの乳幼児○○名を保育する「○○保育園」の経営者兼園長として，同園職員を指揮監督し保育園児の安全管理及び保育業務の統括責任者としての業務に従事していたもの，被疑者乙野花子は，同園の共同経営者兼同園の保育士として，同園園児の安全管理及び保育業務に従事していたものであるが，平成○年○月○日，同園において，園児A（平成○年○月○日生，当時1歳4か月）を預かり保育中，同園屋外のコンクリート製手洗い場流し台西側に高さ（最高）約92センチメートル，幅（奥行き）約39センチメートルの洗濯機（二槽式）を接着して置き，園児の着衣等の洗濯に使用していたところ，同洗濯機の深さ約45センチメートルの洗濯槽には蓋の取り付けがない上，地上高約45センチメートルの手洗い場の流し台上部から洗濯機の洗い槽の上部までの高さは約35センチメートルしかなく，園児が同手洗い場流し台上に上がり，同洗濯機の洗濯槽の中をのぞき込むなどして洗い槽の中に転落し，自力で脱出することが困難な状態となり，園児の生命等に危険を及ぼす転落事故の発生が予測されたのであるから

第1　被疑者甲野は，園児の生命・身体等の安全を図るため，前記洗濯機を手洗い場から離れた場所に移動して洗い槽に蓋をし，もって，園児が同洗濯機の洗濯槽の中に転落する事故の発生を未然に防止すべき業務上の注意義務があるのに，これを怠り，洗濯槽に蓋がない同洗濯機を前記の状態で漫然と放置した過失

第2　被疑者乙野は，前記同様の事故の発生を未然に防止すべき業務上の注意義務及び保育士として園児の行動を監視し，園内における園児の事故の発生を未然に防止すべき業務上の注意義務があるのに，これらを怠り，洗濯槽に水が溜まっていた前記洗濯機を前記同様の状態で漫然と放置し，かつ，前記Aに対する監視を怠った過失

の競合により，同日午前○時○分頃，同園洗い場において，手洗い場流

し台上に上がった前記Aを水が溜まった前記洗濯機の洗濯槽の中に頭部を下に転落させ，よって，同月○日午前○時頃，同市○町○番地所在の○○病院において，同人を溺水に起因する脳機能障害により死亡させたものである。

(業務上過失致死)

事例　24　大型冷蔵庫に入って遊んでいた子供が閉じ込められた事故

　被疑者は，平成○年○月から○県○市内において業務用冷蔵庫等の冷凍機器の販売業を営み，平成○年１月頃から納品を拒まれた業務用冷蔵庫等の保管場所としてＸが所有する同市○町○丁目○番地所在の空き地を同人の許可を得て使用しており，同年６月７日頃，注文先から返品された業務用大型冷蔵庫，業務用小型冷蔵庫，冷凍陳列ケース等合計５品を同空き地に置いていたが，同業務用大型冷蔵庫（高さ1.8メートル，幅1.2メートル，奥行き0.9メートル）の扉は，右側に３個，左側に２個設けられ，同扉は，いずれも外側開きで外側にだけ把っ手が取り付けられており，内側からはわずかな力で容易に閉まるものの，いったん扉が閉まると小学生程度の子供の力では再び開扉することはできず，しかも閉扉すると密閉状態となってどこからも空気が入る余地のない構造となっていた上，前記空き地は，その周囲が板塀，コンクリートブロック塀及びパネル囲いの塀等で囲繞（いにょう）されていたものの，同空き地西側に設けられている前記パネル囲いの塀には人の出入りが可能な程度に破損している箇所が２箇所あり，また，北西隅及び北東隅にもそれぞれ人の出入り可能な隙間があって，同空き地に人が立ち入ることは十分可能であったのであるから，このような場所に前記のような業務用大型冷蔵庫を放置すれば，同所付近に居住する子供らが同冷蔵庫を遊び道具としてその中に入り込む等の挙動に及んで同冷蔵庫の扉が閉鎖して脱出不能となり，その生命・身体に危険が発生するおそれのあることが予見できたのであるから，前記業務用大型冷蔵庫等を人の出入りが可能な前記空き地に置くのをやめる，仮に同空き地に置く場合には同冷蔵庫の扉が開かないようロープ等で縛るなどの方法を講じ，もって事故の発生を未然に防止すべき業務上の注意義務があるのに，これを怠り，事故の発生を防止するための措置を何ら講じなかった過失により，同月15日午後６時頃，付近に居住しているＡ（小学校１年生，当時７歳），Ｂ（保育園児，当時５歳）及びＣ（保育園児，当時４歳）の３名の幼児が前記空き地に赴き，前記

業務用大型冷蔵庫内に入り込んで遊んでいるうち，その扉が閉まって脱出できなくなり，間もなく前記3名の幼児を同冷蔵庫内で窒息死させたものである。

（業務上過失致死）

【解説】
　大阪高判昭和43年12月4日判時557・279の事案を基にした記載例である。

| 事例 | 25 | 幼稚園児死亡事故（病原性大腸菌が混入した井戸水を飲用した園児の死亡事故） |

　被疑者は，平成○年○月から○○県○○市○○町○丁目○番○号所在の学校法人○○学園甲野幼稚園の園長として，同幼稚園の園務をつかさどり，同幼稚園の施設管理，飲料水の水質検査等を実施し，その結果に応じて環境衛生の維持・改善措置を講ずるなどの業務に従事していたものであるが，前記甲野幼稚園では開設当初から園内に設置された井戸の水を日常の飲料水として園児に供給していたところ，平成○年○月○日頃，X保健所に依頼して同井戸水の水質検査を受けた際，その井戸水から大腸菌群及び水質基準を超える一般細菌が検出されたため，同保健所から，同井戸水は飲用に適さず，飲用するに当たっては煮沸して滅菌するよう指導を受けたのであるから，以後，同園において，井戸水を飲料水として園児に供給するに当たっては，煮沸するなどして滅菌し，かつ，随時井戸水の水質検査を行い，病原生物等に汚染されていないことを確認した上で供給すべき業務上の注意義務があるのに，これを怠り，何ら滅菌措置を講ぜず，かつ，病原生物等に汚染されていないことを確認しないまま，漫然，井戸水を飲料水として園児に継続して供給し飲用させた過失により，平成○年○月下旬頃から同年○月上旬頃にかけ，病原性大腸菌に汚染された井戸水を園児であるA（当時5歳）及びB（当時6歳）に飲用させて同菌に感染させ，その頃，前記両名に消化管出血，急性脳炎等を各発症させ，よって，同年11月○日午前○時頃，同市○○町○丁目○番○号所在の△△病院において，前記Aを前記急性脳炎により，同月○日午後4時頃，同病院において，前記Bを前記急性脳炎により，それぞれ死亡させたものである。
　　　　　　　　　　　　　　　　　　　　　　　　　　（業務上過失致死）

【解説】
①　浦和地判平成8年7月30日判時1577・70の事案を基にした記載例である。

② 幼稚園の根拠法令は，学校教育法である（同法22条以下）。同法27条1項は，「幼稚園には，園長，教頭及び教諭を置かなければならない。」，同条4項は，「園長は，園務をつかさどり，所属職員を監督する。」，同条9項は，「教諭は，幼児の保育をつかさどる。」と規定している。

| 事例 | 26 | 幼稚園児死亡事故（園外保育中に園児が河川の深みにはまって死亡した事故） |

　被疑者甲野一郎は，平成○年○月から○○県○○市○○町○丁目○番○号所在の学校法人○○学園丁野幼稚園の園長，被疑者乙野次郎は，平成○年○月から同幼稚園の副園長，被疑者丙野三郎は，平成○年○月から同幼稚園の年長組担任教諭として，それぞれ同幼稚園の幼児保育をつかさどっていたものであるが，平成○年10月20日午前9時30分頃から同県○○郡○町○丁目○番○号先の△△河川敷において実施された同幼稚園の年長組幼児に対する園外保育を目的とした「泥んこ遊び」に同幼児ら46名を引率・指導するに当たり，同河川は当時の水面幅約250メートルで最水深部約4.5メートルの水をたたえ，さらに，前記「泥んこ遊び」を実施した場所から東方の地点に当たる橋げた付近の最水深部が約1.5メートルであるのに防護柵等の設備のない危険な場所であるところ，前記幼児らは，思慮浅く，不測の行動に出ることが十分に予想されたのであるから，被疑者らとしては，遊戯場所の選定，的確な人員の配置による遊戯中の監視，遊戯前後の人員確認，救命具の準備等の配慮を厳にし，もって前記幼児らの水禍事故の発生を未然に防止するための万全の措置を講ずべき業務上の注意義務があるのに，これを怠り，前記場所の事前点検や，的確な人員配置による常時監視，救命具の準備等をせず，前記橋げた付近から西方約60メートルの地点で，前記幼児らの身体を洗いながら，漫然と監視していた被疑者3名の過失の競合により，折から前記幼児集団から離れて前記河川中を前記橋げた方向に1人で移動するA（当時5歳）に気付かず，同人を河川中に水没させ，よって，同日午後2時頃，前記橋げた付近水中において，同人を溺死させたものである。

（業務上過失致死）

| 事例 | 27 | 幼稚園児死亡事故（幼稚園プールにおいて園児が溺死した事故） |

　被疑者甲野一郎は，平成○年○月から○○県○○市○○町○丁目○番○号所在の学校法人○○学園丙野幼稚園に教諭として勤務し，同幼稚園の園児に対する水泳指導等の教育活動の業務に従事していたもの，被疑者乙野太郎は，平成○年○月から同幼稚園の園児に対する水泳指導担当の非常勤職員として勤務していたものであるが，被疑者両名は，平成○年○月○日午前10時頃，前記幼稚園屋内プールにおいて，同幼稚園教諭丁野次郎と共に同幼稚園の水泳指導計画により40名の園児に対する水泳指導を実施した後，園児から浮き具を外して順次シャワーを浴びさせて着替えさせる際，シャワー室にはシャワーが2基しかなく，一度に2名しか使用できないため，大半の園児にシャワー室前のプールサイドでシャワーの順番待ちをさせていたが，園児の中には泳げない者も多数おり，そのような園児が浮き具をつけないままプールに入ることも十分予想され，しかもプールは縦20メートル，横8メートル，水深は最深部が約1.2メートル，最浅部が約55センチメートルであって，浮き具をつけないで入れば深みにはまって溺死するおそれがあったのであるから，水泳指導担当者としては，プールサイドでシャワーの順番待ちをしている園児の行動を絶えず見守り，浮き具をつけないまま同プールに入る者がいれば直ちに同プールから出すなどして，園児の溺死事故を未然に防止すべき業務上の注意義務があるのに，これを怠り，プールサイドでシャワー待ちをしていた園児のうち数名が浮き具をつけないままプールに入ったのを被疑者両名とも現認しながら，被疑者甲野においては，プールサイドに散らばっていた浮き具等を片付けることに気を奪われ，同乙野においては，プールサイドを洗浄する準備等に気を奪われ，それぞれプール内に入った園児に対し，漫然と口頭でプールから出るよう注意したのみで，同園児等が全員プールから出るまで見届けなかった等の過失により，その中の1人であるA（当時5歳）が，同プール内の深さ約93センチメートルの位置で水没したことに気付かず，その数分後に

ようやく気付いた被疑者乙野が同児を水中から抱き上げて人工呼吸等を施したが間に合わず,翌○日午前○時頃,同市○○町○丁目○番○号所在の△△病院において,同児を急性肺水腫により死亡させたものである。 （業務上過失致死）

【解説】
　上記記載例の中で,過失は,「同園児等が全員プールから出るまで見届けなかった等」となっているが,「等」とは,被疑者がプールの中に入って数名の園児をプールから出すという措置をとらなかったことなども入るということである。

| 事例 | 28 | 幼稚園児死亡事故（浄化槽内に園児が転落して死亡した事故） |

　被疑者は、X環境清掃株式会社の浄化槽管理士として、同社と財団法人Y振興公社との浄化槽維持管理委託契約に基づき、○市○町○丁目○番地所在の△△福祉施設浄化槽の保守点検等の業務に従事していたものであるが、平成○年○月○日午前9時45分頃から、同浄化槽第一分離槽点検孔のマンホールの蓋等を開けて同浄化槽の水質検査及び保守点検作業を行い、同日午前10時頃、同作業を終了後、助手の甲野一郎に対し、前記マンホールの蓋を閉めるよう指示してその場を離れるに当たり、同人はかねてより物忘れをする性癖があった上、付近には公園等があり、前記マンホールの蓋を開けたまま放置すると、通行人等が前記浄化槽に転落する危険があったのであるから、被疑者自ら前記マンホールの蓋が完全に閉められていることを確認すべき業務上の注意義務があるのに、これを怠り、自ら同蓋が閉められていることを確認せず、前記浄化槽第一分離槽点検孔のマンホールの蓋が開けられたままになっていることに気付かないまま同所を離れた過失により、同日午後1時25分頃、同所を通行中のA（当時4歳）を前記浄化槽第一分離槽内に転落させ、よって、その頃、同所において、同人を溺死させたものである。

（業務上過失致死）

【解説】
　業者が浄化槽を点検後、マンホールの蓋を閉め忘れたため、近くに居住する幼稚園児が同マンホールに転落し溺死した事故である。

第5 学校関連事故

1 校長の権限等及び学習指導要領について

① 学校関連事故においては，校長，教頭，教諭の責任が問題となるが，これらの者の権限等について，法律上どのように規定されているのかを知っておく必要がある。小学校，中学校及び高等学校の校長は，「校務をつかさどり，所属職員を監督する。」とされている（学校教育法37条4項，49条，62条）。「校務」とは，一般に学校の運営に必要な校舎等の物的設備，教員等の人的要素及び教育の実施の3つの事項につき，その任務を完遂するために要求される諸般の事務を指すと解されており（**東京地判昭和32年8月20日判時124・18**），「つかさどる」とは，一般に教育活動を含めた学校の仕事の全てを担当することを意味し，教諭が行う教育活動に対して指示や指導することもできると解されている。一方，小学校，中学校及び高等学校の教頭は，「校長（副校長を置く学校にあっては，校長及び副校長）を助け，校務を整理し，及び必要に応じ児童の教育をつかさどる。」（同法37条7項，49条，62条）とされ，「校長（副校長を置く学校にあっては，校長及び副校長）に事故があるときは校長の職務を代理し，校長（副校長を置く学校にあっては，校長及び副校長）が欠けたときは校長の職務を行う。」（同法37条8項）とされている。「校務を整理する」とは，校長が校務について意思決定ができるようあらかじめ必要な資料や情報を提供したり，意見を具申したりして仕事の調整を図ることを意味すると解されており，「児童〔中学校と高等学校の場合は生徒〕の教育をつかさどる」とは，教育を職務として担当することである（教頭の本務は，校務の整理である。）。小学校，中学校及び高等学校の教諭は，「児童〔中学校及び高等学校の場合は生徒〕の教育をつかさどる。」（同法37条11項，49条，62条）とされている（ただし，37条11項は教諭の主たる職務を摘示した規定であり，教諭の職務には教育活動以外の学校営造物の管理運営に必要な校務も含まれる〔**東京高判昭和42年9**

月29日判時502・68〕)。

② 学習指導要領は，教育課程を編成する際の基準及び教科書を検定する際の基準である。学校教育法は，小学校，中学校及び高等学校について，それぞれ教育の目的（同法29条，45条，50条）と教育の目標（同法30条，46条，51条）を定め，小学校，中学校及び高等学校の教育課程に関する事項は文部科学大臣が定める（同法33条，48条，52条）とし，これを受け，文部科学大臣は，同法施行規則において，「〔小学校，中学校，高等学校の〕教育課程については，この節に定めるもののほか，教育課程の基準として文部科学大臣が別に公示する〔小学校，中学校，高等学校〕学習指導要領によるものとする。」（同法施行規則52条，74条，84条）とされている。

ところで，クラブ活動は，かつては，小学校，中学校及び高等学校のいずれについても，「特別活動」として位置づけられていた。しかし，現在の学習指導要領においては，小学校の「特別活動」は，①学級活動，②児童会活動，③クラブ活動，④学校行事とされ，中学校と高等学校の「特別活動」は，①学級活動（ホームルーム活動），②生徒会活動，③学校行事とされている。

昭和33年の学習指導要領においては，中学校と高等学校のクラブ活動は特別教育活動の1つとして生徒の自発的な参加によって行われる活動とされていたが，中学校では昭和47年，高等学校では昭和48年改訂の各学習指導要領から，クラブ活動は特別活動の一領域として必修とされ，その後，中学校では平成5年，高等学校では平成4年改訂の各学習指導要領で，「部活動への参加をもってクラブ活動の一部又は全部の履修に替えることができる」と明記された。しかし，中学校では平成14年，高等学校では平成15年改訂の各学習指導要領で必修のクラブ活動は廃止され，現在では各校の実態に応じて，課外活動の一環としてクラブ活動が行われている（小学校のクラブ活動は，学習指導要領によって全員が行う正規の教育課程であるのに対し，中学校と高等学校のクラブ活動は，正規の教育課程のほかに実施される教育活動＝教育課程外活動である）。

2　犯罪事実

| 事例 | 29 | 高等学校における門扉閉鎖に伴う生徒死亡事故 |

　被疑者は，平成○年４月から○○市○○町○丁目○番地所在の○○市立△△高校教諭として，同校生徒の生活指導の一環である校門指導の当番に当たり，その日には，登校時刻である午前８時30分に遅刻者を確認するとともにその指導をするため，同校生徒通用門を閉鎖する業務に従事していたものであるところ，平成○年○月○日午前８時20分頃から，同通用門あるいはその東方の道路脇付近において，登校する生徒に対し，遅刻しないように呼び掛けをした後，門扉の西端に立ち，午前８時30分の予鈴のチャイムの鳴り始めと同時にこれを押して門扉を閉鎖しようとしたが，この門扉は，長さ約６メートル，高さ約1.5メートル，幅約0.62メートル，重さ約230キログラムの鉄柵製引き戸で，その底部の小車輪により，通用門の間口の幅約5.97メートルの路面に設けられたレール上を人力で移動させて，東側のコンクリート製門壁との間を閉鎖する構造であり，当時，多数の生徒が遅刻を避けようとして通用門を急いで通過していたので，門扉を不用意に閉鎖すると，これが生徒の身体に当たり，門扉との間に生徒の身体を挟むなどして生徒が負傷するなどの危険があったのであるから，門扉を閉鎖する者としては，登校して来る生徒の動静を十分確認し，その安全を図りながらこれを閉鎖し，もって事故の発生を未然に防止すべき業務上の注意義務があるのに，これを怠り，予鈴のチャイムの鳴り始めの時刻に通用門を通過する生徒の姿が一瞬途切れたのを見て，もはや通用門に入って来る生徒はいないものと軽信し，門外から通用門に向かう生徒の動静を確かめないまま，門扉をその後方から両手で押して閉鎖した過失により，折から通用門を通って門内に入ろうとした同校生徒であるＡ（当時16歳）の頭部を門扉と東側門壁との間に強圧し，同人に対し，○○等の傷害を負わせ，よっ

て，翌○日午後○時頃，同市○町○丁目○番地所在の△病院において，同人を前記傷害に基づく△△により死亡させたものである。

（業務上過失致死）

【解説】
　神戸地判平成5年2月10日判時1460・46の事案を基にした記載例である。この判決は，被告人の門扉閉鎖行為の業務性について，
　「高校の生徒指導部員である教諭が，校長の指導方針に基づく校務運営委員会の決議により，生徒指導の一環をなす遅刻防止等のため，校門指導，遅刻指導を実施し，校門指導の当番の際には，登校時刻に門扉を閉鎖する行為をしていたもので，門扉を閉鎖する行為は，被告人の社会生活上の地位に基づき反復継続して行う行為である。そして，本件の門扉は，普通の閉鎖速度である時速4～5キロメートル程度でも，人の側頭骨に骨折を起こす値の1.5ないし3倍のエネルギーを持ち，人を死傷させる可能性があることが認められる上，本件での門扉閉鎖行為は，生徒が通用門へ駆け込む登校時刻に行うのであるから，閉鎖速度など門扉の閉鎖方法と生徒の動静によっては，門扉を生徒の身体に当て，あるいは門扉との間に生徒を挟むなどして生徒の生命・身体に対し危害を及ぼすおそれを有するものであることが認められる。」
旨判示し，校門指導に際して門扉を閉鎖する行為は，刑法211条前段の業務としての行為に該当するとした。
　なお，このように認定するに当たっては，捜査段階における門扉の構造等に関する実況見分調書だけなく，**門扉の閉鎖速度とエネルギー量に関する鑑定書を証拠としている**ことに留意すべきである。

事例 30 高等学校ラグビー部の合宿練習中における事故

　被疑者は、私立〇〇高等学校教諭として、同校において保健体育を担当するかたわら、同校ラグビー部顧問を務め、その合宿練習に同行するような場合には、その業務として、総括的な指導監督に当たるとともに、常に部員の健康保持に留意すべき立場にあったものであるが、同ラグビー部の部員15名及び同校OB5名が、被疑者の引率の下に、平成〇年7月20日から5泊6日の予定で〇〇県〇〇市大字〇番地所在の〇〇総合グラウンドにおいて合宿練習を実施した際、同月21日及び同月22日の両日いずれも炎天下においてそれぞれ（午前午後合わせて）5時間を超える厳しい練習が強行されたため全体として疲労の色が濃く、食欲の衰えている者も少なくなかったのに、さらに翌23日午前9時頃から同じような炎天下で一段と厳しい練習が続けられていたところ、1年生部員のA（当時15歳）が、日射病に罹患して突如前記グラウンド上に倒れて意識もうろう状態に陥って休憩小屋に運び込まれ、20分くらい休んだ後、被疑者に促されていったんグラウンドに戻り再度練習に参加したものの、同日午前11時頃に至って再び倒れ、しかも自分では起き上がることも困難な状態で、その様子にはかなり異常なものがみられたのであるから、引率指導教諭としては、Aの生命・身体に不測の事態が発生することを防止するため、速やかに同人に医師の診察、治療を受けさせるための適切な措置を講ずべき業務上の注意義務があるのに、同人が日射病によって危険な状態にあることまで考えが及ばず、単に疲労が高じたにすぎないものと軽信した上、同人を無理に起き上がらせて仲間たちが並んでいる列に加わらせようとしたり、再び崩れるように倒れてしまった同人をしばらくその場に寝かせておいた後、仲間の肩を借りて帰るよう指示して炎天下を歩いて宿舎に向かわせたりするなど、前記注意義務を怠った過失により、その後、同人がグラウンドから約900メートル歩いたところで全身けいれんを起こして意識がなくなったのを知り、急いで〇〇市〇町〇丁目〇番地所在の〇〇病院に搬送したものの、同日

午後○時○分頃,同病院において,同人を日射病により死亡させたものである。

（業務上過失致死）

【解説】
　東京高判昭和51年3月25日判タ335・344の事案を基にした記載例である。この判決は,Aが1回目に倒れた時点において被告人が格別の措置をとることなく,Aに対して再度練習に参加するように促したことが,直ちに被告人の注意義務違反になると断定するには疑問の余地があるが,遅くとも,Aが2回目に倒れた段階では,Aの状況は,明確に異常な様相を呈していたものと認められるので,この時点で,被告人は,直ちに医師の診療,治療を受けさせるための適切な措置をとるべきであったとした。

　なお,この時点で医師の診療,治療を受けさせるべきであったとした場合には,当然のことながら,そのような措置をこの時点でとっていればAが死亡することはなかった（助かった）といえなければならないので,その点について捜査をしておく必要があるのはもちろんである。

| 事例 | 31 | 高等学校陸上部の練習中における事故 |

　被疑者は，平成○年○月から平成○年○月まで○○県○市○町○丁目○番地所在の○県立△△高等学校に教諭として勤務し，同校陸上部顧問として同部の部活動に対する指導等の業務に従事していたものであるが，平成○年○月○日午後○時○分頃，同校校庭において，前記陸上部に所属する男性生徒3名に対し，ハンマー投げの練習を指導するに当たり，ハンマーの頭部には重さ約5.95キログラムの鉄球がついており，これが人の身体に命中すれば人を死傷させる危険があることを理解していたのであるから，前記男子生徒3名にハンマー投げの練習を開始させるに当たり，これら生徒3名に対し，あらかじめ，ハンマーを投てきする場合には声を出してその旨をハンマーを投てきしない他の男子生徒に知らせ，その知らせを受けた男子生徒は声を出してハンマーの投てき開始を了解した旨をハンマーの投てき者に知らせ，ハンマーの投てき開始を互いに了解した上でハンマーを投てきするよう指導するとともに，ハンマーの落下エリア内に人がいるかどうかを自ら確認し，同エリア内に人がいる場合にはその者を同落下エリア内から待避させ，ハンマー投げによる事故の発生を未然に防止すべき業務上の注意義務があるのに，これを怠り，練習を開始させる際，前記男子生徒3名に対し，前記のとおり，ハンマーの投てき開始を互いに了解した上でハンマーを投てきするよう指導せず，ハンマーの落下エリア内に人がいるかどうかを自ら確認しないまま，漫然前記陸上部に所属するA（当時16歳）にハンマーを投てきさせた過失により，投てきサークルから前方約42.5メートルの落下エリア内にいた前記陸上部所属のB（当時15歳）の前頭部にハンマーの鉄球を命中させ，よって，同人に全治約6か月を要する○○の傷害を負わせたものである。

（業務上過失致傷）

| 事例 | 32 | 中学校野球部の練習中における事故 |

　被疑者は、○○市立△△中学校の教諭として、同校において保健体育を担当するかたわら、同校野球部顧問を務め、同部の練習に際しては、総括的な指導監督に当たるとともに、常に同部部員の健康保持に留意すべき業務に従事していたものであるが、平成○年8月21日午前8時頃から、○○市○町○丁目所在の△△少年野球場及びその付近のX川河川敷において、野球部員26名による練習を実施した際、同日は高温多湿の晴天（同少年野球場から約1.7キロメートル離れた○市役所屋上の測定で、同日午前11時の気温が30.9度、湿度が65％）で、同所付近の河川敷にはほとんど日陰がなく、真夏の炎天下に10日間の休暇後初めての練習を実施するのであるから、①練習中は適宜休憩をとらせ、数回に分けて十分に水分補給させるとともに、激しい運動を避け、練習再開初日で暑さに慣れていない部員が熱中症等に罹患することを未然に防止すべきはもとより、②持久走のごとき熱負荷の大きい運動をさせる場合には、熱中症に罹患しやすい太り気味で体力がない部員の健康状態に特に気を配り、部員に熱中症の症状が現れた場合には直ちに運動を中止させて体温を下げるなどするために水、救急箱、携帯電話機等を持って集団の後方から監視するなど迅速かつ適切な救護措置を講じられる態勢で部員を指導監督し、その健康保持に留意すべき業務上の注意義務があるのに、これを怠り、2時間以上にわたるノック及びゲーム形式ノックの練習中部員に全く休憩をとらせず、同練習終了後に約5分間の給水休憩をとらせただけで、同日午前10時50分頃から、前記X川河川敷において約5キロメートルの持久走をさせた上、自らは先頭集団とともに1キロメートル約6分のペースで走って先に前記少年野球場に戻り、遅れて来る部員の健康保持に留意しなかった過失により、持久走途中の同日午前11時15分ないし20分頃、同市○町○丁目○番地先X川河川敷（スタート地点から約3440メートルの地点）において、太り気味で体力がない部員A（当時13歳、身長150センチメートル、体重59キログラム）にふらつ

て転倒するなどの熱中症の症状が出始めたことに気付かず，同人が起き上がって走り出し，後輩部員の肩を借りるなどして走り続け，同日午前11時25分ないし30分頃，同町○丁目○番地先Ｘ川河川敷（スタート地点から約4キロメートルの地点に位置するポール付近）において意識を失って転倒した際，前記後輩部員が通行人から自転車を借りて前記少年野球場に知らせに来た同日午前11時35分頃になって初めて前記Ａが熱中症に罹患したことを知り，同人の転倒地点に戻り，同日午前11時50分に携帯電話機を取りに行って再び同転倒地点に戻り，同日午前11時55分に救急通報するなどの措置をとったが，同人の熱中症の症状は回復せず，よって，同日午後8時頃，同市○町○丁目○番地所在の△△病院において，同人を熱中症に起因する多臓器不全による出血性ショックにより死亡させたものである。　　　　　　　　　　（業務上過失致死）

【解説】

　上記記載例のような事案においては，当然のことであるが，いつの時点で救護していれば救命できたのかを確定することが必要であり，それを確定しないと，どのような措置を講ずべきであったかを確定できない。

事例 33 小学校屋上天窓落下事故

　被疑者甲野一郎は，平成〇年4月1日から〇県〇市〇町〇丁目〇番地〇市立△△小学校校長として，同校の校務をつかさどり，同校施設を管理するとともに所属職員を指導監督していたもの，被疑者乙野次郎は，平成△年4月1日から平成〇年11月30日まで同校教諭として，同校児童の教育をつかさどっていたものであるが，同校本館4階の屋上には，合成樹脂で覆われた天窓が4箇所設置され，そのうち2箇所の天窓の下部は同本館1階体育館に至る高さ約14.7メートルの吹き抜け構造となっており，かつ，同校児童がこれらの天窓に飛び乗ったり，飛び跳ねたりすれば破損する脆弱な構造であったのに，周辺に防護柵等は設けられておらず，同校児童が容易にこれらの天窓に近付けるようになっていたところ

第1　被疑者甲野は，平成△年8月に〇市教育委員会が学校長を対象として主催した学校施設の危機管理研修を受講し，その研修において校舎屋上に設置された天窓も学校事故が発生する危険な場所である旨教示を受けていた上，平成〇年4月1日に前記〇市立△△小学校の校長として同校施設の管理者となり，同月，同校本館4階に前記吹き抜け構造となっている天窓（以下「本件天窓」という。）が設置されていることを知ったのであるから，本件天窓の構造等を十分に把握した上，同校教諭に対し，前記屋上で授業を行うに当たっては，同校児童を本件天窓に近付けさせないように十分指導した上，同校児童が本件天窓に近付かないよう監視し，万一近付こうとした場合にはこれを制止する措置をとる旨指示するなどして同校教諭を指導監督し，同校児童が本件天窓に飛び乗ったり，飛び跳ねたりしてこれを突き破り，同校1階まで落下するなどの事故が発生するのを未然に防止すべき業務上の注意義務があるのに，これを怠り，本件天窓の構造等を十分に調査せず，その脆弱な構造に気付かなかったことから，同校教諭に対し，前記のような指導監督を何ら行わなかっ

た

第2　被疑者乙野は，前記屋上で授業を行う場合には，あらかじめ本件天窓の構造等を十分に把握した上，同校児童に対し，本件天窓の危険性について注意を喚起し，本件天窓に近付かないよう指導するとともに，同屋上での授業中は，同児童らの動静に十分注意を払い，同児童が本件天窓に近付こうとした場合にはこれを制止するなどして，同児童が本件天窓に飛び乗ったり，飛び跳ねたりしてこれを突き破り，同校1階まで落下するなどの事故が発生するのを未然に防止すべき業務上の注意義務があるのに，これを怠り，本件天窓の脆弱な構造に気付かなかったことから，平成○年△月○日午前○時頃から，同屋上において，A（当時11歳）ら同校5年生の児童らを対象として授業を行った際，児童らに本件天窓の危険性について注意を喚起したり，本件天窓に近付かないよう指導したりすることもせず，かつ，同屋上での児童らの動静に十分注意を払わなかった

各過失の競合により，同日午前○時○分頃，同屋上において，前記Aが本件天窓に乗ってその上で飛び跳ねるなどしたため，本件天窓が破損し，同人を前記体育館の床に転落させ，よって，同人に△△等の傷害を負わせ，同日午後○時○分頃，同市○町○丁目○番地内所在の△△病院において，同人を同傷害に基づく○○により死亡させたものである。

（業務上過失致死）

第6 飼育動物関連事故

事例 34　飼育している犬による咬傷事故（その1）

　被疑者は，△△市△△区○○通○丁目○番地被疑者方において，雄の秋田犬（通称名X，体高約55センチメートル，当時5歳）を所有し，被疑者方裏庭の柿の木の地上約1.1メートルの高さのところと同所から約18.8メートル離れた桜の木の地上約1.5メートルの高さのところとの間に8番線の針金を張り，その番線に鉄製リングを通し，同リングにXの首輪を繋いだ鎖の先端を針金で巻き付け，もって同番線伝いにXを移動させ，あるいは柿の木に巻き付けた前記番線の端に前記リング又は前記鎖の環の1つを通して同番線を柿の木側に45度折り曲げXを固定して係留するなどして飼育していたものであるが，前記裏庭は道路入口から入った前庭との間に門扉障壁がなく，被疑者方の訪問者が家人に声を掛けても返事のない時などには回って入りやすいいわゆる農家の裏庭であるところ，Xが前記のようにして係留中に過去2回にわたって同裏庭を訪れた人に咬みつきけがを負わせたことがあったにもかかわらず，平成○年○月31日頃も依然として前記の番線伝いに移動できる係留方法でXを飼育していたのであるから，このような場合，Xの飼育者としては，訪問者が容易に裏庭に立ち入れないようにするか，あるいは，見やすい場所に「裏庭に危険な犬がいるので注意すべき」旨記載した貼紙をしたり，同旨の立札を立てたりして，被疑者方を訪れ前記裏庭に行こうとする者に対しXの存在を知らしめ，もってXの存在を知らない訪問者が不用意に裏に回りXから危害を加えられることがないようにすべき注意義務があるのに，これを怠り，Xの首輪に繋ぐ鎖の長さを，1回目の咬傷事件後，約3.8メートルから約1.97メートルに縮めたのみでそれ

以上に前記立札を立てる等の危険防止の措置を何ら講じなかった重大な過失により，同月31日午後1時頃，訪問先のA方と間違えて被疑者方を訪れ声を掛けたが応答がなかったので家人があるいは裏庭にいるかと思い，Xのいることを知らないまま同所に回ったB（当時45歳）に対し，Xがいきなり飛びかかって同人の右腕に咬みつき，よって，同人に加療約5か月間を要する右前腕部伸筋腱開放性断裂の傷害を負わせたものである。

（重過失致傷）

【解説】

福岡高判昭和60年2月28日高等裁判所刑事裁判速報集（昭和60年）334の事案を基にした記載例である。同判決は，
「今回と同じXの係留の仕方で過去2回Xによる咬傷事故が発生しているのに，被告人は，結局，Xの首輪を繋ぐ鎖の長さを半分ほどにしたほか，全く本件事故発生の防止措置を講じていないところに被告人の過失が認められ，それも一度ならず二度までも発生したのに，本件当時危険回避の措置をとらず放置していたところにその過失の重大性がある。」，「最小限『猛犬注意』等の立札さえあれば，本件被害者の裏庭への進入を思いとどまらせ，本件事故の発生を防ぎ得たかもしれないし，もしそれでもなお事故が発生したとしても，被告人の過失責任は免れたであろう。それはほんのちょっとした注意義務を働かせばすぐに気付くべきことであり，前記程度の結果回避措置をとることは容易に可能なことであった。にもかかわらず，被告人は，それをせずに漫然とXを飼育していたのであって，ここに被告人の重大な過失があるといわざるを得ない。」
旨判示した。

事例 35　飼育している犬による咬傷事故（その2）

　被疑者は，平成○年○月から△△市△△区○○通○丁目○番地の自宅庭先に犬舎を設けて土佐犬を飼育していたが，土佐犬は強い体力と攻撃的な性格を備えた闘犬であり，また，被疑者が飼育している土佐犬はかねて北側犬舎の金網フェンスの番線を咬んで引き抜き，同フェンスを破損したことがあったのであるから，堅固な犬舎設備を設置して適宜その修理・補強を行うとともに，犬舎から庭先への出入口扉の施錠を確実に行うなどして，その飼育する土佐犬が犬舎から外部に逸走して他の人畜等に危害を及ぼすことを未然に防止すべき注意義務があるのに，これを怠り，Xと名付けた雌の土佐犬（生後約4年，体長約80センチメートル，体高約95センチメートル，体重約44キログラム）を飼育していた北側犬舎中央の分室の出入口下部の金網フェンスを修理・補強することなく，漫然放置した上，平成○年○月○日午後1時頃，他の土佐犬を散歩に連れ出した際，被疑者方庭先に通じる犬舎の西側出入口扉を施錠しなかった重大な過失により，同日午後2時頃，Xをして，その分室通路側出入口扉下部の金網フェンスの番線を咬んで引き抜くなどさせて，同フェンスを破損させて，同西側出入口から逸走させ，その頃，同市△△区○○通○丁目○番地△△方庭先において，A（当時3歳）の頭部に咬み付かせ，よって，同人に対し，全治約1か月を要する頭部陥没骨折，顔面・頭皮裂傷等の傷害を負わせたものである。

（重過失致傷）

【解説】

　東京高判平成12年6月13日東京高等裁判所刑事判決時報51・1＝12・76の事案を基にした記載例である。

| 事例 | 36 | 公園内で飼育している熊による事故 |

　被疑者は，平成○年○月から△△市経済部商工課観光開発係勤務となり，同市○○通○丁目○番地所在の同市管理に係る△△公園看守人として，同公園の動物舎その他諸施設の看守保護及び動物の飼育管理などの業務に従事していたものであるが，同公園中央広場の北端付近に南に面して設置された熊舎は，ブロック造りの寝小屋２室（床面積9.4平方メートル）の南側に高さ４メートルの鉄柵（鉄パイプの間隔約0.1メートル）で覆われた檻（運動場床面積13.9平方メートル）が併置され，その檻の正面及び東西の側面には，檻から1.75メートル離れて高さ1.02メートルの外柵（縦の鉄パイプの間隔0.13メートル）が取り付けられていたものの，前記寝小屋の東側のブロック壁に接した外柵の前記ブロック壁に直近する縦の鉄パイプと同ブロック壁との間隔は0.21メートルであって，幼児が容易に柵内に立ち入る危険があるのみならず，同外柵の外側の東側には一般人の立入りを禁止するため，長さ3.25メートルの鉄パイプ２本が横に上下0.4メートルの間隔で取り付けられていたにすぎなかったため，幼児においてその間をくぐってたやすく熊舎の前記東側のブロック壁に接した外柵部分に接近することができる構造になっており，安全対策上危険があることを知悉していたところ，平成○年○月頃，２，３名の子供が数回にわたり前記立入禁止柵をくぐり抜けるのを目撃したことから，これら子供が前記外柵から熊舎に接近し，熊が子供に不測の危害を及ぼすおそれが十分予見されたのであるから，このような場合，公園看守人としては，直ちにこれを上司に報告して前記施設の瑕疵を補修し，あるいは自ら応急措置として前記外柵及び立入禁止柵に立入防止のための適宜の措置を講じ，もって熊による危害の発生を未然に防止すべき業務上の注意義務があるのに，これを怠り，何らの措置をとることなく漫然放置した過失により，同年○月○日午前11時頃，同公園に遠足に来た保育園児Ａ（当時４歳）において，菓子を与えようとして前記立入禁止柵をくぐり抜けて前記外柵から右手を熊舎の檻に差し出し

た際，同檻の中に飼育されていたツキノワグマ（雄5歳）をして，同児の右腕を両前足の爪で引っかけ檻の中に引き寄せて咬断するに至らしめ，よって，同児に対し，接合回復不能の右上肢咬断創の傷害を負わせたものである。

（業務上過失致傷）

【解説】
　鳥取地判昭和50年1月28日判タ329・338の事案を基にした記載例である（鳥取地裁は無罪判決を言い渡したが，控訴審の**広島高松江支判昭和51年3月8日**公刊物未登載は有罪とした。）。

| 事例 | 37 | 放し飼いにした闘犬による咬傷事故 |

　被疑者は，平成○年○月頃から闘犬用のアメリカン・ピット・ブル・テリア種の犬2頭を○○市○町○丁目○番地所在の自宅に犬小屋を設けて飼育し，前記犬2頭につき，闘犬としての動きをよくするため，自宅から同市○○通○丁目○番地所在の被疑者所有のみかん畑までの約2キロメートルの道のりを，鎖や綱をせず，口輪も付けない状態で，被疑者の運転する乗用車に追随させ，同みかん畑において放し飼いのまま運動させていたところ，平成○年○月○日午前10時頃，同市○○通○丁目○番地所在の△△市民公園に隣接する前記みかん畑において，農作業に従事するに当たり，本件2頭の犬はいずれも大型の闘犬であり，闘争本能が強く，人に咬み付くなどした場合には重大な傷害を負わせる危険があったのであるから，公衆が出入りする公園付近に連れ出す場合には，他人に危害を加えることがないように，口輪をはめ，鎖で繋ぐなどして監守を厳重にし，もって，咬傷事故などの発生を未然に防止すべき注意義務があるのに，これを怠り，前記みかん畑において，本件2頭の犬に口輪をはめず，漫然放し飼いにし，その監守を怠った重大な過失により，同日午前11時頃，前記公園遊歩道において，遊戯中のA（当時6歳）に対し，本件2頭の犬のうち，黒色の雄犬（体長約90センチメートル，体高約60センチメートル，体重約32キログラム，生後8か月）をして，その左大腿部に咬み付かせて，同児に全治約1週間を要する犬咬傷の傷害を負わせ，同児を救助しようとして走り寄ったB（当時5歳）に対し，茶色の雄犬（体長約75センチメートル，体高約52センチメートル，体重約24キログラム，生後1年4か月）をして，その頭部に咬み付かせた上，同所から南西約41メートルの地点の雑木林内に引きずり込ませ，同日午前11時10分頃，同雑木林内において，本件2頭の犬をして，同児の全身を交互に咬み付かせ，よって，全身挫裂創等の傷害を負わせ，同傷害に基づく出血性ショックにより，即時同所において，同児を死亡させ

| たものである。 | （重過失致死傷） |

【解説】
　那覇地沖縄支判平成7年10月31日判時1571・153の事案を基にした記載例である。

第6　飼育している動物による事故　123

事例　38　猟犬による咬傷事故

　被疑者は，第一種銃猟免許を受け，猟犬を使用していのしし狩りをする狩猟業務に従事していたものであるが，平成○年12月12日午後3時40分頃，○県○郡○町所在の，A山山頂から南東約950メートル，同町△△番地所在の同町立X小学校から北西約1200メートルの地点を中心とするA山斜面において，同所付近約7ヘクタールを猟場予定地として，同猟場の北西端の地点から，自己の飼育する猟犬であるドゴ・アルゼンチーノ種の犬1頭ほか3頭を放ち，猟友3名を指揮して，同猟犬がいのししを見つけてこれを追い出し，被疑者らが射手となってそのいのししを猟銃で射止めるという方法による，通称巻狩りと呼ばれるいのしし猟を開始しようとした際，前記猟犬を放とうとした地点から北方約100メートルにハイキング道が，南方約230メートルには同小学校の通学路に指定され南西約400メートル先にある同町△△部落に通じるA山林道があって，特に，その頃は，下校する小学生らが同林道を通行することが予想され，かつ，前記猟犬中ドゴ・アルゼンチーノ種の犬はいのしし猟の咬み止め犬として開発され，いのしし猟用の猟犬として訓練されていた行動力旺盛な生後2年の大型若犬であって，咬む力が非常に強い上，同犬は訓練途中で，猟場における使用訓練期間は未だ1か月に満たず，かかる猟犬を狩猟者の手許から放てば，狩猟中に興奮し，いのしのみならず他の鳥獣を追跡して前記林道に侵入し，通行人ことに下校途中の小学生と遭遇し，これに襲いかかって咬み付くおそれがあり，かつ，もし，そのような事態に立ち至った場合には，児童に重大な傷害を与える危険があったのであるから，このような場合，狩猟者としては，使用する猟犬を選別し，訓練途中の前記ドゴ・アルゼンチーノ種の犬の使用を差し控えていのしし猟を行い，同犬が人に危害を加える事故の発生を未然に防止すべき業務上の注意義務があるのに，これを怠り，同犬が林道に侵入して人を襲うことはないものと軽信し，他の猟犬3頭とともに前記ドゴ・アルゼンチーノ種の犬を放って狩猟を開始した過失によ

り，同犬をして，同日午後4時30分頃，同町○○番地先付近の前記林道上に侵入させ，その頃，同所において，折から下校途中の小学生A（当時9歳）に対し，その全身各部を咬み付かせて同児の頭部，顔面部，頸部，背部，胸腹部，上・下肢等に多数の咬創，咬傷を負わせ，同月○日午前○時頃，搬送先の同町○○番地所在の△△病院において，同児を前記傷害に基づく出血により死亡させたものである。　　（業務上過失致死）

【解説】
　横浜地判平成2年3月22日公刊物未登載の事案を基にした記載例である。「鳥獣の保護及び管理並びに狩猟の適正化に関する法律」は，狩猟免許について規定しており，免許には，①網猟免許，②わな猟免許，③第一種銃猟免許，④第二種銃猟免許，がある（同法39条2項），これらは，都道府県知事の免許である（同条1項）。

第7 鉄道関連事故

事例 39 単線鉄道における列車の正面衝突事故

　被疑者甲野一郎は，○○県○市○町○丁目○番地所在のＺ鉄道株式会社に鉄道運転士として，被疑者乙野次郎は，同社に鉄道車掌として，それぞれ勤務し，同社が同県Ｉ市と同県○郡Ｋ町との間で旅客運送用に運行している旅客内燃動車（ディーゼルカー）の運転及び車掌の業務に従事していたものであるが，被疑者両名は，平成○年○月○日午後7時26分頃，Ｋ駅発Ｉ駅行上り列車第126号を運行させて，同郡Ａ町○○番地所在Ｚ鉄道Ａ駅に到着した際，被疑者甲野は同列車の運転士として，被疑者乙野は同列車の車掌として，同駅を出発するに当たっては，信号を確認し，それに従って車両を出発させるのはもとより，同路線は全線単線であり，運行予定上同駅でＩ駅発Ｋ駅行下り列車第129号と行き違うことになっていたのであるから，その行き違い駅を確認し，下り列車の到着を待って出発すべき業務上の注意義務があるのに，被疑者両名は，いずれも前記Ａ駅の出発信号が赤色の停止信号を現示していたのを確認せず，被疑者乙野は，前記下り列車の行き違い場所が次々駅であると誤信して運転士の被疑者甲野に出発合図を出し，被疑者甲野は，Ａ駅で前記下り列車と行き違うべきことを失念して，車掌の被疑者乙野からの出発合図を軽信し，前記被疑者両名の過失により，同日午後7時26分50秒頃，漫然と乗客28名を乗せた前記上り列車第126号を発車させ，被疑者甲野が，乗務員2名及び乗客45名を乗せて同一線路上を対向進行してきた前記下り列車第129号に約152メートルに迫って初めて気付き，急制動の措置を講じたが及ばず，同日午後7時28分頃，同町○○番地Ｆ方北方約50メートル付近の同鉄道線路上において，前記

両列車を正面衝突するに至らせ，よって，前記両列車の往来に危険を生じさせるとともに，前記衝突により，別紙負傷者一覧表記載のとおり，乗務員及び乗客合計72名に加療約○日間ないし○日間を要する傷害を負わせたものである。　　　　　　　（業務上過失往来妨害，業務上過失致傷）

(別紙負傷者一覧表は省略)

○　刑法129条
　1項「過失により，汽車，電車若しくは艦船の往来の危険を生じさせ，又は汽車若しくは電車を転覆させ，若しくは破壊し，若しくは艦船を転覆させ，沈没させ，若しくは破壊した者は，30万円以下の罰金に処する。」
　2項「その業務に従事する者が前項の罪を犯したときは，3年以下の禁錮又は50万円以下の罰金に処する。」

【解説】
　長崎地判平成5年3月26日判時1457・157の事案を基にした記載例である。

第7　鉄道関連事故

| 事例 | 40 | ブレーキが作動しない状態となった列車が暴走して多数の死傷者が出た事故 |

　被疑者甲野一郎は，鉄道事業等を営むK鉄道株式会社の鉄道部運輸課S乗務区に所属する運転士として内燃動車（列車）の運転等の業務に従事し，平成〇年6月2日，同鉄道J線M駅午前7時37分発T駅行き4両編成の内燃動車（以下「本件列車」という。）を運転していたものであり，被疑者乙野次郎は，同乗務区に所属する車掌として列車の監視及び出発合図等の業務に従事し，同列車の車掌として乗務していたものであるが，同日午前7時56分過ぎ頃，同列車は，〇県T市大字△△〇番地N駅に到着し，被疑者甲野が同駅において同列車を発車させようとした際，何らかの原因によりブレーキが緩解せず，発車できない状態となったため，被疑者甲野において，同列車の保安ブレーキがかかったと考え，これを緩解させるべく，車外に出て，各車両床下の保安ブレーキ締切コックを全て「閉」の状態にしたところ，ブレーキが緩解して停止中の同列車が同所の勾配により後退を始めたため，同列車最後部車両の後部車掌室に待機していた被疑者乙野において，とっさに同室内の常用ブレーキの車掌弁レバーを引き下げ，同列車を停止させたが，被疑者甲野は，保安ブレーキが使用できなくても常用ブレーキが使用できれば大丈夫だろうと考え，その後前記各保安ブレーキ締切コックを「開」の状態に戻さず，また，被疑者乙野も，これまで車掌弁レバーを引いてブレーキを作動させた経験がなく気が動転したことや，車掌弁レバーを引いた後の処置をよく知らなかったことなどから，その後前記車掌弁レバーを元の状態に戻さなかった上，同列車がN駅に停車中に，何らかの原因により，前記車掌室の保安ブレーキスイッチの「ON」のボタンが押し込まれた状態となったものの，同室内にいた被疑者乙野はこれに気付かなかったが，本件列車においては，このように，保安ブレーキスイッチが「ON」，保安ブレーキ締切コックが「閉」で常用ブレーキ車掌弁レバーが引き下げられた状態になった場合，常用ブレーキ系と保安ブレーキ系の双方からの圧力空気が共に保安ブレーキ締切コック側の穴から排出さ

れ，しばらく後には常用ブレーキも保安ブレーキも全く作動しなくなる構造となっており，そのため，同列車は，N駅に停車している間に既に制動不能の状態となっていたところ

第1　被疑者甲野は，N駅から本件列車を発車させるに当たり，前記のように同列車にブレーキの故障が生じて応急処置した後であった上，同列車の先頭車両前部運転室内の元空気だめ圧力計が規定値より低い約5キログラム毎平方センチメートルにしか上昇していないことに気付いたのであるから，運転士として，前記会社の運転取扱心得及び鉄道運転士作業基準に定められた応急処置後の制動試験実施要領に従い，同列車に車掌として乗務していた被疑者乙野と緊密な連携を図り，制動試験を実施してブレーキが正常に作動することを確認した上で同列車を発車させ，もって，同列車の暴走，脱線等の事故を未然に防止すべき業務上の注意義務があるのに，これを怠り，同列車の発車が遅延していることに気をとられ，制動試験を実施せず，ブレーキが制動不能状態にあることを看過したまま，漫然と被疑者乙野の出発合図に従い，同日午前8時10分頃，同列車を発車させた過失

第2　被疑者乙野は，前記のように本件列車にブレーキ故障が生じて応急措置をした場合，車掌として，前記会社の運転取扱心得及び鉄道運転士作業基準に定められた応急処置後の制動試験実施要領に従い，同列車の運転士である被疑者甲野と緊密な連携を図り，制動試験を実施してブレーキが正常に作動することを確認した上で同被疑者に出発合図を送って同被疑者をして同列車を発車させ，もって，同列車の暴走，脱線等の事故を未然に防止すべき業務上の注意義務があるのに，これを怠り，同列車の発車が遅延していることに気をとられ，制動試験を実施せず，ブレーキが制動不能状態にあることを看過したまま，漫然と被疑者甲野に出発合図を送り，同被疑者をして同列車を発車させた過失

の競合により，被疑者両名は，制動不能状態の本件列車を暴走させ，同

日午前8時13分頃，同列車の先頭車両を，同市○町○番○号前記鉄道J線T駅8番線線路に設置された車止めを突破して株式会社○○△△店6階建て鉄筋コンクリート造の2階店舗側壁に激突させて大破させ，同列車2両目及び3両目の各車両を脱線小破させ，もって列車の往来の危険を生じさせるとともに，その衝撃により，同列車の乗客であるX（当時○歳）に対し，広範な頭蓋骨骨折を伴う脳挫傷の傷害を負わせ，同日午前8時35分頃，同市△△○丁目○番地△△病院において，同人を前記傷害により死亡させたほか，別表記載のとおり，同列車の乗客であるY（当時○歳）ほか124名に対し，それぞれ傷害を負わせたものである。

（業務上過失往来妨害，業務上過失致死傷）

（別表は省略）

【解説】

　水戸地判平成8年2月26日判時1568・147の事案を基にした記載例である。

| 事例 | 41 | 線路内で作業中の作業員が列車に跳ね飛ばされて死亡した事故 |

　被疑者甲野一郎は，鉄道保線工事請負等の事業をＳ組の名称で営む丙野三郎の従業員で，Ｎ鉄道株式会社から鉄道保線工事における列車監視者資格の認定を受けて鉄道保線工事において列車監視の業務に従事し，被疑者乙野次郎は，同鉄道の電気機関士として電車運転の業務に従事していたところ

第１　被疑者甲野は，平成○年12月16日午前８時50分頃から，○県Ｘ市○町○地内のＮ鉄道Ｔ線Ｘ駅・Ｙ駅間上り線のＹ駅起点約2169メートルの軌道敷内において，前記丙野が△△建設工業株式会社から請け負った道床更換作業を同人ほか３名と共に行うに当たり，前記丙野から命ぜられて列車監視の業務に従事したが，このような場合，列車監視者としては，上り線電車の進行して来る約121メートル先のＸ駅方向を注視し，接近して来る電車の有無を常に確認して，少なくとも同駅到着の上り電車を認めたときには前記丙野ら４名の作業員に電車の接近を周知させた上，その作業を中断させて安全な場所に避譲させ，もって事故の発生を未然に防止すべき業務上の注意義務があるのに，これを怠り，同日午前９時42分頃から前記軌道敷脇で砂利等を入れたかごの整理に気を奪われ，Ｘ駅方向を注視せず，上り電車の接近や同駅到着を確認しなかった過失

第２　被疑者乙野は，Ｚ駅発Ｗ駅行き上り普通電車（６両編成）を運転し，前記Ｘ駅に到着後，同日午前９時43分頃，同駅を発進しようとしたが，このような場合，電気機関士としては，常に前方を注視して進路の安全を確認し，もって事故の発生を未然に防止すべき業務上の注意義務があるのに，これを怠り，予定到着時刻より１分弱の遅れがあったことなどに気をとられ，前方を注視せず，進路の安全を確認しないまま，前記電車を発進させて時速約42キロメートルまで加速進行させた過失

の競合により，被疑者両名は，同時刻頃，被疑者甲野においては，同電

車が通過するまで全くその接近に気付かず，被疑者乙野においては，前記内野らが進路前方の軌道敷内で作業しているのを約38メートル手前に接近して初めて気付き非常ブレーキをかけたが及ばず，被疑者乙野運転の前記電車前部を作業員の前記内野（当時○歳），I（当時○歳），K（当時○歳）及びL（当時○歳）の4名に激突させて跳ね飛ばし，よって，前記内野を○○等により，前記Iを○○により，前記Kを○○により，前記Lを○○等により，それぞれ即死させたものである。

（業務上過失致死）

【解説】

名古屋地判平成8年2月23日判タ916・250の事案を基にした記載例である。

| 事例 | 42 | 線路内で負傷者を救助していた救助隊員が列車に跳ね飛ばされた事故 |

　被疑者甲野一郎は，大阪市淀川区○○所在の西日本旅客鉄道株式会社鉄道本部運輸部新大阪総合指令所（以下「指令所」という。以下「西日本旅客鉄道株式会社」を「JR西日本」という。）において，指令所の副総括指令長として，総括指令長であるAを補佐し，所属指令員等が行う列車指令業務等を指揮監督するとともに，人身事故等が発生した場合，自ら率先して事故現場の情報を入手し，自ら，あるいは，所属指令員に指示してその処理に当たる業務に従事していたもの，被疑者乙野次郎は，前記A及び被疑者甲野の指揮の下，指令所の指令員として，人身事故等が発生した場合，運転線路の変更指示及び列車乗務員との無線交信等の列車指令をする業務に従事していたもの，被疑者丙野三郎は，JR西日本大阪支社尼崎駅（以下「尼崎駅」という。）運輸管理係員として，改札及び駅構内の転てつ機の清掃並びに人身事故等が発生した場合，事故現場に赴き，死者又は負傷者の監視，警察や消防との対応及び事故現場付近における安全確保に当たるなどの業務に従事していたものであるが，平成○年11月6日午後7時11分頃，指令所が列車の運行を管理する同区○○（番地省略）JR西日本塚本駅構内50号鉄柱から西方約5メートルの東海道本線下り外側線（以下「事故現場」という。）において，大阪駅発姫路駅行き下り新快速電車(列車番号○○M。以下「新快速電車」という。）が線路敷地内に立ち入ったXに接触し，同人をその場に転倒させて傷を負わせる人身事故（以下「第1次事故」という。）が発生したため，新快速電車が事故現場の西方約321.9メートルで停車し，その後方を走行中の新大阪駅発豊岡駅行き下り特急電車北近畿17号（列車番号○○M。以下「北近畿」という。）が事故現場の東方約34.9メートルで停車し，さらに，その後続列車である京都駅発鳥取駅行き下り特急列車スーパーはくと11号（列車番号○○D。以下「スーパーはくと」という。）が前記Aの指示により大阪駅に停車して待機し，同日午後7時30分頃，尼崎駅から被疑者丙野及び同駅運輸係員丁野四郎が事故現場に赴き，同日午後

7時35分頃，新快速電車の運転士が被疑者丙野らにその後の対応を託して出発し，間もなく事故現場に警察官及び救急隊員らが到着してXの救助活動が行われることとなった際

第1　被疑者甲野及び同乙野については，指令所において，第1次事故の処理を指示していた副総括指令長又は指令員であったところ，Xがまだ事故現場付近に所在しており，間もなく事故現場付近で警察官及び救急隊員らによりXの救助活動が行われる状況にあったことから，同所における安全を確認しないまま後続列車の運転を再開させれば，救助活動中の救急隊員らを走行する列車に接触させて死傷事故を発生させるおそれがあったのであるから，このような場合

1　被疑者甲野は，前記業務に従事していた副総括指令長として，事故現場付近にいる北近畿の乗務員及び被疑者丙野と連絡を取り合い，自ら，あるいは所属指令員等を指揮監督して，Xの所在場所及び東海道本線下り外側線路（以下「外側線路」という。）との距離，救急隊員らの到着の有無及び救助活動の現況等を把握し，後続列車が事故現場を走行する際の同所付近の安全を確認した上で後続列車の運転再開を指示するとともに，同所付近における進行速度等について的確な指示を行い，死傷事故の発生を未然に防止すべき業務上の注意義務があるのに，これを怠り，北近畿が事故現場を通過したと知るや，その後続列車も同所を通常速度で走行するのに支障はなく，同所付近の安全は被疑者丙野らにおいて確保するものと軽信し，その安全を確認することなく，スーパーはくとに運転再開を指示するとともに，同所付近での進行速度等について的確な指示をしなかった過失

2　被疑者乙野は，第1次事故の処理に関して指令員の職務を行っていたBの要請を受け，北近畿の乗務員に対し，その後続列車が事故現場を走行する際の支障の有無を確認するに当たり，同乗務員から，Xの所在場所及び外側線路との距離並びに北近畿の後続列車が同所を走行する際の進行速度等を聞き出し，その支障の有

無を的確に確認して指令所内に伝え，死傷事故の発生を未然に防止すべき業務上の注意義務があるのに，これを怠り，同乗務員から，北近畿が同所を通過したと聞くや，北近畿が最徐行で事故現場を通過しており，同乗務員が，後続列車も同所を最徐行で走行するよう要請していたにもかかわらず，同要請を聞き漏らし，後続列車が同所を通常速度で走行するのに支障はなく，同所付近の安全は被疑者丙野らにおいて確保するものと軽信し，後続列車の走行に関する支障の有無を的確に聞き出さず，かつ，同乗務員の前記要請を把握して指令所内に伝えなかった過失

第2　被疑者丙野は，事故現場において，同所に警察官3名及び救急隊員ら5名が到着し，同所線路脇の狭隘な場所でXの救助活動を行っている状況を認識する一方，指令所からの連絡により，間もなくスーパーはくとが同所に走行して来ることを知っていたものであるところ，そのまま放置すれば，救助活動中の救助隊員らが同列車に接触して死傷するおそれがあったのであるから，このような場合，救助活動等のため軌道敷内に立ち入る者の安全を確保すべき業務に従事する係員としては，指令所に対し，尼崎駅を通じるなどして同所で現に救助活動が行われている状況を逐次連絡し，救助活動の終了まで，スーパーはくとの停車，あるいは，その事故現場直前での停止又は最徐行等を要請するとともに，同救急隊員らに対し，同所に列車が走行して来る可能性がある旨を知らせた上，同行した係員の前記丁野と手分けして，接近する列車の監視をし，その接近を確認した場合には，直ちに同救急隊員らに列車の接近を知らせて退避の指示をするなどして，死傷事故の発生を未然に防止すべき業務上の注意義務があるのに，これを怠り，北近畿が同所を最徐行で走行したことから，その後続列車も同様に走行するものと軽信し，何らの措置も講じなかった過失

の競合により，同日午後7時46分頃，前記塚本駅50号鉄柱から西方約9.5メートルの東海道本線下り外側線南側軌道敷内において，折から

Xの救助活動に従事していた大阪市消防局○○消防署勤務の消防士長E（当時○歳）に対し，大阪駅方面から時速約100キロメートルで進行して来たスーパーはくとの先頭車両前部を接触させて同人を跳ね飛ばし，同じく救助活動中の同F（当時○歳）に衝突させた後，同所南側に設置された鉄柵に激突させ，よって，即時同所において，前記Eを○○による失血により死亡させるとともに，前記Fに対し，全治約70日間を要する○○の傷害を負わせたものである。　（業務上過失致死傷）

【解説】
　大阪地判平成17年1月20日判タ1186・312の事案を基にした記載例である。この事件においては，記載例の「A」及び「B」も起訴されたが，無罪となった。

| 事例 | 43 | 列車の正面衝突により多数の死傷者が出た事故 |

　被疑者甲野太郎は，滋賀県甲賀郡○○町○○番地所在の貴生川駅から同郡○○町大字○番地所在の信楽駅までの間に鉄道による単線軌道を設け，常用閉塞方式として単線特殊自動閉塞方式を採用し，第一種鉄道事業を営む信楽高原鐵道株式会社（以下「SKR」という。）の信楽駅の運転主任として駅長が行う業務である信号取扱い・列車出発合図等運転に関する一切の業務に従事していたもの，被疑者乙野次郎は，SKR施設課長として信号その他保安設備の保守及び施工に関する業務を掌理するとともに後記被疑者丙野三郎を指揮監督するなどの業務に従事していたもの，被疑者丙野三郎は，SKRと信号設備点検・修理の委託契約を締結していたX山電業株式会社の大阪営業所係長で，同社からSKRに派遣され同社に常駐し，被疑者乙野の指揮の下でSKRの信号装置の点検・修理の業務に従事していたものであるが，平成○年5月14日午前10時14分頃，前記信楽駅駅務室において，被疑者甲野が，同駅備え付けの制御盤のてこ操作により，Y運転の信楽駅発貴生川駅行き上り534D列車（4両編成）を出発させるに際し，信楽駅1番線上り出発信号機（22L）に緑色を現示させようとしたところ，同制御盤上に下り方向表示灯が点灯し，かつ，同出発信号機に緑色が現示されず，赤色現示のままであったため，同信号機を制御する継電連動装置の故障と思い，被疑者乙野とともに被疑者丙野に同装置の点検・修理方を指示・依頼し，被疑者丙野において，同日午前10時15分頃から，同駅構内に設けられた継電連動室において，被疑者乙野の指揮監督の下で同装置を点検・修理していた上，同日午前10時16分頃，西日本旅客鉄道株式会社（以下「JR西日本」という。）所属のZ運転に係る貴生川駅発信楽駅行き下り501D列車（3両編成）が前記貴生川駅を出発し信楽駅に向けて進行して来ることがダイヤ上予定されていたのであるから

第1　被疑者甲野は，前記534D列車を前記出発信号機が赤色現示のまま出発させるに当たっては，信号設備が故障し，使用不能となって

いることを認識したのであるから，列車行き違い場所として設置された同郡○町大字○所在の小野谷信号場に先着した下り列車が，行き違い予定の上り列車未到着のまま，小野谷信号場下り出発信号機（13R）の緑色誤表示に従い通過することもあり得ることを予見し，被疑者乙野と連絡を密にとって，継電連動装置の使用を停止して信号の全面的使用停止措置がとられるまでは継電連動装置の修理を中止するよう強く要請して列車の安全を確認し，かつ，小野谷信号場まで要員を派遣し，信楽駅・小野谷信号場までの区間開通とその安全を確認し，上り列車に指導者を同乗させるなどSKR運転取扱心得及び代用閉塞施工手順に規定された代用閉塞方式である指導通信式の所定の手続をとり，その上で，上り列車を出発させるべき業務上の注意義務があるのに，これを怠り，同列車の出発を急ぐ余り，被疑者乙野と連絡を密にとり，継電連動装置の使用停止前の修理を中止させて同列車の運行の安全を確認することも，同信号場に要員を派遣し，同駅及び同信号場間の区間の開通及び安全の確認をすることもなく，指導者を乗車させただけで漫然出発合図を出し，同日午前10時25分頃，同駅から同列車を出発させた過失

第2　被疑者乙野は，被疑者丙野に継電連動装置の点検・修理を指示するについては，信号の誤表示による列車事故を防止するため，直ちに継電連動装置の使用を停止して信号の全面的使用停止措置をとり，仮に，継電連動装置の使用停止をせずに被疑者丙野に同装置の修理をさせるのであれば，同修理により同装置に関連する信号機に誤作動を生じさせないよう常時監督し，さらに，信号誤作動の可能性を考慮して被疑者甲野と連絡を密にとって，被疑者丙野が点検修理中は，被疑者甲野に列車の出発を見合わせるよう強く要請して列車の運行の安全を確認すべき業務上の注意義務があるのに，これを怠り，継電連動装置の使用停止措置をとることもなく，漫然被疑者丙野に継電連動装置の修理を継続させ，また，被疑者甲野と連絡をとり，同人に列車の出発を見合わせるよう強く要請して列車の運行

の安全を確認することもなく，漫然被疑者丙野をして同装置を正当な条件を経ない電源で動作させて小野谷信号場下り出発信号機の緑色を現示し得る状態を生じさせた過失

第3　被疑者丙野は，継電連動装置を修理するに当たり，それが小野谷信号場の信号機等に誤信号を現示するおそれがあったのであるから，被疑者乙野と連絡を密にとって，継電連動装置の使用を停止させて信号の全面的使用停止措置をとるよう要請してそれがなされたことを確認し，それが確認できないときは同装置の修理を中止し，正当な条件を経ない電源で動作させるなどの行為をしてはならない業務上の注意義務があるのに，これを怠り，被疑者乙野と連絡を密にとって，継電連動装置の使用を停止させるよう要請してそれがなされたことを確認することも，修理を中止することもなく，継電連動装置の方向回線端子とUZ回線端子とをジャンパー線で接続して同装置を正当な条件を経ない電源で動作させ，小野谷信号場下り出発信号機に緑色を誤表示し得る状態を生じさせた過失

の競合により，同日午前10時30分頃，前記Z運転の501D列車が同信号場にさしかかった際，同信号場下り出発信号機に緑色を現示させ，同列車をして，同信号現示に従い同信号場を通過させ，同日午前10時35分頃，同郡○○町大字○番地付近軌道上において，同列車と前記Y運転に係る534D列車とを正面衝突させ，前記501D列車1両目及び前記534D列車の1, 2両目を大破させるなどして破壊し，よって，その衝撃により別表1記載のとおり○○ほか41名を死亡させたほか，別表2記載のとおり○○ほか518名に対し，加療約○日間ないし約1年○か月間を要する各傷害を負わせたものである。　　**（業務上過失致死傷）**

（別表は省略）

【解説】

大津地判平成12年3月24日判時1717・25（信楽高原鐵道事故）の事案を基にした記載例である。

| 事例 | 44 | 発車直前に地下鉄に乗車しようとした乗客の転落事故 |

　被疑者は，○市営地下鉄○○線乗務管理所○乗務区の車掌として乗客の安全輸送等の業務に従事する○市職員であるが，○市○区○丁目○番地所在の○市営地下鉄○○線Ｘ駅ホームは，車両の乗降口及び電車近辺における待合客等の動静の全てを見通すことはできない曲線構造であり，同駅では時として駆け込み乗車しようとした乗客の身体又は衣服，所持品等が車両の乗降口ドアに挟まれて引きずられる事案等が発生し，乗客の生命，身体に危害を及ぼす危険が十分予想されたのであるから，同駅から電車を発車させるに当たっては，目視可能な範囲全体の安全を確認するほか，視認できない範囲については同ホームに設置された車掌用電車監視テレビの映像で確認するとともに，同ホーム監視係員の完全閉扉合図を確認してから発車の合図を電車運転士に送り，出発後も電車の最後部がホーム端に至るまでの間，電車及びホーム上の待合客等の状態を監視するなどして乗客等の安全を確保するのはもちろん，乗客が誤ってドアに挟まれるなどした場合は，直ちに所要の救護措置を講じるなどして，事故の発生を未然に防止すべき業務上の注意義務があるのに，これを怠り，平成○年○月○日午前9時30分頃，同駅1番線において同市営地下鉄○駅発○駅行き8両編成電車を同駅から出発させる際，同駅ホーム監視係員Ｘの「閉扉合図」を受けて乗降口扉の閉扉を行ったものの，目視及び前記監視テレビの映像による安全確認を行わなかったため，乗客Ａ（当時70歳）が被疑者の前方約75メートルにある同電車4両目山側第3ドアに駆け込み乗車をしようとして左手指を同ドアに挟まれているのを見落とした上，前記Ｘが行う「完全閉扉合図」の確認をしないまま，漫然と車掌席に乗車して車内ブザーにより同電車運転士Ｙに発車合図を送り，同運転士をして同電車を出発させ，さらに出発後のホーム出発監視を怠った過失により，前記ドアに挟まれた前記Ａを約50メートルにわたりホーム上を引きずり，同電車とホームの隙間に巻き込んで軌道上に落下させ，もって，その頃，同所において，同人を○

○により死亡させたものである。　　　　　　　　（業務上過失致死）

事例 45 踏切内で大型貨物自動車と列車が衝突した事故

　被疑者は，いわゆる親会社である北海道旅客鉄道株式会社（以下「JR北海道」という。）の電気設備検修工事を独占的に受注している株式会社Xの従業員として鉄道用信号，踏切警報器の保守・点検等の業務に従事していたものであるところ，○○市△△○番地先のJR北海道函館本線西1号踏切の自動警報器の警報灯取替工事に際し，その作業責任者Yの事実上の代理として，平成○年○月○日午前10時頃，自動警報器支持柱に設置されている踏切支障報知装置等の非常装置の作動を停止させた上，列車見張員Kを配置し，作業員Tに補助させながら脚立の上で警報灯取替工事を始め，同日午前10時37分頃，同踏切に列車の接近していることを知らせる自動警報器が吹鳴を開始したのを聞いていたが，その直後，石狩川方面から国道12号線方面に向けたN運転の大型貨物自動車が圧雪状態の同踏切内の上り線線路を塞ぐ状態で停止し，前記Kが同踏切出口流入遮断竿を持ち上げて，前記大型貨物自動車に向かって「行け。行け。」と叫びながら退避を促しているのを認めたのであるから，このような場合，被疑者としては，自ら，あるいは他の作業員を指揮して直ちに踏切支障報知装置を作動させた上，同装置の非常ボタンを押し，信号炎管を発火させるなどして，接近して来る列車に危険を知らせて停止させ，その運行の安全を確保すべき業務上の注意義務があるのに，これを怠り，そのまま事態を傍観し，前記非常ボタンを押すのが遅れたという過失により，折から岩見沢方面から同踏切に向け進行して来た旭川発苫小牧行き特別急行列車○○号（4両編成）前部を前記大型貨物自動車左側部に衝突させて同列車の前2両を脱線転覆させ，同列車の乗員○ほか22名に対し，別紙被害者受傷状況一覧表記載のとおりの各傷害を負わせたものである。　　　　　　　　　　**（業務上過失致傷）**

（別紙被害者受傷状況一覧表は省略）

【解説】
　札幌地判平成5年5月13日判タ846・284の事案を基にした記載例である。

第7 鉄道関連事故

| 事例 | 46 | 酔客が電車を待っていた女性に衝突して同人をホームから落下させた事故 |

　被疑者は，平成〇年〇月〇日午後0時52分頃，東京都〇区〇△丁目〇番所在東日本旅客鉄道株式会社品川駅第1ホーム上を同ホーム中央付近から2番線側ホーム端付近に向けて歩行していたものであるが，同第1ホーム（山手線）とその東側の第2ホーム（京浜東北線）との間には，同第1ホーム東側の2番線に山手線外回り（渋谷駅方面）の軌道が，同第2ホーム西側の3番線に京浜東北線北行（東京駅方面）の軌道が，各隣接して敷設され，両ホームの軌道敷からの高さは各約1.16メートルで，両ホームの間隔は約6.7メートルであるが，前記両線に電車が同時に進入した時の各ホーム側壁と電車側面との間隔は各約13センチメートルであるので，両電車の側面の間隔は約1メートルしかなく，当時，前記両線路は各電車が短時間間隔で走行している上，前記第1ホームの2番線側ホームには各乗車位置付近に5ないし6名程度の乗客が電車の到着を待っていて，いずれも背中をホーム中央側にして視線を線路側に向けて佇立しており，これら乗客の身体に衝突すれば，乗客が線路上に落下し，入線して来る電車と衝突するなどして死傷事故を惹起する危険の大きいことが明らかであったから，被疑者としては，同ホーム端に佇立している乗客の有無，動静に十分注意し，これら乗客に衝突しないように慎重に行動して事故の発生を未然に防止すべき注意義務があるのに，これを怠り，前記2番線に山手線外回り電車が入線間近となった際，前記第1ホームの2番線側ホーム端付近の乗客の有無等に注意を払うことなく，同ホーム中央付近から2番線側ホーム端付近に向けて，飲酒酩酊している状態で，しかもズボンのポケットに両手をつっ込み上体をやや前かがみにした姿勢のままで歩行し，同ホーム端から約1メートル離れて佇立し同電車の到着を待っていた〇〇（当時〇歳）の背部に自己の右肩を勢いよく衝突させた重大な過失により，同人を2番線路上に落下させ，同人をして同線路上を接近して来た前記電車を避けるため3番線路内に逃避することを余儀なくさせ，折から同線路上を走行してきた京

浜東北線北行（大宮行）電車に激突させ，即時同所において，同人を○○，○○等の傷害により死亡させたものである。　　　　（重過失致死）

【解説】
　東京地判昭和56年3月11日判時998・131の事案を基にした記載例である。

事例 47　酔客が線路敷上に転落して圧轢死した事故

　被疑者は，平成○年○月から東京都○○市○○町○○番地所在の○○鉄道株式会社池袋線Ａ駅に勤務し，乗客係として乗客の誘導，案内，整理，乗降時の危険防止などの業務に従事していたものであるが，平成○年○月○日午前０時23分にＡ駅に到着した４両編成の第○○電車を入庫させるため乗客の降車整理に従事中，４両目車両中央座席に甲野太郎（当時○○歳）が酩酊熟睡していたので，同人を起こし中央ドアからプラットホームに降車させたが，このような場合，乗客係としては同人が酩酊の上熟睡から目覚めたばかりで，ふらついて歩行していた状態であり，プラットホームから線路敷上に転落する，あるいは電車発進の際これに接触して転倒するなどの危険も予想されたのであるから，同人が単独でプラットホームにある待合室などの安全な場所に行くことができるかどうかを確認し，また，客扱い終了後車掌に対してその旨の合図をするに当たっては，自己の担当する車両の連結部あるいはプラットホームの近接部を点検注視して線路敷上に転落者などがいないかどうかを確認すべき業務上の注意義務があるのに，これを怠り，漫然前記甲野をプラットホームに降車させたのみで，他の乗客の降車整理に移ったため同人が３両目と４両目の連結部とプラットホームとの間隙から線路敷上に転落し，プラットホームに這い上がろうとして，その上半身をプラットホームに乗り出していたことに気付かず，駅務係○○を介して車掌○○に対して客扱い終了，異状なしの合図を送り，同人をして戸閉操作をさせた上，運転士○○をして前記電車を発進させたため，前記転落箇所においてプラットホームに這い上がろうとしていた前記甲野を４両目右側下部とプラットホームの間で圧轢死させたものである。

（業務上過失致死）

【解説】

　最判昭和41年6月14日刑集20・5・449の事案を基にした記載例である

(第一審判決は**八王子簡判昭和 38 年 12 月 13 日**刑集 20・5・466，控訴審判決は**東京高判昭和 40 年 1 月 25 日**高刑集 18・1・13。いずれも有罪判決であったが，上記最判は，被告人を無罪としたものである。)。

最高裁は，

「乗客係がその業務に従事するに当たって，旅客の中に酩酊者を認めたときは，その挙措態度等に周到な注意を払い，車両との接触，線路敷への転落などの危険を防止する義務を負うことはもちろんである。しかし，他面鉄道を利用する一般公衆も鉄道交通の社会的効用と危険性に鑑み，自らその危険を防止するよう心がけるのが当然であって，飲酒者といえども，その例外ではない。それゆえ，乗客係が酔客を下車させる場合においても，その者の酩酊の程度や歩行の姿勢，態度その他外部からたやすく観察できる徴表に照らし，電車との接触，線路敷への転落などの危険を惹起するものと認められるような特段の状況があるときは格別，さもないときは，一応その者が安全維持のために必要な行動をとるものと信頼して客扱いをすれば足りるものと解するのが相当である。また，係員が客扱いを終了し，その旨の合図を車掌に送るに当たっても，線路敷などに転落者があることを推測させるような異常な状況が認められない限り，このような特殊な事態の発生を常に想定して，ホームから一見して見えにくい車両の連結部付近の線路敷まで逐一点検すべき注意義務があると考えるのは相当ではない。これを本件についてみれば，本件被害者は，座席に眠っていて酒の匂いをさせていたが，被告人から肩を 3 回くらい叩かれて目を覚まし，ちょっとふらふらしながらも自らホームを出て行ったというのであり，この程度では線路敷への転落などの危険性又は転落などの事実を推測させるような特段の状況があったものと断ずることはできない。」

旨判示し，無罪判決を言い渡した。

| 事例 | 48 | 大規模な列車脱線事故 |

　被疑者は，西日本旅客鉄道株式会社（以下「JR西日本」という。）の代表取締役社長として会社の業務執行を統括し，運転事故の防止についても経営会議等を通じて必要な指示を与えるとともに，社内に設置された総合安全対策委員会委員長として，運転事故対策についての基本方針や特に重大な事故の対策に関する審議を主導して鉄道の運行に関する安全体制を確立し，重大事故を防止するための対策を講ずるよう指揮すべき業務に従事していたものであるが，JR西日本では，東西線開業に向けて，福知山線から東西線への乗り入れを円滑にする等の目的で，福知山線と東海道線を立体交差とするなどの尼崎駅構内の配線変更を行い，これに付帯して，福知山線上り線路の右方に湾曲する曲線（以下「本件曲線」という。）の半径を600メートルから304メートルにし，その制限速度が従前の時速95キロメートルから時速70キロメートルに変更される線形変更工事（以下「本件工事」という。）を施行したことにより，通勤時間帯の快速列車の本件曲線における転覆限界速度は時速105キロメートルないし110キロメートル程度に低減し，本件曲線手前の直線部分の制限時速120キロメートルを下回るに至った上，ダイヤ改正により，1日当たりの快速列車の本数が大幅に増加し，運転士が定刻運転のため本件曲線の手前まで制限時速120キロメートル又はこれに近い速度で走行する可能性が高まっていたため，運転士が何らかの原因で適切な制動措置をとらないままこのような速度で列車を本件曲線に進入させた場合には，脱線転覆する危険性が差し迫っていたところ，被疑者においては，JR西日本では半径450メートル未満の曲線に自動列車停止装置（ATS）を整備しており，本件工事によって本件曲線の半径がこれを大幅に下回ったことや，過去に他社の曲線において速度超過による脱線転覆事故が複数発生していたこと等を認識し，又は容易に認識することができており，運転士が適切な制動措置をとらないまま本件曲線に進入することにより，本件曲線において列車の脱線転覆事故が発生する危険性を予

見できたのであるから，前記ダイヤ改正の実施に当たり，ATS整備の主管部門を統括する鉄道本部長に対し，ATSを本件曲線に整備するよう指示すべき業務上の注意義務があったのに，これを怠り，本件曲線にATSを整備しないまま，列車の運行の用に供した過失により，平成○年○月○日午前○時○分頃，福知山線の快速列車を運転していた運転士が適切な制動措置をとらないまま，転覆限界速度を超える時速約115キロメートルで同列車を本件曲線に進入させた際，ATSによりあらかじめ自動的に同列車を減速させることができず，同列車を脱線転覆させるなどして，同列車の乗客106名を死亡させ，493名を負傷させたものである。

（業務上過失致死傷）

【解説】

　平成17年に発生したJR西日本福知山線における列車の脱線転覆事故に係る**最決平成29年6月12日刑集71・5・315**の事案を基にした記載例である。

　同事案の事故の直接の原因は，快速列車の運転士（本件事故で死亡）が，制限時速70キロメートルを大幅に超過し，転覆限界速度をも超える時速約115キロメートルで，列車を事故現場の本件曲線に進入させたことである。この点，本件では，JR西日本の歴代の社長につき，自動列車停止装置（ATS）整備の主管部門を統括する鉄道本部長に対し，事故現場の本件曲線に，あらかじめATSを整備するよう指示すべき業務上の注意義務があったとして，過失責任が問われたものである。

　検察官は，上記鉄道本部長を起訴し，歴代社長を不起訴処分とした。

　しかし，歴代社長は検察審査会の起訴議決により強制起訴となり，指定弁護士が公訴を提起し公判を遂行したところ，第一審の神戸地裁，控訴審の大阪高裁のいずれも無罪とし，上記最決においても無罪とされたものである（なお，上記鉄道本部長についても第一審の神戸地裁で無罪となり，検察官が控訴を断念して確定している。）。

　歴代社長の過失責任については，運転士が適切な制動措置をとらないまま本件曲線に進入することにより本件曲線において列車の脱線転覆事故が発生する危険性を予見することができたかという予見可能性の有無が問題であっ

た。この点について，上記最決は，①本件事故以前の法令上，曲線にATSを整備することは義務付けられていなかったこと，②大半の鉄道事業者は曲線にATSを整備していなかったこと，③後に新省令等で示された転覆危険率を用いて脱線転覆の危険性を判別し，ATSの整備箇所を選別する方法は，本件事故以前は，JR西日本はもとより国内の他の鉄道事業者でも採用されていなかったこと，④JR西日本の組織内において，本件曲線における脱線転覆事故発生の危険性が他の曲線におけるそれよりも高いと認識されていた事情もうかがわれないことなどの本件事実関係の下では，歴代社長において，「管内に2000か所以上も存在する同種曲線の中から，特に本件曲線を脱線転覆事故発生の危険性が高い曲線として認識できたとは認められない。」として予見可能性を否定した。

　なお，指定弁護士は，認識予見の程度について，「運転士がひとたび大幅な速度超過をすれば脱線転覆事故が発生する」という程度の認識で足りると主張した。しかし，上記最決は，本件事実関係の下では，上記程度の認識をもって，本件公訴事実に係る注意義務の発生根拠とすることはできないとした。この点について，補足意見（小貫芳信裁判官）が，「一般に，運転士の曲線における制動の懈怠はあり得ることであり，したがって，転覆事故もあり得る事態であるという程度の認識をもって，曲線にATSを整備するよう指示すべき義務が生じるとすれば，JR西日本管内の数多くの曲線が同時にATSを整備すべき曲線に該当することとなる。しかし，そのように数多くの曲線に同時にATSを整備するよう刑罰をもって強制することは，本件事故以前の法令上，曲線にATSを整備することは義務付けられていなかったこと，大半の鉄道事業者は曲線にATSを整備していなかったこと等の本件事実関係の下では，過大な義務を課すものであって相当でない。どの程度の予見可能性があれば過失が認められるかは，個々の具体的な事実関係に応じ，問われている注意義務ないし結果回避義務との関係で相対的に判断されるべきものであろう。」，「火災発生の危険があることを前提として法令上義務付けられた防火体制や防火設備の不備を認識しながら対策を怠っていた等，一定の義務発生の基礎となる事情が存在する大規模火災事例における予見可能性の問題と，そのような事情が存在したとは認められない本件のそれを同視することは相当ではないと思われる。」としているところは，実務において，予見可能性の有無を検討する際の参考となるであろう。

第8 ガス関連事故

事例 49 老朽化したマンション居室内で発生した一酸化炭素中毒事故

　被疑者は，平成○年○月頃から不動産の賃貸等を業とするＡ建物株式会社の代表取締役として同社の業務全般を統括掌理していたものであるが，同社が所有して賃貸する○市○区○条○丁目○番地所在のマンションＸ（昭和○年○月○日建築，鉄骨鉄筋コンクリート造陸屋根10階建て，全77戸）が老朽化し，各戸の設備・備品として，各居室内に設置されていたガス瞬間湯沸器（以下「湯沸器」という。）及び各居室の天井裏を経て戸外へ通じる燃焼ガスを排出するための金属製排気筒の多数について，同排気筒が腐食して穴が開くなどしていて十分に排気することができず，排気に伴って湯沸器に酸素を供給する仕組みが機能し難い状態になっており，そのまま放置して居住者らが湯沸器の使用を続ければ，湯沸器に不完全燃焼が生じて一酸化炭素が発生し，その一酸化炭素が戸外に排出されずに途中で排気筒から漏れ出して天井裏から室内に還流し，居住者らがこれを吸引して一酸化炭素中毒に陥る危険があったところ，平成○年○月頃，同マンションにガスを供給しているＢガス株式会社が実施した検査の結果，前記の原因から同マンションの多数の居室において，湯沸器に不完全燃焼が生じて一酸化炭素中毒事故が発生する危険があることが判明し，同社からその旨の報告を受け，同事故を防止するためには同マンションの全排気筒を交換することが必要であるとの指摘を受けたのであるから，直ちに同マンションの居住者にその旨注意を喚起するとともに，排気筒を交換するなどし，もって一酸化炭素中毒事故の発生を未然に防止し，居住者の安全を確保すべき業務上の注意義務があるのに，これを怠り，これらの措置をとらずに放置した過失により，同

年○月○日午前○時頃，賃借人C（当時○歳）が居住する同マンション405号室において，同室の天井裏の排気筒の末端部分が腐食のため外壁の排気口と分離するなどしていたため，同室に設置された湯沸器の燃焼に伴う燃焼ガスの排出不良をもたらし，その結果，同湯沸器に十分な酸素が供給されずに不完全燃焼を生じさせ，これにより発生した一酸化炭素を同室天井裏の排気筒から漏れ出させて同室内に還流させ，その頃，同室内において，これを吸引した前記Cを一酸化炭素中毒により死亡させたものである。 　　　　　　　　　　　　　　　（業務上過失致死）

【解説】
　札幌地判平成16年9月27日判タ1198・296の事案を基にした記載例である。この事案においては，被疑者は，Bガス株式会社が作成した「ガス給湯器排気筒点検結果報告」と題する書類を受け取っているが，その内容が，被疑者の予見可能性を認定する重要な証拠となっている。

| 事例 | 50 | 工場内の排水処理場に設置されたジア塩素酸ソーダ貯蔵タンクから塩素ガスが発生した事故 |

被疑者甲野一郎は，○○府○○市△△３丁目△番地に本社及び第一工場を，同市△△１丁目○番地に第二工場を有し，鉄線，針金，釘の製造及びその販売を業とするＸ株式会社に勤務していたが，前記第二工場においては釘製造工程中の電気メッキ作業から生ずるシアン及び酸を含んだ有害な廃水を処理するため，同工場東側敷地内に排水処理場を設け，同所に硫酸，ジア塩素酸ソーダ，苛性ソーダの各薬品貯蔵タンクを設置し，これらの薬品を廃水に添加して中和処理し，これを公共水域に放流するなどしていたところ，被疑者甲野は，平成○年○月頃から倉庫班長代理兼前記排水処理場の責任者として，同施設の維持管理及びこれに付随して同施設で使用する硫酸等の薬品の受入業務に従事していたものであり，被疑者乙野太郎は，平成○年○月頃から○市○区○○７丁目○番地所在のＹ運輸株式会社に自動車運転手として勤務し，同社が薬品会社から運送を委託された硫酸等の薬品をタンクローリー車でその注文先の企業に運搬配達してこれを納入する業務に従事していたものであるところ

第１　被疑者甲野は，平成○年３月26日午前10時20分頃，前記Ｘ株式会社第二工場内排水処理場において，同社が同処理場で中和剤として使用する硫酸をＺ薬品株式会社に発注し，それに基づき同社から委託を受けた前記Ｙ運輸株式会社の自動車運転手である被疑者乙野がタンクローリー車で運搬してきた硫酸約4850キログラムを，同人の作業によって前記排水処理場内に設置された硫酸の貯蔵タンク内に，それに通ずるパイプを通して受け入れようとしたものであるが，同処理場内には，硫酸貯蔵タンクに通ずるパイプの注入口とジア塩素酸ソーダ貯蔵タンクに通ずるパイプの注入口とが，共に同処理場西壁面の高さ約１メートルの位置に，その間隔が約1.2メートルと接近して併設されていた上，両注入口とも塩化ビニール製の同型同色で，注入すべき薬品名の表示も一見して明確でない状況に

あったから，薬品を運搬して来た運転手が両注入口を取り違えてタンクローリー車のホースを接続し，硫酸をジア塩素酸ソーダ貯蔵タンクに注入するおそれがあり，その場合タンク内に残留するジア塩素酸ソーダと注入された硫酸とが化合して塩素ガスが発生し，これが工場外に排出されて周辺住民の生命及び身体に危険を生じさせるおそれがあったのであるから，このような場合，前記X株式会社の受入れ業務担当者としては，前記乙野の注入作業に立ち会い，同人がタンクローリー車のホースを間違いなく硫酸の受入れパイプの注入口に結着したことを確認した上，自ら同注入口の開閉コックを開き，あるいは同人をしてこれを開かせて硫酸の注入を開始し，それが正常に注入し終わるまでこれを監視して，事故が発生しないようその安全を確認すべき業務上の注意義務があるのに，これを怠り，前記受入れの際，自らは前記処理場の出入口の扉を開き，前記乙野を迎え入れたのみで，漫然同人に硫酸の注入を開始させ，その後も正常に注入作業が遂行されているか否かを確認しないまま間もなく同処理場内から立ち去った過失

第2　被疑者乙野は，前同月○日午前10時20分頃から，前記X株式会社第二工場内排水処理場において，前記のように，同社の発注により自己がタンクローリー車で運搬してきた硫酸を同社に納入するに際し，前記排水処理場内の硫酸貯蔵タンク内に，これに接続するパイプの注入口にタンクローリー車のホースを接続してこのパイプを通じて注入しようとしたが，同処理場内に設置されていた硫酸貯蔵タンクの注入口は，前記第1記載のようにジア塩素酸ソーダ貯蔵タンクの注入口に接近併設されていて，その口径も同一であって，その識別表示も鮮明でなかったため，両注入口を取り違え誤ってタンクローリー車のホースをジア塩素酸ソーダ貯蔵タンクの注入口に接続し，そのタンク内に硫酸を注入するおそれのある状況にあり，かつ，その注入を誤ると塩素ガスを発生し，これが工場外に排出されて周辺住民の生命及び身体に危険を生じさせるおそれがあったので

あるから，このような場合，薬品納入担当者としては，自らその注入口の表示標識を確認することはもちろん，立ち会った被疑者甲野を問いただすなどして硫酸貯蔵タンクの注入口であることを確認した上，これにタンクローリー車のホースを結着して硫酸の注入を開始すべき業務上の注意義務があるのに，これを怠り，漫然とその作業にとりかかり，何らの確認方法もとらず，これに立ち会った前記甲野と雑談を交わしながら，ジア塩素酸ソーダ貯蔵タンクの注入口と軽信してこれを取り違え，これにタンクローリー車のホースを結着して注入を開始した過失

の競合により，被疑者乙野において，同日午前10時20分頃から同日午前10時30分頃までの間，前記タンクローリー車の電動コンプレッサーを作動させて濃度62.5％の硫酸約2310キログラムを，有効塩素酸約13.4％のジア塩素酸ソーダ約3960キログラム在中のジア塩素酸ソーダ貯蔵タンク内に注入し，同日午前10時20分頃から同日正午までの間に，両液の化合により塩素ガス約320キログラムを発生させ，その大部分は前記ジア塩素酸ソーダ貯蔵タンク上部のマンホール口から扉の開いていた同処理場の入口を通って，その一部は同タンクの工場外に通ずる排気口等から，それぞれ工場外の大気中にこれを放出させ，折からの風によって○市○○通，△，△，△など約1万6000平方メートルの地域にこれを拡散させ，別紙一覧表記載のとおり，Aほか118名の住民に対し，加療○日間ないし○○日間を要する塩素ガス吸引に基づく急性上気道炎，急性気管支炎，急性咽頭炎，急性皮膚炎等の傷害をそれぞれ負わせたものである。

（業務上過失致傷）

（別紙一覧表は省略）

【解説】

① 大阪地判昭和54年4月17日判時940・17の事案を基にした記載例である。この事件は，甲野が「人の健康に係る公害犯罪の処罰に関する法律」違反（3条2項）で，乙野が業務上過失致傷罪で起訴されたところ，上告

審である最判昭和 62 年 9 月 22 日刑集 41・6・255 は，甲野には上記違反の罪は成立しないとした（上記記載例は，甲野についても業務上過失致傷罪としている。）。

② 「人の健康に係る公害犯罪の処罰に関する法律」3 条 1 項は，「業務上必要な注意を怠り，工場又は事業場における事業活動に伴って人の健康を害する物質を排出し，公衆の生命又は身体に危険を生じさせた者は，2 年以下の懲役若しくは禁錮又は 200 万円以下の罰金に処する」，同条 2 項は，「前項の罪を犯し，よって人を死傷させた者は，5 年以下の懲役若しくは禁錮又は 300 万円以下の罰金に処する」，4 条は，「法人の代表者又は法人若しくは人の代理人，使用人その他の従業者が，その法人又は人の業務に関して前 2 条の罪を犯したときは，行為者を罰するほか，その法人又は人に対して各本条の罰金刑を科する」と規定している。

被疑者甲野に同法 3 条 2 項の罪が成立するのかが問題となったところ，上記最判は，

「同法 3 条 1 項にいう『工場又は事業場における事業活動に伴って人の健康を害する物質を排出し』とは，工場又は事業場における事業活動の一環として行われる廃棄物その他の物質の排出の過程において，人の健康を害する物質を工場又は事業場の外に何人にも管理されない状態で出すことをいい，<u>事業活動の一環として行われる面を有しない他の事業活動中に，過失によりたまたま人の健康を害する物質を工場又は事業場の外に放出するに至らせたとしても，同法 3 条の罪には当たらない。</u>」，「工場の排水処理場において，資材納入業者からタンクローリー車で配達されてきた廃水中和処理剤である硫酸を硫酸貯蔵タンクに受け入れるに際し，同処理場の管理及び薬品受入れ等の業務に従事していた者が，監視を怠ったため，タンクローリー車の運転手において，近くに併設されていたジア塩素酸ソーダ貯蔵タンクの注入口にタンクローリー車のホースを誤って接続して硫酸を注入し，その結果，大量の塩素ガスを発生させ，これを工場外の大気中に放出させて付近住民に傷害を負わせた事故については，工場の排水処理場内で発生したものとはいえ，単に廃水の中和に使用する薬品を工場内に受け入れる事業活動中の過失により発生したものに過ぎず，事業活動の一環として行われている廃棄物その他の物質の排出の過程において人の健康

を害する物質を排出した場合ではないといわなければならないから，本件事故につき同法3条を適用することはできない。」
旨判示した。

第8　ガス関連事故

事例　51　アエロジル製造工場の塩素タンクから塩素ガスが漏れた事故

　被疑者甲野一郎は，○○県○○市○町△丁目△番地に工場を有しアエロジルの製造販売を業とするＸ株式会社に勤務し，工場製造課長としてアエロジル製造業務を掌理し，同課所属従業員を指揮監督して同製造業務及びこれに付随する業務を遂行するとともに，製造課内における作業主任者，保安管理班長の職務を代行して高圧ガスによる危害を予防すべく，アエロジルの製造原料である液塩の受入れ，取扱い等の保安に関する業務を統括し，保安管理員等を指揮監督し，未熟練従業員に対する保安安全教育を実施する職責を有するもの，被疑者乙野次郎は，同工場製造課係員（技師）として，製造課長の指揮監督の下に班長以下の製造課従業員を指揮監督してアエロジル製造業務の一環である液塩受入作業等を遂行する現場作業の監督責任者であるとともに，保安管理員として，前記作業主任者，保安管理班長の職務を代行する前記被疑者甲野の指揮監督の下に，同課内の高圧ガスによる危害を予防すべく前記液塩の受入れ，取扱い等の保安に関する業務を担当し，未熟練従業員に対する保安安全教育を行うべき職責を有するもの，被疑者丙野三郎及び被疑者丁野四郎は，いずれも同工場製造課技術員として，製造課長及び同課係員の指揮監督を受けてアエロジル製造業務及びこれに関連する業務に従事するものであるところ，平成○年○月30日午後1時30分頃から同日午後3時10分頃までの間，同工場塩素室に設置してある2号塩素タンクにタンクローリー車からアエロジルの製造原料である液塩を受け入れる作業を行うに際し

第1　被疑者甲野は，液塩受入れ作業を担当する製造課技術班は，当日3名の所属技術員（被疑者丁野を除く。）のうちＹを除く他の2名が出張あるいは欠勤し不在である上，同班の人手不足を補うため，自己の命をもって同月26日から実習を兼ねて応援すべく同班に配置した被疑者丁野は同受入れ作業に関するバルブの名称，機能，同配管の状況，バルブ操作を誤った場合の具体的危険性等についての知

識に乏しく，的確安全なバルブ操作をする作業能力を有しない上，前記２号タンク上の液塩受入れ，同使用等に関する５個のバルブはそのハンドルの形が全く同型で同色であり，大きさも等しくほぼ同じ高さに近接して配置されていて，バルブ軸に取り付けられたその名称札も小さく汚れていて一見して見やすいものでなかったから，経験未熟者が単独でバルブ操作を行えばその操作を誤るおそれがあり，誤操作のいかんによっては，同タンク内の液塩ないし塩素ガスが同工場内に設置してあるシールポット及び中和塔Ｔ・Ｃ・Ａに至る配管に流出した上，同設備から工場外へ排出され，工場周辺の住民等の生命・身体に危険を及ぼすおそれがあり，また，液塩受入れには相当の時間を要するため，これに従事する従業員が作業の途中で他の従業員と交替勤務することも少なくなく，さらに当日は，前記技術班員を直接指揮監督する立場にある被疑者乙野がその本来の担当職務のほかに他の係員の職務を代行し，かつ，午前８時から午後３時までは一勤の交替班班長の職務も代行していて甚だ多忙の身で精力を多方面でそがれ，その本来の職務の遂行に万全を期し難い状況にあったのであるから，前記丁野を技術班に配置して液塩受入れ作業に従事させるに当たっては，特にバルブ操作を誤って塩素ガス排出の危険を発生させることのないよう，同受入れ作業の担当監督係員である被疑者乙野を指揮して同受入れ作業の経験者が常に前記丁野の指導を行うこととするとともに，前記乙野を通じあるいは自ら，前記丁野と共に作業する経験者に対しては，同経験者の直接指導監視の下にさせる以外には前記丁野にバルブ操作をさせないこと及び作業中同作業経験者が他の作業経験者と交替勤務する場合には同交替者にも前記の趣旨を了知させた上で交替することを，前記丁野に対しては，前記経験者の直接指導監視の下にする以外にはバルブ操作をしないようにすることをそれぞれ指示し，もってバルブの誤操作に起因する液塩の流出，塩素ガスの排出による危険の発生を防止すべき業務上の注意義務があるのに，これらを怠り，漫然前

記丁野を技術班に配置して前液塩受入れ作業に従事させ，後記のとおり２号塩素タンク上のバルブを誤操作するに至らせた過失

第２　被疑者乙野は，前記第１記載のとおりの状況の下において，液塩受入れ作業等についての知識に乏しく，同作業能力に欠ける未熟な被疑者丁野を液塩受入れ作業に従事させるに当たっては，特にバルブ操作を誤って塩素ガス排出の危険を発生させることのないよう同作業の経験者が常に前記丁野の指導を行うこととし，同人と共に作業する前記経験者及び前記丁野に対し，前記被疑者甲野がなすべきと同趣旨の指示をし，もってバルブ誤操作による液塩の流出，塩素ガスの排出による危険の発生を未然に防止すべき業務上の注意義務があるのに，これを怠り，漫然前記丁野を前記液塩受入れ作業に従事させて後記のとおり２号塩素タンク上のバルブを誤操作するに至らせた過失

第３　被疑者丙野は，技術班員Ｙと交替して，同日午後３時５分頃から前記液塩受入れ作業に被疑者丁野と共に従事したものであるが，同人が経験未熟者であることは承知しており，同人に単独でバルブ操作をさせるときは前記第１記載のとおり，バルブ誤操作に起因する液塩流出，塩素ガスの排出により工場周辺の住民等の生命・身体に危険を及ぼすおそれがあったから，バルブ操作は全て自ら行うか，前記丁野にこれをさせる場合には的確安全なバルブ操作を行うよう直接具体的に指導監視し，もってバルブ誤操作による液塩の流出及び塩素ガスの排出による危険の発生を防止すべき業務上の注意義務があるのに，これらを怠り，前記液塩受入れ作業終了時において，自己が高圧エアーパイプ接続導管側のバルブ操作中，前記丁野から「あっちのバルブ閉めようか」と２号塩素タンク上のバルブ操作の申出を受けるや，漫然これを承認して，そのバルブ操作につきこれを直接指導監視することなく，同人に単独でバルブ操作を行わせて後記のとおり同タンク上のバルブを誤操作するに至らせた過失

第４　被疑者丁野は，実習を兼ねて技術班員Ｙ及び同人と途中交替した

被疑者丙野と共に前記液塩受入れ作業に従事したものであるが，前記のとおり，同作業中バルブ操作を誤るときは液塩の流出，塩素ガスの排出を招来して工場周辺の住民等の生命・身体に危険を及ぼすおそれがあったところ，被疑者丁野は塩素ガスの人体に対する有害性を含む塩素の特性については知悉しており，かつ，２号塩素タンク内の液塩の貯留及び同タンクの液塩の出入りが同タンク上及びこれを接続するパイプ上のバルブの「閉」，「開」の各状態において行われることは認識していたものの，これらの各バルブの機能及び配管の状況についての知識はなく，未だ的確安全なバルブ操作をする能力を有しなかったから，これらバルブの操作に当たっては，作業経験者の直接の指導監視の下に的確にバルブを操作し，もってバルブ誤操作による液塩の流出，塩素ガスの排出による危険の発生を防止すべき業務上の注意義務があるのに，これを怠り，前記第３記載のとおり，同受入れ作業終了時において他のバルブを操作中の前記丙野に自己が２号塩素タンク上のバルブ操作をする旨申し出てその承諾を得るや同人の指導監視を受けることなく，安易に同タンク上のバルブ操作を単独で行い，受入れバルブを閉塞すべきところ，誤ってこれに隣接するパージバルブを開放し，これら両バルブを同時に開の状態に置いた過失

の競合により，同日午後３時20分頃から同日午後６時20分頃までの間，前記２号塩素タンク内の液塩を同タンクの受入れバルブ，パージバルブを経てパージライン配管に流出させた上，同工場のアエロジル製造工程中に生成される不要物であるドレンを排出するための設備であるシールポットを経て約374キログラム，同製造工程中の廃ガス排出設備である中和塔Ｔ・Ｃ・Ａ排出口を経て約85キログラム，合計約459キログラムの塩素ガスを大気中に放出し，よって同工場塩素室付近で作業していたタンクローリー車運転手Ａ及びＢの両名に対し，同塩素ガスの吸引により，それぞれ全治約○日間を要する急性上気道炎，急性気管支炎の各傷害を負わせ，かつ，同塩素ガスを折からの風によって同市南西部一帯

に排出させ，別紙一覧表記載のとおり，Cほか○名の住民に対し，加療約○日間ないし約○○日間を要する塩素ガス吸引に基づく同一覧表記載の各傷害をそれぞれ負わせたものである。　　　**（業務上過失致傷）**

（別紙一覧表は省略）

【解説】

　最判昭和63年10月27日判時1296・28の事案を基にした記載例である。この事件も，甲野，乙野，丙野及び丁野の4名は，「人の健康に係る公害犯罪の処罰に関する法律」違反（3条2項）で起訴されたところ，上告審である上記最判は，甲野ら4名には上記違反の罪は成立しないとした（上記記載例は，業務上過失致傷罪に係る犯罪事実である。）。同最判は，前記**最判昭和62年9月22日**刑集41・6・255（第8・事例50の【解説】参照）と同様の立場に立ち，

　「本件事故は，アエロジルの製造原料である液体塩素を工場内の貯蔵タンクに受け入れる事業活動の過程において発生した事故であり，事業活動の一環として行っている廃棄物その他の物質の排出の過程において人の健康を害する物質を排出したことによって発生した事故ではないのであるから，本件事故につき人の健康に係る公害犯罪の処罰に関する法律3条を適用することはできない。」
旨判示した。

　なお，「アエロジル」とは，四塩化ケイ素を水素，酸素に反応させた二酸化ケイ素の超微粒子で，プラスチック，シリコンゴム，塗料，印刷インクなどの品質改良強化目的に利用される添加剤である。本件最判の事案においては，工場において液塩貯蔵タンク（塩素タンク）に受け入れた液塩を気化器に導いて気化させ，塩素ガスとしたものをレシーバータンクより塩酸合成設備に送って水素と燃焼させ，これにより発生した塩化水素ガスを水に吸収させて塩酸を合成し，さらに塩酸ガス発生設備において塩酸ガスとしたものを塩化炉でケイ素合金に作用させて四塩化ケイ素を製造し，これと過剰の水素を燃焼炉で燃焼させてアエロジルが製造されていた。

| 事例 | 52 | 湯沸器の強制排気装置が作動しなかったため多量の一酸化炭素が排出された事故 |

　被疑者甲野一郎は，昭和○年○月○日から平成○年○月○日までの間，○○市○○区○町○番地に本店を置き，ガス器具並びに各種機械器具の製造等を目的とするＸ工業株式会社（以下「Ｘ工業」という。）の代表取締役社長，及び同所に本店を置き，ガス器具並びに各種機械器具の販売等を目的とし，Ｘ工業株式会社と実質的に一体の会社である株式会社Ｙ（以下「Ｙ社」という。）の代表取締役社長又は会長として，Ｘ工業が製造し，Ｙ社が販売する製品の安全確保を含めた両会社の業務を統括していたものであり，被疑者乙野次郎は，平成○年○月○日から平成○年○月○日までの間及び平成○年○月○日から平成○年○月○日までの間，Ｘ工業の取締役品質管理部長等として，同社製品の品質管理，品質保証活動の推進及び顧客クレームの調査に関する事項を統括し，同社製品による死亡及び負傷事故の調査・対策等の業務に従事していたものであり，Ｙ社は，Ｘ工業製品である湯沸器の修理等の代行店契約を締結した者を「○○サービスショップ」と名乗らせ，その修理等に関する業務を同サービスショップが行う旨を全国紙に掲載するなどして，同湯沸器等の使用者に対し，同サービスショップをして適切な修理業務を提供させるべき立場にあったものであるが，同代行店契約を締結し，「○○Ａサービスショップ」の名称を用いてＸ工業が製造する湯沸器等の修理業務を行っていた株式会社Ａの従業員である丙野三郎が，平成○年12月30日頃，東京都○○区○町○丁目○番○号所在のＺマンション１階Ｂ方において，同所に設置されたＸ工業製品である強制排気式ガス湯沸器△△（以下「本件湯沸器」という。）内部にあるコントロールボックスの基板のハンダ割れによる点火不良の修理を行うに際し，強制排気装置が作動しない場合には，湯沸器が点火・燃焼できない構造になっていた同コントロールボックスの端子台の配線を，電源が入っていないため強制排気装置が作動しなくても点火・燃焼が可能となるように改造したことにより，使用者らが本件湯沸器の電源を入れないままこれを点火・燃焼

させた場合，強制排気装置が作動しないため，多量の一酸化炭素が排出されて室内に滞留し，使用者らがこれを吸引して一酸化炭素中毒により死傷する危険が生じていたものであるところ，被疑者両名において，①Ｘ工業は本件湯沸器と同じ構造の湯沸器を6種類製造していて本件湯沸器を含むこれらの強制排気式ガス湯沸器（以下「7機種」という。）においては，内部にあるコントロールボックスの端子台がむき出しの状態で設置されており，容易に前記改造ができる構造になっていたこと，②7機種においては，その内部にあるコントロールボックスに関し，基板のハンダ割れなどによる点火不良が発生し，○○サービスショップの従業員等が，その修理に際して前記改造を行い，昭和○年○月○日頃から平成○年○月○日頃までの間，同改造がなされた7機種の使用において，11件の一酸化炭素中毒による死傷事故が発生して12名が死亡するとともに14名が負傷した事例が存在し，この他にも同改造を行った事例が多数存在する可能性があり，かつ，使用者らが電源を入れずにそのような湯沸器を使用した場合には強制排気装置が作動せず，使用者らが一酸化炭素中毒に陥る危険性が高かったこと，③前記11件の一酸化炭素中毒事故発生の際，Ｘ工業ないしＹ社は，○○サービスショップに対し，多数回にわたり，前記改造を禁止するとともに改造を発見した場合には必ず正規の配線に戻すことなどを求める旨の文書の発出等を実施していたにもかかわらず，新たに平成○年○月○日頃，東京都○区内において前記改造がなされた7機種に含まれる強制排気式ガス湯沸器△△の使用によって2名が一酸化炭素中毒により死亡する事故が発生したこと，をそれぞれ認識し，かつ，Ｘ工業においては，○○サービスショップによる7機種の修理記録を保管するなどし，前記改造がなされたおそれのある7機種の設置場所等を把握することが可能であったのであるから，遅くとも前記③記載の○区内において発生した死亡事故を認識した後の平成○年○月○日頃には，被疑者甲野においては，自らないし被疑者乙野等のＸ工業及びＹ社の両会社の関係部署の担当者らに指示するなどして，被疑者乙野においては，被疑者甲野に進言して指示を仰ぎつつ，自

らないし前記両会社の関係部署の担当者らに指示するなどして，マスメディアを利用した広報等により，X工業が製造しY社が販売した7機種の使用者等に対し，7機種において前記のような改造がなされている可能性があり，その場合，電源を入れずにそのような湯沸器を使用するときは強制排気装置が作動しないので，一酸化炭素中毒に陥る危険性が高いことなどについて注意喚起を徹底し，かつ，前記両会社自ら，又は○○サービスショップをして，全ての7機種を点検して前記改造の有無を確認し，同改造がなされた7機種を回収するなどの安全対策を講ずべき業務上の注意義務があるのに，これを怠り，これらの安全対策を講じず，漫然，平成○年○月○日までこれを放置し続けたそれぞれの過失の競合により，同日，前記B方において，同所に居住していたC（当時○歳）を訪れた実兄のD（当時○歳）が本件湯沸器を使用し燃焼させた際，その電源が入っていなかったことから，本件湯沸器内の強制排気装置が作動しない状態で多量の一酸化炭素が室内に排出されて滞留し，同日頃，同所において，これを吸引した前記Cを一酸化炭素中毒により死亡させ，同じくこれを吸引した前記Dに入院加療○日間を要する○○の傷害を負わせたものである。　　　　　　　　　　　（業務上過失致死傷）

【解説】

① 東京地判平成22年5月11日判タ1328・241の事案を基にした記載例である。この事案においては，被告人は，X工業及びY社において適切な事故防止対策を講じている上，ガス事業者が，経済産業省の指導の下で適切な対策を講じていると認識していたから，被告人には予見可能性がない旨主張したが，これらは排斥された。

② いわゆる都市ガス事業者（ガス事業法に基づき一般の需要に応じ導管によってガスを供給する事業を営む者）について，ガス事業法159条2項は，「ガス小売事業者は，経済産業省令で定めるところにより，その供給するガスに係る消費機器が経済産業省令で定める技術上の基準に適合しているかどうかを調査しなければならない。ただし，その消費機器を設置し，又は使

用する場所に立ち入ることにつき，その所有者又は占有者の承諾を得ることができないときは，この限りでない。」と規定し，同法施行規則200条が調査の頻度等について規定している。

　また，液化石油ガス販売事業者（液化石油ガスとは，「プロパン，ブタンその他政令で定める炭化水素を主成分とするガスを液化したもの（その充てんされた容器内又はその容器に附属する気化装置内において気化したものを含む）をいう。」〔液化石油ガスの保安の確保及び取引の適正化に関する法律2条1項〕）について，同法27条1項柱書は，「液化石油ガス販売事業者は，その販売契約を締結している一般消費者等について次に掲げる業務を行わなければならない。」と規定し，同項2号は，「消費設備を調査し，その消費設備が第35条の5の経済産業省令で定める技術上の基準に適合しないと認めるときは，遅滞なく，その技術上の基準に適合するようにするためにとるべき措置及びその措置をとらなかった場合に生ずべき結果をその所有者又は占有者に通知する業務」と規定し，同法施行規則37条は，（販売契約を締結している一般消費者等の）消費設備に関し，消費設備の種類ごとに，調査事項と調査回数を規定している。

　したがって，上記東京地判のような事案においては，当該湯沸器について，ガス事業者や液化石油ガス販売事業者は，法律上，どの程度の間隔で点検をすることになっていたのか，その点検項目は何かなどについてしっかり把握し，これら事業者において，上記のような改造がなされていることを確認できたのか否かに関して捜査しておく必要がある（上記東京地判をみると分かるように，点検項目等については経済産業省の通達・告示の内容を把握する必要があるので，同省関係者の取調べも必要となる。）。さらに，上記東京地判のような事案で，過去にも同種の事故が発生しているような場合，国はどのような対策等を講じてきたのか等についても捜査する必要がある（被疑者に過失責任が認められるにしても，量刑に影響する場合があるからである。これについては，過去の事故について国に報告されていたのか，これに対して国はどのような対策等を講じてきたのか，その対策は十分であったのか等について十分な捜査が必要となろう。）。

| 事例 | 53 | 家屋改修工事を担当した者がガス導管を撤去したため，改修工事後に入居した家人が一酸化炭素中毒で死傷した事故 |

　被疑者甲野太郎は，株式会社X工務店の工事部長として同工務店が施工する建築工事の設計並びに監理を担当していたもの，被疑者乙野次郎は，同工務店に大工として雇用されていたものであり，共に同工務店がAから請け負った東京都○○区○○△丁目○番○号所在の同人所有の木造モルタル塗り２階建て家屋の改築工事の施工に当たって，被疑者甲野は，同工事の監督責任者，被疑者乙野は，被疑者甲野の下で他の大工１名と共に実際の工事作業者にそれぞれなったものであるが，同工事においては，同家屋２階中央の台所部分を居室に改修するため，同所に敷設してあった床板の上に約70センチメートルにわたり垂直に突出した都市ガス用導管（内径約２センチメートル）を撤去する必要を生じたが，これを撤去した場合にはガス漏えい等の危険があるから，その撤去はガス事業者にこれを依頼してその施工を受けるべきであり，自らその撤去を行った場合には直ちにガス事業者にその旨を通報して危険の発生を未然に防止すべき注意義務があるのに

第１　被疑者甲野は，平成○年２月20日頃から前記改修工事の施工を開始し，被疑者乙野をしてその作業に着手させたのに，その頃ガス事業者に対し，前記ガス導管撤去の依頼を行わず，また，同月23日頃，前記乙野から前記ガス導管を自ら撤去し，その取り外し部分が開口したままにしてある旨を告げられたにもかかわらず，前記家屋に家人が入居するまでに間があることに気を許し，これを直ちにガス事業者に通報してガス漏えいを防止するための工事施工を手配することなく，漫然放置し，その後前記改修工事を終了し前記家屋を注文者である前記Aに引き渡すまでの間，前記ガス導管開口部分の閉塞その他その撤去に伴う措置が安全確実になされていることの点検確認を怠った重大な過失

第２　被疑者乙野は，同月23日頃，前記家屋２階の床板を張る作業に従事中，床の上に突出していた前記ガス導管を作業に差し支える

として，自ら2階床下のガス導管との接合部分から取り外して撤去し，これにより床下に残されたガス導管の一端が開口したままになり同家屋戸外軒下にあるガスの元栓を開けば同開口部分からガスが流出する状態になったことを十分認識していたにもかかわらず，その頃被疑者甲野に対し，同ガス導管を自己が直接撤去したのでガス事業者に対し通報する必要がある旨伝えたのみで，その後前記家屋を前記Aに引き渡すまでの間，被疑者甲野が実際にこれをガス事業者に通報して現実にガス事業者により危険防止の措置がとられたか否かを確認し，さらに，前記甲野を介し，あるいは自らガス事業者に通報し確実にガス事業者による前記開口部分の閉塞工事の施工を受けるなど必要な措置をとらないまま漫然放置した重大な過失の競合により，同年6月6日，前記ガス導管の一端が開口したままになっていることを知らずに前記家屋に前記A及びその妻Bが入居し，翌7日午後2時頃，Aが同家屋外軒下にある前記ガス導管の元栓を開いたため，同家屋2階床下に都市ガスを放出させ，よってこれに気付かないまま同日午後9時頃から同家屋2階西側四畳半の間に就寝睡眠した前記両名にガスを吸引させ，よって，A（当時○歳）に対し，全治約1週間を要する一酸化炭素中毒の傷害を負わせるとともに，翌8日午前○時頃，B（当時○歳）を一酸化炭中毒により死亡させたものである。

（重過失致死傷）

【解説】

東京地判昭和47年7月3日判タ283・254の事案を基にした記載例である。

この判決は，乙野の過失に関し，

「乙野が本件ガス導管を自ら取り外して撤去した後，この事実を甲野に告げ，同人に対し，ガス事業者への通報を依頼したことは判示認定のとおりであるが，弁護人は乙野が前記のようにその事実を工事監督責任者の甲野に告げ，その事後措置を依頼した以上，乙野としては，その責務を果たしたことになり，爾後は専ら甲野の責任において処理すべきものとなった旨主張する。

しかしながら，乙野が行ったガス導管取り外し行為それ自体が本件結果発生の直接の原因であるのみならず，建築工事の過程でガス導管の撤去が必要な場合には必ずガス事業者にその処置を依頼しその撤去を受けるべきであって，ガス事業者以外のものが自らガス導管を勝手に取り外すべきでないことはガス事業法の規定を待つまでもなく建築工事関係者にとって，いわば常識ともいうべきことであり〔関係者の公判供述及び供述調書がある。〕，乙野が判示のように同家屋戸外軒下にあるガス元栓を開けば，ガス流出することを十分認識しながら，自ら勝手に本件ガス導管を2階床下部分から取り外し，その開口部分をそのままに放置しておいた所為は，たとえ，後日ガス事業者により正規の撤去工事がなされると考えていたとしても，まさに前記の常識を著しく外れた異例なものというほかない。そして，乙野が自らこのような重大かつ危険な所為をした以上，それに基づく危険の発生を未然に防止するための真摯な努力をなすべき義務を有することは当然であって，それは，単にその事実を当該建築工事の監督責任者である甲野に告げ，同人に対しガス事業者への通報を依頼したのみでは足りず，甲野が果たしてこれに応じてその通報をなし，その結果，現実にガス事業者により適切な安全措置がとられて，前記の危険が解消したか否かを確認し，もし，その措置がとられていない場合には，直ちに自らガス事業者に直接通報し，速やかにその措置がとられるよう万全の努力を尽くすべきであり，判示のようにその後の努力を全く尽くさなかった乙野には重大な過失の存することが明白である。」
旨判示した（なお，ガス事業法193条は，「ガス事業者の承諾を得ないでみだりにガス工作物の施設を変更した者は，50万円以下の罰金に処する。」と規定している。）。

| 事例 | 54 | 都市ガスの熱量変更によるガス器具調整作業に過誤があったため一酸化炭素が排出された事故 |

　被疑者甲野一郎は，平成○年○月から，ガスの製造及び供給，ガス副生物の精製及び販売，ガス器械製作及び販売等を目的とするＸガス株式会社（以下「Ｘガス」という。）の専務取締役として同社の本社が所在する○市に常駐して同社の平常業務を統括するとともに，Ｘガスが平成○年10月○日を期して同市の需要家に供給する都市ガスの熱量を１立方メートル当たり3600キロカロリーの４Ｃガスから同5000キロカロリーの６Ｂガスに変更する旨の熱量変更計画を逐次立案・実施していくに当たり，平成○年３月以降はカロリーアップ委員会委員長として，さらに同年６月以降は熱量変更本部本部長として，各需要家の保有するガス器具を６Ｂガスに適合するよう調整する作業を含む供給ガス熱量変更計画の立案・実施の業務全般を指揮統括する業務に従事していたもの，被疑者乙野次郎は，平成○年○月から，Ｘガスの営業部営業技術課長として，平成○年３月以降は前記カロリーアップ委員会事務局員として，また同年６月以降は前記熱量変更本部の下に設置された熱量変更推進部技術局長として，さらに全期間を通じてＸガスにおける熱量変更の専門技術者として，各需要家の保有するガス器具を６Ｂガスに適合するよう調整する作業の立案・実施を指導統括する業務に従事していたもの，被疑者丙野三郎は，平成○年７月にＹ株式会社からＸガスに応援派遣され，約１週間教育を受け，同年８月１日以降は各需要家を訪問してその保有するガス器具を６Ｂガスに適合するよう調整する現場作業の業務に従事していたものであるが

第１　被疑者甲野，被疑者乙野は，各需要家の保有するガス器具を６Ｂガスに適合するよう調整する前記作業に調整欠落，調整不良などの調整過誤があるときは，熱量変更後需要家らが調整過誤に係るガス器具を使用した場合，ガスの不適合から不完全燃焼により多量の一酸化炭素が発生し，その結果同需要家らが一酸化炭素中毒により死傷するおそれがあったのであるから，前記調整作業の立案・実施に

際し，まず，調整作業開始前に各需要家の保有するガス器具につきその種類，型式，台数，必要部品等を調査するいわゆる器具の事前調査を行い，できるかぎり正確にあらかじめ作業対象を示し，現場で調整作業に従事する者が十分な準備の下に効率的かつ円滑に作業を進められるよう配慮し，かつ，前記事前調査によって各種ガス器具の数量とその分布状況等を知った上，各ガス器具ごとの調整に要する時間を適正に算出し，全体及び各地区の作業量，作業内容を的確に把握するとともに，Xガス社員，ガス事業関連会社からの派遣社員，学生アルバイト等種々の者から構成される現場作業員は大部分が調整作業の未経験者であってその作業能力等には相当のばらつきがあり得ることをも考慮し，余裕のある作業負荷を定めて必要な現場作業員を確保するなどし，現場作業員をして，終始十分な事前準備と適正な作業負荷に基づくゆとりある状況下で確実に調整作業を行わせ，万が一にも，これら作業員が準備不足や負荷過重から定められた手順を外れた措置をとったり，ずさんな作業をして危険な調整過誤を引き起こしたりすることのないような対策を講じ，あるいは，あり得べき現場作業員の調整過誤に備え，調整作業の際ないしその後6Bガス供給開始までの時点において，調整作業を直接担当した者以外のしかるべき係員をして，各需要家のガス器具につき調整過誤を発見，是正させるいわゆる事後点検の対策を講ずるなどし，もって，熱量変更後需要家らに対し調整過誤に係るガス器具を使用させて一酸化炭素中毒による死傷事故を発生させることがないよう万全の措置を講ずべき業務上の注意義務があるのに，そもそも調整過誤は容易に生じ得るものではなく，仮に調整を担当する現場作業員が何らかの過誤を犯したとしても，それがそのまま看過されて熱量変更後一酸化炭素中毒による死傷事故等の大事を招来するような事態になることはなく，燃焼上若干の不具合が生じるものが出る程度であり，したがって前記万全の措置を講ずるまでの必要はなく，現場作業員に点火試験の励行等を指示するとともに，需要家ら

から燃焼上の不具合に関する苦情申出などがあった場合にこれを受けて対処し，あるいは熱量変更後各需要家を巡回して異常の有無を尋ねることなどによって危険を防止し得るものと軽信して，前記注意義務を怠り，平成○年10月○日を期日とする熱量変更の実施を急ぐ余り，一般家庭の需要家につき器具の事前調査を行わず，Xガスが平成○年○月から○月にかけて営業上の必要から行った概括的な器具調査の結果を基本とし，これにメーカーの器具販売台数，需要家の伸び率，器具の普及率等を参酌して器具数等を推計し，これをもって前記事前調査に代え，調整を要する家庭用器具全体の大まかな数は把握し得たものの，調整作業に従事する現場作業員に対し，作業対象をあらかじめ的確に把握させることができず，しかも，個々の器具の調整に要する時間を適正に算出し，現場作業員の作業能力，事前調査を行わないことの作業効率に対する影響等を十分考慮した余裕のある作業負荷を採用せず，その結果，現場作業員をして，十分な準備どころか，現場に行ってみなければ何がどのくらいあるのかも分からないような状況下で，しかも連日残業をしなければ消化し得ない過重な負担を課すという，極めて調整過誤を誘発しやすいゆとりのない状況下で作業を行わせ，かつ，そのような状況下では当然あり得べき現場作業員の調整過誤につき，調整作業を直接担当した者以外のしかるべき係員をして，これを発見，是正させる事後点検も行わない調整作業計画を立案・実施した過失により，後記第2の被疑者丙野による調整過誤を誘発するとともに，これを看過した過失

第2　被疑者丙野は，平成○年○月○日頃，○市○区△条△丁目○番地○○マンション1階3号室A方において，同人方のガス用風呂釜の調整作業を担当した際，同風呂釜については，パイロットノズルを△△のものと交換するほか，メインノズルに口径3.9ミリメートルのインサートを打ち込んでガスの噴出量を減少させるよう調整しなければ，熱量変更後に需要家らがこれを使用した場合，ガスの不適

合から不完全燃焼により多量の一酸化炭素が発生し，前記需要家らが一酸化炭素中毒により死傷するおそれがあったのであるから，所定の方法により完全に調整を実施し，もって，前記一酸化炭素中毒による死傷事故を未然に防止すべき業務上の注意義務があるのに，これを怠り，メインノズルのあるバーナー部分を取り出そうとしたところ，バーナー下部にある2本のビスが堅く固着していて容易に取り外すことができなかったため，メインノズルに所定のインサートを打ち込んでおらず，単にパイロットノズルを所定のものと交換しただけであったにもかかわらず，次の作業を急ぐ余り，調整を完了したものと思い込み，調整済みのシールを同風呂釜に貼付するとともに，所属の作業基地に作業結果を報告するためのガス器具調整カードにも，前記A方の器具調整は全て完了した旨の記載をし，適正に調整を行わなかった過失

の競合により，熱量変更後の平成〇年〇月〇日午前0時過ぎ頃から同日午前3時頃までの間，前記〇方において，事情を知らない同人（当時〇歳）及びたまたま来訪していたB（当時〇歳）をして，調整過誤に係る前記風呂釜を使用するに至らせて，ガスの不完全燃焼により多量の一酸化炭素を発生させ，よって，その頃，同所において，前記両名を一酸化炭素中毒によりそれぞれ死亡させたものである。　　　（業務上過失致死）

【解説】

札幌地判昭和61年2月13日判タ592・54の事案を基にした記載例である。

第8　ガス関連事故　173

| 事例 | 55 | 工場内で可燃性ガスが噴出し，爆発した事故 |

　被疑者甲野一郎は，○○市○○△丁目△番△号に本社を置き，同所にある本社工場ほか1箇所に工場を有し，繊維用糊剤，柔軟剤，金属工作油剤等の製造販売を営業目的とするA化学工業株式会社の製造部に所属し，本社工場生産技術課長代理として同社技術研究所で研究開発し，同所で製造仕様書，研究報告書等を作成している新製品につき同社で制定している製品初期管理規定に基づき量産化するに必要な製造技術及び製造設備の調査，研究，試作等を実施し，初期量産のための製造方法を策定し，作業標準書を作成してこれに基づき担当者をして製造に当たらせる等の業務を掌理していたもの，被疑者乙野次郎は，同課第二係長として，被疑者甲野を補佐し，前同様の業務に従事していたものであるが，被疑者両名は，同社技術研究所が製品の低価格化を目的として新規に研究開発し，同社において量産化を計画していた製品名「X」2000キログラムを本社工場内第6工場に設置された容量5000リットルのC○○号反応釜を使用して製造するに際し，前記「X」がアクリル系の高濃度糊剤であり，これまで同社で製造してきた「Y」や「Z」よりも濃度が高い上，その製法も原料であるアクリル酸メチル等を反応釜に仕込み，これに溶剤である「△△」と反応開始剤である「○○」を加えて蒸気加熱しながら撹拌し，その際，仕込原料の沸騰気化蒸気を反応釜に付置されたコンデンサーで冷却凝縮させ釜内に還流循環させることによって重合反応熱を除去し，反応温度を仕込原料の共沸点で制御しつつ重合反応を起こさせるいわゆる溶液重合法によって製造するものであって，その製造に際し，仕込原料の反応熱量が反応釜の冷却熱量を超える等温度管理を誤れば，釜内において仕込原料の反応熱が増大し温度制御が困難となり反応釜から仕込原料の気化した可燃性ガスが噴出し外気中で火源に触れ爆発する危険があり，かつ，これを認識していたのであるから，被疑者両名としては，あらかじめフラスコ実験等により，「X」の反応特性，特に製造過程における総発熱量，反応速度，単位時間当たりの発熱

量を検討し，かつ，製造に使用する前記Ｃ〇〇号釜のコンデンサー等の冷却能力を調査検討して「Ｘ」2000キログラムの製造に伴う安全性を確認した上で製造に着手するなどして前記のような爆発事故の発生を未然に防止すべき業務上の注意義務があるのに，いずれもこれを怠り，「Ｘ」が従来製品化されていた他の高濃度糊剤と特段変わったものではないと安易に考え，仕込原料の反応熱量や製造に使用する前記Ｃ〇〇号釜の冷却能力について十分な調査検討を行わないまま単に攪拌状態の検討を中心としたフラスコ実験や構造の異なるコンデンサーを付置したＣ△△号反応釜で試作をしたのみで前記Ｃ〇〇号釜を使用し「Ｘ」2000キログラムの製造に着手することにし，被疑者乙野において仕込原料の数量，製造方法等を記載した製造作業標準書を作成し，被疑者甲野においてこれを承認した上，本社工場製造課員をして製造させた過失により，平成〇年〇月〇日午前8時30分頃，同課員が，作業標準書の記載に従って前記Ｃ〇〇号釜にアクリル酸メチル約1161リットル，アクリル酸約61リットル，メタアクリル酸約21キログラムを仕込み，これに〇〇アルコール約507リットルを加え，かつ，前記作業標準書の記載に従ってこれを攪拌しながら加熱し，さらに過酸化ベンゾイル約12キログラムを加える等して，「Ｘ」2000キログラムの製造を開発した結果，反応温度である摂氏76度に達して間もなく仕込原料の単位時間当たりの発熱量が前記Ｃ〇〇号釜のコンデンサー及びジャケットの冷却能力を上回り，同釜内の温度及び圧力が上昇して反応速度を速める等の異常反応を引き起こし，その急激な圧力上昇のため，同釜のコンデンサーや配管の継目部分を破損し，アクリル酸メチル，〇〇アルコールなどの可燃性ガスをその破損箇所から釜外へ噴出させ，同日午前9時26分頃，噴出した可燃性ガスが前記第6工場内のコンプレッサーのマグネットスイッチ又はフォークリフトの電気系統のいずれかから発生した火花に触れて爆発するに至らせ，よって，同爆発に伴う高熱及び爆風等の衝撃により，同工場内で作業中のＡ（当時〇歳）に〇〇〇等の傷害を負わせ，即時同所で死亡させ，同じくＢ（当時〇歳）に〇〇の傷害を負わせ，同年

○月○日午前○時○分頃,同市○町○通△番地所在の△△病院において,前記傷害に起因する○○により死亡させたほか,別紙一覧表記載のとおり,○ほか○○名に同表記載の各傷害を負わせたものである。

(業務上過失致死傷)

(別紙一覧表は省略)

【解説】
　大阪地判昭和57年8月27日判時1076・156の事案を基にした記載例である。

| 事例 | 56 | 空港ビル増築工事現場において発生したガス中毒事故 |

　被疑者は，○○ガス株式会社に業務課長心得兼空港営業所長心得として勤務し，同社が○県○○郡○○町○○番地に設置する空港団地特定製造所のガス主任技術者に選任され，ガス工作物工事に部下をして従事させていたもので，同町○○番地所在の○○空港国内線ターミナルビルの増築工事に当たり，前記空港団地特定製造所から前記空港施設に液化石油ガスを供給するために埋没されたガス送導管に付設する水取器が，前記増築工事の支障となることから，同水取器撤去工事の責任者として，平成○年○月○日午後９時30分頃から，前記増築工事現場において作業を開始したところ，ガス工事に際しては，漏えいしたガスにより，中毒あるいは酸素欠乏等の事故の危険が高いため，ガスの漏えいを防止する措置を講じた上で実施するのが原則であって，しかも同作業では，水取器を埋設した位置を中心に縦約2.6メートル，横約2.3メートル，深さ約1.6メートルの穴を掘削し，さらに水取器を露出させる，いわゆる「えぐり掘り」の工法を採用しており，前記撤去作業は手さぐりの状態で行うため，器具の取付けに手間取ると予想以上の時間を作業に費やし，その間に漏出したガスは，強制的に換気しなければ穴底に滞留することから，同穴の底部で作業する従業員が，これを吸引するなどして，その生命身体に危害が及ぶおそれが予見できたのであるから，送導管のバルブを閉めるなどして，作業区域へのガス流入を確実に遮断した上，穴底に漏出した送導管からの残存ガス等は，送風機等の装置により地上に排気して作業現場の換気を行うなどの措置を講じて作業の安全を確保し，危険の発生を未然に防止すべき業務上の注意義務があるのに，これを怠り，自己の経験と技術を過信して，多少のガス漏出はあるものの事故なく工事ができるものと軽信し，ガス流入遮断措置はもとより，換気装置による排気等の措置を講じることなく，漫然と水取器の撤去作業を開始した過失により，水取器撤去後に行う器具のネジ止めに手間取り，ガスを漏出し続けさせ，同所で水取器撤去作業中の前記○○ガス株式会社社

員A（当時〇歳）及び同社社員B（当時〇歳）と同人らを救出しようとした同社社員C（当時〇歳）を酸素欠乏症の状態に陥らせ，よって，同日午後10時35分頃，収容先の同県〇郡〇町〇〇番地△△病院において前記Aを，翌18日午前9時頃，同病院において前記Bを急性酸素欠乏症により，それぞれ死亡させ，前記Cに加療約〇日間を要する急性酸素欠乏症による傷害を負わせたものである。　　　　（業務上過失致死傷）

| 事例 | 57 | ホテル増改築工事における，プロパンガスのガス分岐配管工事によってガス漏れが発生して爆発した事故 |

　被疑者は，平成○年○月から冷暖房・給排水・ガス配管等の設備工事等を目的とする株式会社Ｘに配管工として勤務し，同社が，平成○年○月，株式会社Ｚ組において受注した○○市○条○丁目○番地所在のＹホテルの増改築工事のうち冷暖房・給排水・ガス配管工事（以下「本件空調設備工事」という。）を下請業者の株式会社Ｗ設備からいわゆる孫請業者として請け負った際，同工事を施工する業務に従事していたが，同ホテルにはその１階南側面に接してプロパンガスのボンベ室があり，同室にはプロパンガスボンベが６本設置されており，プロパンガスは，同ボンベ室から地下に構築されたピット室を通って同ホテル西側パイプシャフト室を経て６階レストラン厨房に直結されたガス管内を通過して同厨房のガス燃焼器に供給されていたところ，平成○年12月２日午前10時頃，前記Ｙホテル１階に新設されるレストラン厨房に，前記ガス配管から配管を分岐してガスを引くガス分岐配管工事を開始するに際し，同ホテル１階に新設中のレストラン西側前床面のピット室の蓋を外して同ピット室内に入り，同室南側のガス配管状況を確認し，分岐配管をする箇所，その方法等を検討した後，同ホテルのプロパンガスの供給を管理していたボイラーマンに指示してプロパンガスの元栓を閉鎖させた上，同日午後０時30分頃までの間，前記ピット室において金鋸を使用して既存のガス管のソケットとエルボ（いずれもガス管とガス管を接合するねじ込み式の金具）で接合されていた部分の中央部付近を切断し，これら金具を外して２本になったガス管を搬出して同ホテル西側の洗車場に搬出した上，同ガス管をさらに切断し，諸資材を使用してチーズ（３本のガス管を接合するねじ込み式の金具），フランジ（２本のガス管をパッキングを入れ双方からボルトで締めて接合する金具）等を取り付ける組立作業を行ってガス管をピット室に搬入し，同室内のガス配管に取り付けたが，同日午後２時30分頃，前記ピット室において，前記ガス分岐配管のガス漏れ検査をすべく，前記ボイラーマンにプロパンガスの供給を開始す

るよう依頼し，同ピット室南側の前記分岐配管工事を施した部分のガス漏れ検査を実施したところ，前記配管フランジの部分から多量のプロパンガスが漏出しているのを自ら発見し，このまま放置すれば，漏出したプロパンガスが引火爆発する事故が発生する危険があることを察知したのであるから，このような場合，前記のような業務に従事する配管工としては，直ちに前記ボイラーマンに対し，ガス漏れの事実を告げ，ガスの元栓を閉めるなど漏出箇所へのガスの供給を絶つ処置をとるべく促してガスのこれ以上の漏出を防ぎ，火器類等火源となり得る機器を使用している作業員らに対し，ガス漏出の事実を告げてガス爆発の危険が生じていることを知らせるとともにその機器の使用を中止するよう声を掛けてその危険の回避方注意を喚起し，爆発事故の発生を未然に防止すべき業務上の注意義務があるのに，これを怠り，自らは，前記ピット室を出て，同室内で使用していた作業灯への電流を絶つべく，コードを引き抜いた上，自ら前記ボンベ室に赴き，同所のプロパンガスボンベの4つの供給バルブの開閉状況を確認し，開いていたバルブを閉めて前記ボンベからのガス供給を絶つにとどまり，同ホテル1階フロア部分で当時火器類等火源となり得る機器を使用して作業をしていた作業員らに対し，前記のガス漏出によるガス爆発の危険発生の告知並びにその危険の回避方注意を喚起する措置をとらなかった過失により，同日午後1時35分頃から同日午後2時25分頃までの間に漏出した約8.33キログラムないし10.33キログラムのプロパンガスが空気と混合希釈して拡散し，同ホテルに新設中のレストラン西側前床面の同ピット室出入口から同ホテル1階フロアに漏れ出し，爆発限界内に達したプロパンガスが，同日午後3時5分頃，同1階フロアで作業中のAら他の作業員らが同所で使用していた電気溶接機，溶接ホルダー，ジェットヒーター，電動ピックのいずれかの火源に触れて引火し，瞬時に前記漏出プロパンガス全体の爆発を引き起こし，よって，いずれもその頃，同ホテル1階北側ロビーにおいて作業中の〇〇（当時〇歳）を，△△，△△を伴う全身打撲により，同人と共に同所付近で作業中の〇〇（当時〇歳）及び1階機械室で作業を

していた前記ボイラーマン〇〇（当時〇歳）をいずれも〇〇の傷害により，それぞれ即死させたほか，別紙負傷者一覧表記載のとおり，〇（当時〇歳）ら12名に対し，それぞれ傷害を負わせたものである。

（業務上過失致死傷）

（別紙負傷者一覧表は省略）

【解説】
　釧路地網走支判昭和56年3月27日刑裁月報13・3・271の事案を基にした記載例である。

事例 58　地下送水管新設工事中にメタンガスが引火爆発して作業員が死傷した事故

　被疑者甲野一郎は，土木建設工事請負業を営むX建設株式会社東京支店の従業員で，X・Y・Z建設共同企業体（代表X建設株式会社。以下「共同企業体」という。）が，平成3年○月○日，東京都から請け負った，同都K区○○△番地所在の内径約9メートル，深さ約31メートルの立坑を起点として，上流側の同区○1丁目○番地所在のH給水所まで約1016メートル，下流側の同区△1丁目○番地先まで約1428メートルにわたり，泥土圧式シールド掘進機を使用した泥土圧式シールド工法により地中を掘進し，土砂を坑外に搬出して，型枠（セグメント）を組み込み，内径約2.7メートルのトンネルを構築する「H給水所K区○1丁目地先間送水管新設その2工事」（以下「本件トンネル築造工事」という。）の現場代理人兼共同企業体工事事務所の実質責任者として，同工事全般を統括管理する業務に従事していたもの，被疑者乙野次郎は，土木工事請負業を営むW建設株式会社（以下「W建設」という。）の従業員で，同社が，本件トンネル築造工事のうち，共同企業体から請け負い施工する前記泥土圧式シールド工法によるシールド掘進工事（以下「本件掘進工事」という。）の現場代理人として，同工事における坑内作業員等に対する安全管理等の業務に従事していたもの，被疑者丙野三郎は，W建設の従業員で，本件掘進工事の係員として，被疑者乙野の指示の下，主として夜間における坑内作業員に対する安全管理等の業務に従事していたものであるが，本件掘進工事現場では，シールド掘進機による土砂の掘削に伴ってメタンガス等の有害ガスが噴出し，爆発事故等が発生するおそれがあったのであるから

第1　被疑者甲野は，本件トンネル築造工事の現場代理人兼共同事業体工事事務所の実質的責任者として同工事を進めるに当たり，シールド掘進機付近にメタンガス等の検知器を置いてその濃度を測定し，計測数値が一定値に至ると自動的に警報を発するガス検知警報器及び記録計を地上立坑脇の中央監視室に設置した上，シールド掘進機

付近にも同警報器と連動して作動する自動警報器を設置して，坑内作業員に危険の発生を直接知らせる措置をとるとともに，掘削作業中は，常時中央監視室に専任の監視員を配置し，ガス検知警報器及び記録計の計測数値等を監視して坑内におけるメタンガス等の発生の有無を確認させ，メタンガス等が噴出して爆発事故等が発生する危険が生じた場合には，直ちに坑内に電話して，坑内作業員らに対し，即刻作業を中止して火気その他火源となるおそれのある機械等の使用を一切停止し，直ちに安全な場所に退避するよう指示して，その退避等を確実にさせるなどの爆発事故等防止対策を策定し，W建設ら下請業者等にこれを確実に実行させるべき業務上の注意義務があるのに，これを怠り，平成4年○月○日頃から，中央監視室にガス検知警報器及び記録計を設置したものの，メタンガス等の噴出の可能性が低いものと軽信し，シールド掘進機付近に自動警報器を設置することも，夜間の作業中，中央監視室に専任の監視員を配置することもせず，前記爆発事故等防止対策を策定してその実行を指示することもしないまま，中央監視室での監視を下請業者に任せきりにして，漫然と本件トンネル築造工事を進めた過失

第2　被疑者乙野は，平成4年○月○日頃から，W建設の現場代理人として，本件掘進工事における安全管理等の業務に従事するに当たり，中央監視室にガス検知警報器等が設置されていたが，シールド掘進機付近に自動警報器が設置されていなかったのであるから，中央監視室での監視等に際しては，常時専任の監視員を配置した上，監視員に，ガス検知警報器及び記録計の計測数値等を監視して坑内におけるメタンガス等の発生の有無を確認させるとともに，メタンガス等が噴出して爆発事故等が発生する危険が生じた場合には，直ちに坑内に電話して，坑内作業員らに対し，前記第1のとおり作業の中止及び退避を指示して，その退避等を確実にさせるなどの爆発事故等防止対策を徹底させるべき業務上の注意義務があるのに，これを怠り，平成5年○月○日午後4時過ぎ頃から，専任の監視員を

配置せず，未成年で経験が浅く，臨機の対応が困難な被疑者丙野を，前記爆発事故等防止対策について何らの指示もしないまま，漫然と単独で安全管理等の業務に従事させた過失

第3　被疑者丙野は，平成5年○月○日午後4時過ぎ頃から，本件掘進工事の係員として，単独で，同工事における安全管理等の業務に従事するに当たり，中央監視室にガス検知警報器等が設置されていたが，シールド掘進機付近に自動警報器は設置されておらず，また，当時中央監視室に専任の監視員が配置されていなかったのであるから，掘削作業中は，中央監視室において，ガス検知警報器及び記録計の計測数値等を監視して坑内におけるメタンガス等の発生の有無を確認するとともに，メタンガス等が噴出して爆発事故等が発生する危険が生じた場合には，直ちに坑内に電話して，坑内作業員らに対し，前記第1のとおり作業の中止及び退避等を指示して，その退避等を確実にさせるなどし，爆発事故等を未然に防止すべき業務上の注意義務があるのに，これを怠り，同日午後8時30分頃まで，中央監視室に在室せず，かつ，在室後も，雑誌を読みふけるなどしてガス検知警報器及び記録計の計測数値等を監視しなかったため，同日午後5時30分過ぎ頃から，ガス検知警報器及び記録計の記録用紙に，下流側切羽におけるメタンガスの発生を示す計測数値が表示，記録されていることに気付かず，同日午後11時20分頃に至り，下流側切羽におけるメタンガスの噴出を知らせる警報が発報し，記録計等の計測数値が急激に上昇して，メタンガス噴出による爆発事故等の発生の危険が切迫していることに気付いたが，下流側切羽でシールド掘進機を作動させて掘進工事に従事中の坑内作業員A（当時○歳）に電話し，同人に対し「ガスが出ているようだけど，今，俺，測りに行くから。」と告げたのみで，同人ら坑内作業員に作業の中止及び退避を指示することなく，漫然と作業を継続させた過失の競合により，同日午後11時24分頃，同区○○1丁目△△橋下地下を掘進中，地下から噴出し，坑内に流入して滞留していたメタンガスを，

坑内作業員B（当時〇歳）が運転中のホイストクレーンの電気火花等に引火させて爆発させ，よって，その頃，同所付近において，別表記載のとおり，シールド掘進機の運転等に従事していたAほか3名を爆死等により死亡させたほか，Bに全治約〇か月間を要する気道熱傷等の傷害を負わせたものである。　　　　　　　　　　　**（業務上過失致死傷）**

（別表は省略）

【解説】
東京地判平成8年11月6日判タ958・292の事案を基にした記載例である。

事例 59　温泉施設の爆発事故

　被疑者は，Ｔ建設株式会社設計本部設備グループに所属し，同社が，株式会社Ｕ不動産から請け負った，東京都渋谷区所在の温泉施設Ｓの建設工事に係る設備設計業務を行っていたものであるが，温泉施設Ｓは，Ａ棟及びＢ棟の２棟の建物で構成され，Ｂ棟地下１階機械室の温泉井戸からメタンガスが溶存している温泉水を汲み上げ，同室内のガスセパレーター等で温泉水からメタンガスを分離し，メタンガス分離後の温泉水をＡ棟の浴槽等に供給するとともに，分離したメタンガスを同ガスセパレーター等に取り付けたガス抜き配管を通してＡ棟屋外に放出する構造であり，同ガスセパレーター等の設備をＢ棟地下１階の閉鎖性の高い前記機械室内に設置していた上，温泉施設Ｓは，多数の利用客が来訪し，Ｂ棟１階には従業員待機室が設けられていて，同機械室内にメタンガスが漏出すれば，容易に同機械室内に滞留し，引火して爆発し，施設利用者や従業員等の生命身体に重大な危害が生じるおそれがあり，これを認識していたところ，温泉水から分離したメタンガスを屋外に放出するため，前記ガス抜き配管を同機械室のあるＢ棟から道路を挟んだ向かいにあるＡ棟に通し，道路の地下を通す中間部付近を最も低くする構造としたため，温泉水から分離した湿気を帯びたメタンガスが同配管を通るとその下部に結露水が溜まることから，同配管の下部に水抜きバルブを取り付け，それを開いて結露水を排出させることとしたが，同バルブを開かずに結露水を排出しないまま温泉水の汲上げを継続すると，結露水が溜まって同配管が閉塞し，メタンガスが同機械室内に漏出するおそれがあったのであるから，株式会社Ｕ不動産に対し，同バルブを開かずに結露水を排出しないまま温泉水の汲上げを継続した場合，メタンガス漏出の危険があるので，適宜，同バルブを開いて同配管から結露水を排出する必要があることを書面に明示するなどして確実に説明すべき業務上の注意義務があるのに，これを怠り，平成〇年〇月〇日の温泉施設Ｓの株式会社Ｕ不動産への引渡しに当たり，また，それ以降も，同バルブを開

いて同配管から結露水を排出することの必要性を何ら説明しなかった過失により，同配管を結露水によって閉塞させ，前記機械室内にメタンガスを漏出・滞留させた結果，平成○年○月○日午後○時○分頃，同機械室内に滞留したメタンガスに，同機械室内に設置されていた温泉制御盤内のマグネットスイッチから生じた火花を引火させて爆発させ，よって，その頃，B棟1階待機室及び同棟付近路上において，別紙一覧表記載のとおり，V1（当時○歳）ほか2名を胸背部打撲損傷による心臓損傷等により死亡させ，V2（当時○歳）ほか2名に入院加療約○日間を要する脊髄損傷等の傷害を負わせたものである。　（**業務上過失致死傷**）

（別紙一覧表は省略）

【解説】

　平成19年6月に発生した渋谷温泉施設爆発事件を基にした記載例である。同温泉施設は，T建設株式会社がU不動産から建設工事を請け負い，平成18年1月に完成させて引き渡し，同月中から営業していたところ，平成19年6月，温泉一次処理施設のあった本件温泉施設B棟の地下1階機械室で，温泉水から分離されたメタンガスが同機械室内に漏出・滞留し，そのガスに引火して爆発し，B棟の地上部分が吹き飛び，従業員3名が死亡，2名が重傷を負い，通行人1名も重傷を負ったという大規模なガス爆発事故の事案である。

　同事案では，T建設株式会社の設計本部設備グループに所属し，同温泉施設の設計担当者として温泉一次処理施設（B棟）の設計を行った被告人甲と，U不動産の取締役として同温泉施設の保守管理全般を統括していた被告人乙の2名が起訴されたが，第一審（東京地裁）は，被告人甲の過失責任を肯定し（禁錮3年・執行猶予5年），被告人乙を無罪とした（確定）。被告人甲は，控訴・上告したが，最高裁は，上告を棄却して，被告人甲の過失責任を認めた（**最決平成28年5月25日**刑集70・5・117）。本記載例は，被告人甲に係るものを基にしている。

　本件事故の機序は，メタンガスがガス抜き配管内を通る際に結露水が生じ，この結露水が，ガス抜き配管内に溜まって同配管を閉塞ないし同配管の通気を阻害し，行き場を失ったメタンガスが，B棟地下機械室内に漏出して

滞留し，温泉制御盤のマグネットスイッチが発した火花に引火して爆発したというものであった。

　設計者である被告人甲は，結露水がガス抜き配管を閉塞しないよう同配管の下部に水抜きバルブを設置し，適宜，水抜きバルブを開いて溜まった結露水を排出する仕組みを設けていた。しかし，被告人甲は，そのような結露水排出の仕組みの意義や必要性について，施工担当者に明示的な説明をしなかった。また，被告人甲が，施行担当者に，排ガス処理のための指示書として設計内容を手書きしたスケッチを送付したところ，同スケッチには，水抜きバルブ付きの配管が図示され，同バルブを通常開いておくことを示す「常開」の文字が記載される一方，同バルブの意義や必要性についての説明は記載されていなかった。さらに，その後，被告人甲は，下請会社の担当者から，水抜きバルブを「常開」とすると硫化水素が漏れるのではないかと指摘され，同人に対して，水抜きバルブを「常閉」とするよう口頭で指示したが，他方で，被告人甲は，同担当者に，水抜き作業が必要となることやそれが行われないとガス抜き配管の通気が阻害されて危険が生じることなどについての説明をしなかった。その結果，完成した本件温泉施設の引渡しを受けてこれを運営管理していたU不動産においては，結露水排出の仕組みの存在とその意義等について説明を受けることがなく，本件爆発事故に至るまでの間に，水抜きバルブが開かれたことは一度もなかった。

　かかる事実関係を前提に，上記最決は，

「被告人は，……設計担当者として，職掌上，同施設の保守管理に関わる設計上の留意事項を施工部門に対して伝達すべき立場にあり，自ら，ガス抜き配管に取り付けられた水抜きバルブの開閉状態について指示を変更し，メタンガスの爆発という危険の発生を防止するために安全管理上重要な意義を有する各ガス抜き配管からの結露水の水抜き作業という新たな管理事項を生じさせた。そして，水抜きバルブに係る指示変更とそれに伴う水抜き作業の意義や必要性について，施工部門に対して的確かつ容易に伝達することができ，それによって，上記爆発の危険の発生を回避することができたものであるから，被告人は，水抜き作業の意義や必要性等に関する情報を，本件建設会社の施工担当者を通じ，あるいは自ら直接，本件不動産会社の担当者に対して確実に説明し，メタンガスの爆発事故が発生することを防止すべき業務上の注意義務を負う立場にあった」，「この伝達を怠ったことによってメタン

ガスの爆発事故が発生することを予見できたということもできるから，この注意義務を怠った点について，被告人の過失を認めることができる。」
として，被告人甲の過失責任を肯定した。

　本件は，製造物（建築物）の事故の事案であるが，典型的に問題とされることが多い「設計上の欠陥」，「構造上の欠陥」，「製造上の欠陥」，「保守管理上の欠陥」ではなく，設計者の「指示説明・警告上の欠陥」が問われた比較的珍しい事案であり，同種事案の過失構成と記載例の参考になると思われる。

第9 航空関連事故

事例 60 ヘリコプター墜落事故

　被疑者は，○○航空株式会社の東京運行所に航空機操縦士として勤務し，回転翼航空機（以下「ヘリコプター」という。）操縦の業務に従事していたものであるが，同社が○○市農業協同組合から委託を受けた○市○町地区の水田への農薬散布のため，平成○年○月○日，同社所有のヘリコプター（ベルト式○○B型，登録番号JA○○○）に機長として単独搭乗し，これに従事中の同日午前8時25分頃，補正散布の要求に基づき時速約25マイルで散布地域に背風（風速2ないし3メートル）で進入し，散布後はほぼ直進して減速し，高度約16メートルで右に旋回したのであるが，前記型式ヘリコプターは，重荷重状態（最大許容量3200ポンド，重量3030ポンド）で背風条件下を30ノット以下の低速で飛行すると機首を相対風の方向に向けようとする風見安定や穏やかな横風条件下で低速飛行するとテール・ロータの推力を喪失させるボルテックス・リング状態等が発生し，不測の右旋転に陥るおそれがあり，回復操作には相当の高度が必要であると指摘されていたのであるから，かかる場合は速度を増加し十分な高度を得た後に旋回するなど，飛行の安全を確保し，墜落等の危険を防止すべき業務上の注意義務があるのに，これを怠り，当該状況の中でも安全に飛行できるものと軽信し，安易に低速度かつ低高度で右旋回の操縦をした過失により，同機は風見安定からテール・ロータのボルテックス・リング状態に陥り右旋転を始め，回復操作を行うための高度が不足したため，前記状態を脱出する操作ができないまま，同機を○市○町○番地の甲野一郎方中庭に墜落させ，もって航空

の危険を生じさせたものである。

(航空の危険を生じさせる行為等の処罰に関する法律違反)

○　航空の危険を生じさせる行為等の処罰に関する法律6条
　1項「過失により，航空の危険を生じさせ，又は航行中の航空機を墜落させ，転覆させ，若しくは覆没させ，若しくは破壊した者は，10万円以下の罰金に処する」
　2項「その業務に従事する者が前項の罪を犯したときは，3年以下の禁錮又は20万円以下の罰金に処する」

【解説】

① 　「メイン・ロータ」とは機体上部で回転する翼のことで，「テール・ロータ」とは機体尾部にある小さな回転翼のことである。「ボルテックス・リング状態」とは，ヘリコプターの失速現象のことである。

② 　上記法律6条1項の「航行中の航空機」とは，同法2条1項によると，「そのすべての乗降口が乗機の後に閉ざされた時からこれらの乗降口のうちいずれかが降機のため開かれる時までの間の航空機」をいい，「航空機」とは，刑法1条2項の「航空機」と同義であり，航空法2条1項の「人が乗って航空の用に供することができる飛行機，回転翼航空機，滑空機及び飛行船その他政令で定める機器」と同じ概念と解してよいといわれている(注釈2・320頁)。

| 事例 | 61 | 超軽量動力機（モーター付きハンググライダー）同士の衝突墜落事故 |

　被疑者甲野一郎は，超軽量動力機飛行愛好会○○フライングクラブ（会長○○）の会員であり，航空機を操縦する業務に従事するものであるが，平成○年○月○日午後2時20分頃，友人の○○ら4名と共有するクイック・シルバー式 MX 型 JU-062 超軽量動力機に単独搭乗して○県○郡○町○番地所在の○○株式会社から東方約250メートルの地点にあるA飛行場を離陸し，△△川上空を河口部に向けて時速約60キロメートルで飛行し，○市○地内の△△川にかかる△△橋上流約300メートル地点の上空約250メートルに至り，帰還するために右に旋回を開始したのであるが，その頃上空には，前記飛行場から離陸した超軽量動力機3機が飛行していたのであるから，進路変更に当たっては，他機との衝突や接触を回避するため，常に周囲の見張りを厳重に行い，自機及び他機の現在位置及びその動向を確認し，機相互間の安全な距離を保つなどして変更後の航路の安全を確保すべきであって，当時の天候は，微風状態の晴天で，視程も約30キロメートルと良好である上，操縦席からの視界は，主翼によって上方の一部に生じる死角と真後ろの死角を除いて死角はなく，前方及び左右を確認することで他機を容易に発見することが可能であったのに，先行していた乙野次郎（当時○歳）の操縦するクイック・シルバー式 MXL 型 JU-058 超軽量動力機が，前記飛行場から約1キロメートルの地点で右旋回して飛行場方向へ進路を変更したのを前記飛行場に帰還したものと軽信し，その動向や周囲に対する監視が不十分なまま漫然と旋回飛行を開始し，時速約60キロメートルで水平飛行に移った直後の同日午後2時30分頃，前記△△橋上流約700メートル，左岸から約175メートルの上空約200メートル地点では，自機の復路の目標とする焼却場の大煙突の位置に機首を方向付けることに気を奪われ，自機の右下前方約5メートルの距離から自機の正面に向けて航行して来る前記乙野の超軽量動力機の発見が遅れたため，同機の右翼前縁部分に自機の前部中心部分を衝突させて前記△△橋上流約750メー

ルの左岸から南方約15メートルの河川敷に墜落させ，その際の衝撃により前記乙野を○○による脳幹損傷及び外傷性心臓破裂により，即時同所において死亡させたものである。
　（航空の危険を生じさせる行為等の処罰に関する法律違反，業務上過失致死）

【解説】
　航空機は，軽航空機（平均密度が空気より軽い航空機）と重航空機（平均密度が空気より重い航空機）に大別され，前者は，動力のない気球と動力のある飛行船に分けられ，後者は，基本的に動力のない滑空機と動力のある固定翼機（飛行機）及び回転翼機（ヘリコプターなど）に分けられ，1人で乗るハンググライダーなどは滑空機の一種に含むと解してよいと考えられている（注釈2・320頁）。

| 事例 | 62 | 離陸滑走時に航空機を滑走路外に逸脱させた事故 |

　被疑者は，日本航空株式会社に勤務し，同社の国内路線の機長として航空機の操縦業務に従事していたものであるが，平成○年○月○日午後5時頃，東京都大田区羽田空港○丁目，同○丁目所在の東京国際空港第○番スポットに駐機中の同社が運行・管理する福岡行第○○便ダグラスDC○○型旅客機（登録番号JA○○号）に機長として乗務し，同機に乗務員○○ほか7名，乗客○○ほか242名の合計251名を搭乗させ，同日午後5時25分頃，同スポットから地上走行を開始し，C○○誘導路から左に180度旋回しながらC滑走路（幅○○メートル，長さ○○メートル，表面アスファルト・コンクリート舗装）の南端部分にエンジンを加速しながら進入し，同日午後5時34分頃，前記誘導路からの進入口南端から約130メートルの地点でやや減速し自機を滑走路にその中心線上でほぼ正対させると同時に，各エンジンの回転計が最大出力回転数の80％の状態にそろったことを確認し，副操縦士による「スタビライズ」の呼称により，ブレーキを解除して離陸滑走を開始し，次いで各エンジンを最大出力にする操作をした際，折からの降雨のため滑走路は湿潤し摩擦係数が低下した状態にあり，ことに中心線付近はタイヤ・ゴムの付着のために一層滑りやすい状態になっており，離陸滑走開始後も機首は左方への偏向を増し続け，これに第1エンジンの加速の出遅れがいくらかあったことも加わって，離陸滑走を開始してから約4秒後には機首の方向は離陸方向から左方約3.4度にも及ぶ偏向を生じ，かつ機首の位置も中心線から約2.5メートル離隔するに至り，被疑者は遅くともこの時点までには左方への偏向に気付き，ラダー・コントロール・ペダルを踏み込んで前車輪を右に向けて偏向を修正する操作をし，しばらくその効果を待ったが，なおも左方への偏向が増すばかりで効果がなかったため，引き続きステアリング・ホイールを用いて方向修正を加えようとしたが，このような場合，滑走路面が前記のように滑りやすい状態にあったため，前車輪がスリップするなどして前車輪による方向修正機能が失われてい

るおそれが高く，したがって，さらにステアリング・ホイール等を用いて前車輪による方向修正を図っても，ラダー・コントロール・ペダルによる場合と同様，奏功しないおそれが高いことが十分予想されたのであるから，被疑者としては，まずこの点を認識するとともに，前車輪による方向修正を継続するうちに，もはや自機を滑走路内で十分安全に停止させることができなくなるような事態を招くことがないよう十分留意すべきであるところ，被疑者は，遅くとも離陸滑走を開始してから約7秒後には，少なくともラダー・コントロール・ペダルによる方向修正措置が効果を生じないことを認識しており，その頃には，自機の離陸方向からの偏向は左方約5度に増加し，なおわずかずつ偏向を加えつつあり，機速も毎時約60キロメートルに達し，なお全エンジンを最大出力にして急速な加速を継続している状態にある上，路面が湿潤状態にあるため制動距離も長くなっていること，制動時などにさらに左偏向が加わるおそれもあること，エンジン・レバーを操作してもエンジンは直ちにその状態へと変化せず，ある程度の時間を要することなどのため，このまま前車輪の操作による方向修正を継続するときは，自機を滑走路外へ逸脱させる危険を招き，その結果機体を破壊し，又は人身事故を発生させる危険があったのであるから，被疑者としては，その時点において，前車輪がスリップしていることなどのため前車輪による方向修正機能が失われているおそれにつき認識するとともに，他に自機の方向修正のための安全確実な方法も存しない上，自機が前記のような状態にあることも考慮し，速やかに全エンジン・レバーをアイドル（弱噴射）の位置にするとともに主車輪を全制動し，さらにエンジン・レバーをフル・リバース（全力の逆噴射）の位置にしてエンジンによる全制動を図るなどの措置を講ずることにより，滑走路外への逸脱を防止し，また万一逸脱することになっても低速で路外に進入し，滑走路端付近で停止することができるようにし，それにより機体の破壊や人身事故の発生を未然に防止すべき業務上の注意義務があるのに，これを怠り，前記のように前車輪がスリップ状態にあるなどの危険を十分意に介することなく，全エンジンを最

大出力にしたまま，前車輪の操作により方向修正をなすことに固執し，それが効果を生じないことを知るに及んでも，もはや前記のような停止措置を講じても滑走路外への逸脱を避けられないと考え，これを避けるためには左右エンジンの出力に差を設けて機首の偏向を修正するほかはないと考え，第1ないし第3エンジンを最大出力にしたまま，右端の第4エンジンのみをアイドル（弱噴射）にするようエンジン・レバーを操作し，しばらくして第4エンジン・レバーをさらにアイドル・リバース（弱力の逆噴射）の位置に瞬間的に入れるなどして方向修正を図った過失により，滑走路内での左方への偏向の修正には成功したものの，引き続き急速に加速しつつある中で急激に右方への偏向を生じさせ，そのため前車輪及び主車輪を右横方向にスリップするに至らせて自機の操縦の統御が不可能な状態に陥らせ，ここに至り，ステアリング・ホイールにより前車輪を左に切るとともに全エンジン・レバーをアイドル（弱噴射）の位置にし，さらにアイドル・リバース（弱力の逆噴射）の位置にして自機の滑走路からの逸脱を防止しようとしたが及ばず，前記C滑走路進入口南端から約630メートルの地点において，自機を時速約140キロメートルで滑走路右端から滑走路外芝生上に逸脱させ，機首を左方に向けながら，約400メートルにわたり滑走路とほぼ平行に横滑り状態で滑走させた上，再び前記滑走路上に乗り上げさせ，その進入口南端から約1020メートルの地点でようやく擱坐（かくざ）・停止するに至らせ，よって，前記逸脱走行中又は擱坐の際の衝撃により，左主車輪の脚部を折損させ，全エンジンを脱落させ，第4エンジン取付け部から出火させて同機内を危険な状態に陥れ，乗客らをして緊急に脱出することを余儀なくさせ，前記の衝撃又は脱出の際の転倒等により，別紙受傷状況一覧表記載のとおり，○○ほか14名の乗客に対し，全治期間不明又は約3か月ないし約1週間の傷害を負わせ，もって業務上の過失により，人を傷害するとともに，航空機運行の業務に従事する者において，過失により航空機を破壊したものである。

（航空の危険を生じさせる行為等の処罰に関する法律違反，業務上過失致傷）

(別紙受傷状況一覧表は省略)

注）「擱坐」とは，「船が浅瀬に乗りあげること。戦車などがこわれて動けなくなることにもいう。」（『広辞苑［第5版］』）。

【解説】

　東京地判昭和51年3月23日判時826・113の事案を基にした記載例である。なお，「ラダー」とは方向舵のことであり，垂直尾翼後部にある翼型の可動部分である（ラダーペダルを踏んで操作する。）。

第9 航空関連事故

| 事例 | 63 | 着陸の際，滑走路を行き過ぎて前方の堤防に激突し多数の負傷者を出した事故 |

　被疑者は，全日本空輸株式会社（以下「全日空」という。）大阪空港支店乗員部所属の航空機操縦士であって，平成○年○月○日，YS11型機の機長となり旅客輸送のための航空機操縦士の業務に従事していたものであるが，平成○年○月○日，全日空所有のYS11A型○双発旅客機JA○○号（以下「事故機」ともいう。）に機長として乗り組み，同機を操縦して大阪空港から鹿児島空港に至り，その後104便として同日午後12時50分，鹿児島空港から宮崎空港に向かうべく同社鹿児島空港支所の運航管理者らとその飛行計画を立てたところ，12時現在の宮崎空港の気象情報では全日空の着陸時の横風制限（横風成分が○○ノットを超える場合には，運用上YS11型機は濡れている滑走路に着陸してはならない。）を超えていたことから，前記出発予定時刻を遅らせ，乗務員3名，乗客49名を搭乗させて待機するうち，13時頃に入手した宮崎空港の気象情報では同空港への着陸が可能な見通しとなったので，13時26分，鹿児島空港を総重量4万8855ポンドで離陸して宮崎空港に向かい，途中13時35分国土交通省大阪航空局宮崎空港事務所航空管制官との交信を開始し，13時48分頃，宮崎NDB（無指向性無線標識施設）上空に達し，管制官からレーダーによる誘導を受けていったん同空港東方海上に出て左旋回し，東西に走る同空港A滑走路（全長1800メートル，幅45メートル，標高12メートル，滑走路両末端から各60メートルの過走帯，表面アスファルト舗装）に西側09から着陸すべく同空港東方約5カイリに達して最終降下を開始した後，13時59分頃，管制官から激しい降雨によりレーダーで事故機の識別ができないため進入復行するよう指示を受け，直ちに高度を上げて進入復行を行い，同空港西方上空に至って右旋回し，再び同空港に着陸すべく14時08分頃，宮崎NDB上空を通過し，14時13分頃，同空港東方約10カイリの地点において左旋回を始めた際，先の進入復行時にA滑走路へ西側09から着陸する場合にはその進入経路に雨雲を認めていたのでその雲中通過時に視界が途切れて滑走路を見失

うおそれがあるのに対し，A滑走路へ東側27から着陸する場合には，視程と雲高の制限が緩やかであり，精測進入レーダーで着陸誘導を受けることができ，かつ，14時12分に得た気象情報では追風制限の許容範囲内（約7.5ないし10ノット）であることなどを考慮し，今度はA滑走路に東側27から着陸しようと判断し，その旨管制官に要求してその了解を受けた後左旋回して進路を西にとり，A滑走路東側27への直線進入態勢に移り，管制官の着陸誘導により，14時14分頃，A滑走路東端から約6カイリの地点を通過し，管制官からの「最終降下開始」の指示を受けて副操縦士〇〇にフラップ角20度を指示して最終降下を開始し，14時15分頃，3カイリの地点を通過した後管制官から着陸許可を受け，14時16分頃，2カイリの地点を通過し，高度約400フィートで約1.5カイリの地点に達した際，それまでの雲中飛行から視界が開けて滑走路が視認できる状態となって降下に入ったところ，この時点において，被疑者がそれまでに得た同空港の気象及び滑走路面の情報は別紙気象情報等交信表のとおりであり，A滑走路に東側27から着陸する場合は追風着陸となって対気速度より対地速度が追風成分だけ速くなり，これに加えて当時のにわか雨で滑走路が濡れその一部が冠水していて一層滑りやすい状態であったため，着陸接地後の滑走距離が大きく延び，高速で接地滑走すると場合によってはハイドロプレーニング現象が発生してブレーキ効果を失い滑走距離が異常に増大するおそれが十分に予想されたのであるから，このような場合，多数の人命を預かる旅客輸送用航空機の機長である被疑者としては，まずこの点を認識するとともに，できるだけ接地後の滑走距離を短くして機体を滑走路内で安全に停止させることに細心の注意を払い，そのためには全日空の運航規程及びYS11型機の標準飛行方式に規定するとおり，フラップ角を35度にしその着陸重量4万9000ポンドに対応した滑走路末端通過速度（以下「T・T・S」という。）である対気速度94ノット（当時の風向風速からこれを5％又は5ノット増加することは許容される。）を守り，仮に当時の気象状況を考慮して機体の安全のためフラップ角を20度にした場合でもその開度に合

致したＴ・Ｔ・Ｓ 102.5 ノット（許容範囲前同）を厳守して滑走路末端を通過し，かつ，前記標準飛行方式で滑走路長1200メートル以上の空港の適正な接地点とされている滑走路末端から500フィートから1250フィートの間を目標として接地帯標識4本線（同末端から150メートル地点）から同2本線（同末端から460メートル地点）の間に接地するよう操縦することにより，事故機の滑走路外逸脱による機体の破壊や人身事故の発生を未然に防止すべき業務上の注意義務があるのに，これを怠り，前記滑走路が視認できた時点で副操縦士○○に対しいったんフラップ角35度を指示しておきながら，その直後に，特段の気象変化もないのにとっさに横風の影響から機体の安定を保つためにはフラップ角20度の方が操縦しやすいと判断して35度の指示を取り消してフラップ角20度を指示し，しかもそのＴ・Ｔ・Ｓは 102.5 ノットであるのに 105 ノットくらいと概算してＡ滑走路東端の東方 1.25 カイリから 0.25 カイリの地点を対地速度平均約 135 ノットで降下進入し，その後も機体の安定を懸念する余り速度調節が不十分であったため，Ａ滑走路東側 27 末端をＴ・Ｔ・Ｓ又は許容された増加分の範囲を大きく逸脱した対気速度約 120 ノットを超える高速で通過し，通過後に前記の適正な接地帯に接地するようエンジン出力を十分に絞り機首の引き起こしをするなどの操作にも適切を欠いた結果，接地帯標識白2本線をはるかに超えたＡ滑走路東側 27 末端から西方 800 ないし 850 メートル付近に対気速度約 120 ノット，対地速度約 130 ノットの高速で接地させた過失により，接地後直ちに副操縦士の前記○○に指示してグラウンド・ファイン・ピッチ操作（プロペラのピッチ角度を0度に変え，プロペラの空気抵抗を最大にして減速効果を発生させる操作）を行わせ，自らもフットブレーキを軽く踏んだが減速効果が現れないためさらに強く踏むとともに緊急ブレーキも作動させたが，接地速度が高速であったのと滑走路が濡れその一部が冠水していたためハイドロプレーニング現象が発生したことも加わって減速効果がなかなか現れず，右斜めの横滑りの状態のままＡ滑走路西側 09 末端を超え，これに続く過走帯及びその先の草原を約 32 メートル逸走させて

対気速度約70ノット，対地速度約80ノットで場周道路に事故機を衝突させた上，さらに約22メートル先の○○川堤防に機首を激突させて擱坐するに至らせ，よって，その間の衝撃により，機首部大破，右翼大破，左翼小破，左右プロペラ大破，左エンジン中破，右エンジン小破等により事故機の使用を不能にさせて航空機を破壊（損害約○億○○万円相当）するとともに，別紙受傷者一覧表記載のとおり，乗客○○ら48名及び乗務員○○ら3名合計51名に対し，全治約2年2か月ないし加療約1日の各傷害を負わせたものである。

（航空の危険を生じさせる行為等の処罰に関する法律違反，業務上過失致傷）

（別紙気象情報等交信表，別紙受傷者一覧表は省略）

注）　「双発」とは，発動機を2個備えていることをいう。

注）　「対気速度」とは，飛行機の機体と空気がどの程度の速さですれ違っているのかを表す速度である。向かい風の場合は，翼は激しく空気を切って進むので浮力を得やすくなるが，追い風の場合は，翼と空気が同じ方向に進んでいるので，翼が風を切る度合いは下がってしまう。これに対し，「対地速度」とは，飛行機が地面に対してどの程度の速度で飛んでいるかを表す速度である。

【解説】
　宮崎地判昭和53年1月17日判時901・123の事案を基にした記載例である。

| 事例 | 64 | 航空管制官に過失があるとされたニアミス事故 |

　被疑者両名は，いずれも埼玉県所沢市○○所在の国土交通省東京航空交通管制部所属の航空管制官であり，被疑者甲野一郎は，同管制部において，被疑者乙野次郎の指導監督を受けながら，南関東空域においてレーダーを用いる航空路管制業務を行うために必要とされる技能証明を取得するための実地訓練として，自ら管制卓につき，担当空域である前記空域の航空交通の安全確保のため，航行中の航空機に対し，飛行の方法について必要な指示を与えるなどの航空路管制業務に従事していたもの，被疑者乙野次郎は，被疑者甲野が前記実地訓練を行うに当たり，その訓練監督者として同被疑者の指導監督を行い，担当空域である前記空域の航空交通の安全確保のため，航行中の航空機に対し，飛行の方法について必要な指示を与えるなどの航空路管制業務に従事していたものであるが

第1　被疑者甲野は，平成○年○月○日午後3時15分頃から，前記東京航空交通管制部において，前記乙野の指導監督を受けながら，前記空域のレーダーを用いた前記実地訓練としての航空路管制業務を行うに当たり，同業務は，レーダーにより把握した航空機の航行状態等が表示される管制卓レーダー画面等により実際に航行している航空機に対する航空路管制業務を自ら行うものであるから，航空機の飛行計画経路を把握するとともに，管制卓レーダー画面上に表示された航空機の航行状態等を注視し，航空機同士の接近により，両機間に管制方式基準所定の管制間隔（高度約2万9000フィートを超える場合，垂直間隔の最低基準2000フィート，水平間隔の最低基準5カイリ）が欠如するに至って接触，衝突する危険が生じる場合には，両機の接近状態を直ちに解消して両機間の管制間隔を確保するため，航空機に対して適切な管制指示を与え，航空機同士の接触，衝突等の危険を未然に防止すべき業務上の注意義務があるのに，これを怠り，同日午後3時54分15秒頃，静岡県焼津市付近上空におい

て，東方から西方に向かい高度約3万9000フィートに向けて上昇していた日本航空株式会社所属のボーイング○○型旅客機日本航空A便（以下「A便」という。機長X）が，その飛行計画経路に従って左旋回を開始したことにより，折から飛行計画経路に従ってその南方を西方から東方に向かい巡航高度約3万7000フィートで航行していた同社所属のダグラス○○型旅客機日本航空B便（以下「B便」という。）に急接近したため，管制卓レーダー画面上に両機間の管制間隔が欠如するに至ることを警告する異常接近警報が作動し，その際，A便の高度は約3万6700フィートを表示し，両機がそのまま飛行を継続すれば，両機間の管制間隔が欠如してほぼ同高度で交差して接触，衝突する危険が生じたのであるから，両機の接近状態を確実に解消して両機間の管制間隔を確保するため，直ちに巡航中のB便に対して降下指示をすべきであったのに，その頃，同機を約3万5000フィートまで降下させる意図の下に，誤って，上昇中のA便に対して同高度まで降下するよう指示した過失

第2 被疑者乙野は，同日午後3時15分頃から，前記東京航空交通管制部において行われていた前記甲野の実地訓練の訓練監督者として前記空域の航空路管制業務を行うに当たり，航空機の飛行計画経路を把握するとともに，管制卓レーダー画面上に表示された航空機の航行状態等を注視し，航空機同士の接近により，両機間に前記管制方式基準所定の管制間隔が欠如するに至って接触，衝突する危険が生じる場合には，両機の接近状態を直ちに解消して両機間の管制間隔を確保するため，前記甲野が航空機に対して適切な管制指示を与えているかを厳に確認し，不適切な管制指示があれば直ちにこれを是正して，航空機同士の接触，衝突等の危険を未然に防止すべき業務上の注意義務があるのに，これを怠り，同日午後3時54分15秒頃，静岡県焼津市付近上空において，東方から西方に向かい高度約3万9000フィートに向けて上昇していたA便が，その飛行計画経路に従って左旋回を開始したことにより，折から飛行計画経路に従

ってその南方を西方から東方に向かい巡航高度約3万7000フィートで航行していたB便に急接近したため，前記管制卓レーダー画面上に異常接近警報が作動し，その際，A便の高度は約3万6700フィートを表示し，両機がそのまま飛行を継続すれば，両機間の管制間隔が欠如してほぼ同高度で交差して接触，衝突する危険が生じたのであるから，両機の接近状態を確実に解消して両機間の管制間隔を確保するため，直ちに巡航中のB便に対して降下指示をすべきであったのに，その頃，前記乙野が同機を約3万5000フィートまで降下させる意図の下に誤って上昇中のA便に対して同高度まで降下するよう指示したことに気付かず，B便に対して同高度まで降下するよう指示したものと軽信して，同人の誤った前記管制指示を何ら是正しないまま放置した過失

の競合により，A便の機長である前記Xをして同機の降下操作をさせ，同日午後3時55分頃，同市付近上空において，降下したA便と，B便に装備された航空機衝突防止装置の降下指示に従って降下した同機とを著しく接近させて，両機の衝突を避けるため前記Xをして急激な垂直方向の機体操作を伴う急降下操作を余儀なくさせ，別表記載のとおり，A便の乗客〇〇（当時〇歳）ほか56名に対して各傷害を負わせたものである。

（業務上過失致傷）

（別表は省略）

注）　管制間隔，異常接近警報，航空機衝突防止装置

　　下記東京地判の判決文中には，上記記載例中の「管制間隔」，「異常接近警報」，「航空機衝突防止装置」についてそれぞれ説明がなされている。それによると，「管制間隔」については，「航空管制官が航空交通管制業務を適正かつ確実に実施するために準拠すべき基本的かつ重要な事項を定めているものとして，航空保安業務処理規程があるところ，同規程において，管制間隔とは，『航空交通の安全かつ秩序ある流れを促進するため航空管制官が確保すべき最小の航空機間の空間をいう。』と定義されている。」とし，「異常接近警報」については，「東京航空交通管制部

管制運用室の管制卓にあるレーダー表示画面には，航空路レーダー情報処理システム（RDPシステム）により，担当セクターの航空路図や，担当セクターの空域を航行中の航空機の航空会社，便名，位置，飛行方向，高度，目的地等の飛行情報を表すデータブロックが表示され，管制官は，レーダー表示画面を見ながら，自己が担当するセクターの空域における航空機の航行状態等を把握していた。RDPシステムでは，相互に接近しつつある航空機がある場合，レーダー表示画面上の各航空機を表示するデータブロックに『CNF』という赤色文字の異常接近警報が点滅表示されるようになっていた。」とし，「航空機衝突防止装置」については，「A便及びB便は，いずれも航空機衝突防止装置（TCAS）を搭載していた。TCASは，相手機との電波の送受信による情報を基に，航空機双方の方位，相対速度，高度及び距離を自動的に算出して衝突の可能性の有無を計算し，航空機の機長ら乗員に対して回避措置をとることを指示する機能を有する装置である。TCASは，まず，『トラフィック・アドバイザリー』と称する接近警報（以下「TA」という。）を，『トラフィック，トラフィック』（「相手機がいる」という意味）という音声により発する。その後，TCASは，『レゾリューション・アドバイザリー』と称する上下方向の回避措置の指示（以下「RA」という。）を，『クライム，クライム，クライム』（「上昇せよ」という意味。以下「上昇RA」という。），『ディセンド，ディセンド，ディセンド』（「降下せよ」という意味。以下「降下RA」という。），『インクリース・クライム，インクリース・クライム』（「通常の上昇RAよりも上昇率を上げよ」という意味），『インクリース・ディセンド，インクリース・ディセンド』（「通常の降下RAよりも降下率を上げよ」という意味）といった音声により発する。なお，RAは，それ以前に管制官が出していた管制指示とは無関係に，TCASという装置が機械的に判断して発するものである。また，管制官が見ている管制卓のレーダー表示画面には，TA及びRAが発せられたことが表示されないため，管制官は，無線通信により，航空機の乗員からTA及びRAが発せられた旨の報告を受けるまでは，TA及びRAが発せられたと認識することができない。」としている。

【解説】

① **東京高判平成20年4月11日**判時2008・133の事案を基にした記載例である。第一審（**東京地判平成18年3月20日**判時2008・151）は無罪としたが，控訴審の上記東京高判は有罪とした事案である。この事案は，A便と

B便が急接近したため，管制卓レーダー画面上に異常接近警報が作動した際，甲野は，B便を降下させる指示を出そうとしたが，便名をA便と言い間違えて，上昇中のA便に対し，降下するよう指示した。A便の機長Xが降下させるための操作を開始したところ，A便の衝突防止装置が「上昇RA」を発したが，Xは自らの判断で降下の操作を継続した。RAと管制官の指示が相反した場合の優先順位については規程などに明示されていなかった。B便は，「降下RA」に従い降下の操作を行ったので，A便とB便は共に降下しながら著しく接近し，Xは両機の衝突を回避するために急降下の操作を余儀なくされ，A便の乗客が負傷したというものである。

なお，機長Xが，降下を続けた理由は，(1) B便を視認しており，目視による回避操作が可能と考えたこと，(2) A便は既に降下の体勢に入っていたこと，(3) 上昇する場合，B便の上を十分高い高度で回避することが必要であるところ，上昇のためには，エンジンを加速し，その加速を待って機首を上げる操作をしなければならないが，降下の操作によってエンジンをアイドルに絞っていたため，エンジンの加速に時間がかかると思ったこと，(4) 空気が薄い高々度において，不十分な推力のまま不用意に機首上げ操作を行うと，速度がどんどん減ってしまい，場合によっては失速に至ってしまうという事態が考えられたこと，(5) 甲野による降下指示があり，管制官はA便を下に行かせて間隔設定をしようとしていると考えたこと，(6) B便がTCASを搭載しているか否か，それが作動しているか否か分からず，B便が必ずしも降下するとは考えなかったこと，からであった。

この事案において，被告人は，㋐言い間違いによる本件降下指示は危険なものではなく過失行為に当たらず，㋑本件ニアミスは，上昇RAに反したA便の降下という本件降下指示後に生じた異常な事態によって引き起こされたものであるから，本件降下指示と本件ニアミスとの間には因果関係がない上，㋒被告人両名において，A便とB便が共に降下して接近する事態が生じることを予見できなかった，と主張した。

② 上記東京高判は，
「管制間隔を維持するという管制方式基準上の義務が一般論として業務上過失致傷罪における刑法上の注意義務と一致するものではなく，また，便名を言い間違えたということ自体を重視するのが相当でないことは，第

一審判決が指摘するとおりである。本件においては，甲野のＡ便に対する降下の指示及びこれを是正しなかった乙野の行為に過失責任が認められるか否かを検討すべきである。」
とした上，

「甲野及び乙野の両名のＡ便に対する降下指示と，Ａ便の乗客らの負傷との間には相当因果関係が認められ，両名は，Ａ便に降下指示を出した時点で，その指示により，Ａ便は甲野による降下指示に従って降下し，一方，Ｂ便には，甲野が本来意図し，かつ，その時点においてなされるべき管制指示であったところの降下指示と同内容のＴＣＡＳによる降下ＲＡが発出されて同機がこれに従って降下し，ほぼ同高度を共に降下しつつ相互に急接近した両機が，接触・衝突を回避するために何らかの措置をとることにより，Ａ便の乗客らに負傷という結果が生じるおそれがあるという『因果の経過の基本的部分』について予見可能性があったというべきである。そして，両名は，異常接近警報が表示された本件当時，管制官の職務上の義務としてはもとより，刑法上の注意義務としても，管制方式基準所定の管制間隔を確保するため適切な管制指示を出すこと，この場面に即すれば，管制間隔が欠ける状態を最小限に食い止める管制指示を出すこと，すなわち，可及的速やかに管制間隔を回復させる管制指示を出すこと，具体的には，甲野が本来意図していたところの，Ｂ便を降下させる管制指示を出すことが要求されていたというべきところ，Ｂ便を降下させる管制指示をしていれば本件のような事故など起こり得ず，回避可能性が肯定できるにもかかわらず，Ａ便を降下させるという，単に形式的に管制方式基準所定の管制間隔を確保すべき義務に違反しただけではなく，Ａ便とＢ便の両機の機長をして，両機の接触・衝突を回避し，あるいは，接近状態を危険だと感じて回避するために，急激な措置をとることを余儀なくさせる，実質的にみても極めて危険な管制指示を行ったのであるから，両名のＡ便に対する降下指示が，刑法上の注意義務に違反することは明らかである。」
旨判示した。

③　上告審の**最決平成22年10月26日刑集64・7・1019**は，甲野と乙野の過失行為について，

「甲野が航空管制官として担当空域の航空交通の安全を確保する職責を

有していたことに加え，本件時，異常接近警報が発せられ上昇中のA便と巡航中のB便の管制間隔が欠如し接触，衝突するなどのおそれが生じたこと，このような場面においては，巡航中のB便に対して降下指示を直ちに行うことが最も適切な管制指示であったことを考え合わせると，甲野は本来意図したB便に対する降下指示を的確に出すことが特に要請されていたというべきであり，同人においてB便をA便と便名を言い間違えた降下指示を出したことが航空管制官としての職務上の義務に違反する不適切な行為であったことは明らかである。そして，この時点において，TCASの機能，本件降下指示が出された頃の両機の航行方向及び位置関係に照らせば，B便に対し降下RAが発出される可能性が高い状況にあったということができる。このような状況の下で，甲野が言い間違いによってA便に降下指示を出したことは，ほぼ同じ高度から，A便が同指示に従って降下すると同時に，B便も降下RAに従って降下し，その結果両機が接触，衝突するなどの事態を引き起こす高度の危険性を有していたというべきであって，業務上過失致傷罪の観点からも結果発生の危険性を有する行為として過失行為に当たると解される。甲野の実地訓練の指導監督者という立場にあった乙野が言い間違いによる本件降下指示に気付かず是正しなかったことも，同様に結果発生の危険性を有する過失行為に当たるというべきである。」

旨，因果関係について，

「A便の機長Xが上昇RAに従うことなく降下操作を継続したという事情が介在したことは認められるものの，管制指示とRAが相反した場合に関する規定内容や降下操作継続の理由に鑑みると，Xが上昇RAに従わなかったことが異常な操作などとはいえず，むしろXが降下操作を継続したのは，甲野から本件降下指示を受けたことに大きく影響されたものであったといえるから，Xが上昇RAに従うことなくA便の降下を継続したことが本件降下指示と本件ニアミスとの間の因果関係を否定する事情になるとは解されない。そうすると，本件ニアミスは，言い間違いによる本件降下指示の危険性が現実化したものであり，同指示と本件ニアミスとの間には因果関係があるというべきである。」

旨，予見可能性について，

「被告人両名は，異常接近警報によりA便とB便が異常接近しつつある

状況にあったことを認識していたのであるから，言い間違いによる本件降下指示の危険性も認識できたというべきである。また，TCASに関する被告人両名の知識を前提にすれば，B便に対して降下RAが発出されることは被告人両名において十分予見可能であり，ひいてはA便とB便が共に降下を続けて異常接近し，両機の機長が接触，衝突を回避するため急降下を含む何らかの措置をとることを余儀なくされ，その結果，乗客らに負傷の結果が生じることも予見できたと認められる。」
旨，それぞれ判示した（この最決については，前田297〜298頁，309頁，312頁参照）。

| 事例 | 65 | 脚出し操作を失念して胴体着陸した事故 |

　被疑者両名は，○○空港株式会社に勤務し，被疑者甲野一郎は，航空機の定期運送用操縦士の技能証明を得て同社所属のYS11型航空機の機長として，被疑者乙野次郎は，航空機の事業用操縦士の技能証明を得て同社の同型航空機の副操縦士として，いずれも同社国内路線の航空機の操縦業務に従事していたものであるが，平成○年○月○日午前10時過ぎ頃，○○市△△所在のA飛行場に駐機中の同社の運航管理する同日午前9時出発予定のB空港行定期○○便YS11型航空機（登録番号JA○○）に，被疑者甲野が運航指揮者たる機長として，被疑者乙野がこれを補佐する副操縦士として乗務し，同機に乗務員2名，乗客64名を搭乗させ，同日午前10時18分頃，同機を操縦して前記A飛行場を離陸し，主に被疑者乙野が主体となって計器飛行方式により同機を操縦し，高度約1万1000フィートで航行し，○○市上空を経由して同午前10時44分頃，○○ポイントを通過し，同午前10時48分26秒，国土交通省○○航空局○○出張所から○○郡○○町中央所在のC空港への進入許可を得，同10時52分7秒頃から降下を開始し，同10時59分頃，同空港無指向性無線標識上空を高度約7000フィートで通過した後，次第に高度を落としながら網走湖上空を方式旋回し，この間，同11時0分33秒から所定のアプローチ・チェックを，同11時4分2秒からビフォー・ランディング・チェックをそれぞれ行い，脚出しのためのギアー・レバーとライトの準備をし，同11時6分9秒，高度約600フィートで同空港付近地上を視認し，その頃から被疑者甲野が主体的に，被疑者乙野が着陸時の操縦感覚習得のため，これを補佐して操縦し，いったん同空港滑走路北端上空を通過して南下し，南側で旋回して機首を網走湖に正対して着陸する周回進入方式により同空港に着陸しようとしたが，このような場合，着陸を安全に行い，胴体着陸などの航空機事故の発生を未然に防止するため
第1　被疑者甲野は，被疑者乙野に対し，同社の同型航空機の運用規定

に従い，同空港滑走路末端上空から約15秒航行した地点で前記のとおり準備した同機の前脚及び主脚2本の脚出しのためのギア・レバーをダウンするよう脚出し操作を指示するとともに，同被疑者による前記操作とその終了確認行為が確実になされたことを確認してから着陸すべき業務上の注意義務があるのに，これを怠り，同被疑者に着陸時の操縦感覚を習得させることに気を奪われるなどしたため，同被疑者に対する前記指示と確認を失念し，同機の全脚の脚出しがなされていないことを看過した過失

第2 被疑者乙野は，前記地点にさしかかった時には被疑者甲野の指示に呼応して同機の脚出し操作とその終了の確認を確実に行うことはもとより，同被疑者から前記指示のなされなかった場合には積極的にこれを促して同様の措置を講ずるほか，同機のフラップをランディング・フラップにセット後，ギア・ダウンと脚出しに関するライト等を再確認の上点呼し，自ら脚出し操作が完全に行われているか否か再確認して異常の有無を同被疑者に報告すべき業務上の注意義務があるのに，これを怠り，同被疑者の指導による着陸時の操縦感覚の習得に気を奪われるなどしたため，同被疑者からの脚出し操作指示がなかったのにこれを看過した上，前記再確認もしなかった過失

の競合により，同機の全脚の脚出しのなされないまま着陸に移行した結果，同日午前11時8分5秒頃，同機を同空港滑走路南側末端から約265メートル北側の地点に接地させ，約451メートル先まで胴体滑走させて胴体着陸させ，よって航空機運航の業務に従事する者において，過失により航空の危険を生じさせるとともに，その衝撃により同機の両プロペラ，両エンジンなどを損壊してその航行機能を失わしめ，航行中の航空機を破壊したものである。

　　　　　　　（航空の危険を生じさせる行為等の処罰に関する法律違反）

【解説】
① **釧路地判昭和54年3月30日**判時960・134の事案を基にした記載例で

ある。

② 航空業務（航空法2条2項）を行おうとする者は，国土交通大臣の航空従事者技能証明を受けなければならず（同法22条），この技能証明を受けた者を「航空従事者」（同法2条3項）と呼び，操縦士については，㋐自家用操縦士，㋑事業用操縦士，㋒定期運送用操縦士（准定期運送用操縦士）の3種類の資格がある（同法24条）。

「自家用操縦士」の業務範囲は，航空機に乗り組んで，報酬を受けないで無償の運航を行う航空機の操縦を行うこと，「事業用操縦士」の業務範囲は，ⓐ自家用操縦士の資格を有する者が行うことができる行為を行うこと，ⓑ報酬を受けて無償の運航を行う航空機の操縦を行うこと，ⓒ航空機使用事業の用に供する航空機の操縦を行うこと，ⓓ機長以外の操縦者として航空運送事業の用に供する航空機の操縦を行うこと，ⓔ機長として，航空運送事業の用に供する航空機であって，構造上，1人の操縦者で操縦することができるものの操縦を行うこと，「定期運送用操縦士」の業務範囲は，ⓐ事業用操縦士の資格を有する者が行うことができる行為を行うこと，ⓑ機長として，航空運送事業の用に供する航空機であって，構造上，その操縦のために2人を要するものの操縦を行うこと，ⓒ機長として，航空運送事業の用に供する航空機であって，特定の方法又は方式により飛行する場合に限りその操縦のために2人を要するものの操縦を行うこと，である（同法28条，別表）。

第10 スキー場関連事故

事例 66 ロープウェイの支索切詰作業中の事故

　被疑者は，スキーリフト，ロープウェイ等の索道建設などの事業を営む○○株式会社に雇用され，索道の設置，整備及び点検等の業務に従事していたものであるが，平成○年○月○日午前9時35分頃，○○県○郡○町○番地A山国有林○○林班口小班所在のBスキー場ロープウェイ山頂駅舎3階機械室において，作業員X（当時○歳）及びY（当時○歳）らと共に支索固定用油圧クランプ各4台の握索，開放の操作をするなどして山麓駅舎側から山頂駅舎側への支索切詰作業を実施するに当たり，前記油圧クランプ全部が同時に開放状態になった場合，支索が前記機械室内の作業員らに衝突するなどしてその生命，身体に危険を及ぼすおそれがあったのであるから，このような場合，他の作業員の操作する油圧クランプが握索したことを確認してから自己の操作する油圧クランプを開放すべき業務上の注意義務があるのに，これを怠り，前記Y操作に係る油圧クランプが未だ開放状態であったのに握索したものと軽信し，何ら確認することなく自己の操作していた油圧クランプを開放させた過失により，支索がドラムごと山麓駅舎側に引き戻されたため，前記Xを前記ドラムと前記機械室コンクリート壁との間に挟み，よって，同人を脊椎骨骨折，両肋骨圧迫骨折等により即死させたほか，前記Yを油圧ポンプと同室コンクリート壁に挟み，よって同人に対し，全治約6週間を要する右足関節外果骨折，右第5中足骨骨折等の傷害を負わせたものである。

（業務上過失致死傷）

　注）「索道」とは，ロープウェイ，ゴンドラリフト，スキー場のリフトな

どのことである。鉄道事業法は、「索道事業」とは、他人の需要に応じ、索道による旅客又は貨物の運送を行う事業をいうと定義し（同法2条5項）、「索道事業」を経営しようとする者は、索道ごとに、国土交通大臣の許可を受けなければならず（同法32条）、「索道事業者」は、国土交通省令で定める技術上の基準に従い、索道施設を維持し、及び管理しなければならない（同法35条）とされている。「索道」には、①普通索道（扉を有する閉鎖式の搬器を使用して旅客又は旅客及び貨物を運送する索道）、②特殊索道（外部に解放された座席で構成されるいす式の搬器を使用して旅客を運送する索道）がある（同法施行規則47条）。また、「索道事業者」は、安全管理規程を定めて国土交通大臣に届け出るとともに、安全統括管理者及び索道技術管理者を選任しなければならないとされており（同法38条、18条の3）、索道の衝突若しくは火災その他の索道の運転中における事故等が発生した場合には、国土交通大臣に届け出なければならない（同法38条、19条、鉄道事故等報告規則3条2項）。

　なお、「索条」とは、空中に渡したロープのことで、「搬器」とは、吊り下げられた輸送機器のことである。「索条」は、「搬器」を支持するための「支索」、「搬器」を牽引するための「曳索」、「搬器」を支持しながら牽引する「支曳索」に分類することができる。

| 事例 | 67 | リフト落下事故 |

　被疑者は，○○観光株式会社○○事業所が運行管理する○○県○○郡○○町大字○○番地所在のＡ山山麓第１リフト○○停留所乗り場の乗客係員として乗客の乗降の誘導及び搬器の安全な運行管理等の業務に従事していたものであるが，平成○年○月○日午後１時10分頃，同所において乗客を乗せて同リフトを運行中，乗客の降りた搬器に自己の身体を衝突させ，その衝撃により搬器を横揺れ等させた際，搬器の横揺れ等によりリフトの正常な運行が阻害され，搬器が索条から外れて乗客が転落するおそれが予想されたのであるから，直ちに搬器の横揺れ等を制止し，あるいは非常停止ボタンを操作してリフトを停止させるなどし，事故の発生を未然に防止すべき業務上の注意義務があるのに，これを怠り，何らの措置もせず，搬器の横揺れ等を漫然放置した過失により，横揺れ等した搬器をリフトの支柱に引っかけ，その衝撃により搬器を繋ぐロープを索条から脱落させ，乗り合わせていた乗客を搬器から転落させるなどし，よって，別紙一覧表記載のとおり，乗客○○（当時○歳）ほか14名に対し，加療約１週間ないし約○日間を要する各傷害を負わせたものである。

（業務上過失致傷）

（別紙一覧表は省略）

| 事例 | 68 | スキースクールに参加した幼児の溺死事故 |

　被疑者は，スポーツ教育等を目的とするAスポーツクラブ（代表者X）が，平成○年○月○日から同月○日にかけて，○○県○○郡○○町大字○○番地所在のB山スキー場において主催したスキースクールの幼児の部の指導員であり，同スクールに参加した幼児に対しスキー等の指導をするとともに，幼児を監視してスキースクールの開催に伴う事故の発生を未然に防止すべき業務に従事していたものであるが，同月○日午前○時頃，同スキー場の通称チビッコゲレンデ付近において，幼児27名を3グループに分け，被疑者は9名のグループ（第1グループ）を担当して幼児の指導・監視をしていたところ，同所付近には防護柵や蓋が設置されていない側溝等があって，幼児が転落する危険があった上，被疑者が担当していた幼児らが同側溝付近に近付くのを目撃し，同側溝に転落すれば，生命，身体に危害を及ぼす重大な事故が起きることは，当然予見することができたのであるから，幼児の動静を十分監視し，同側溝に幼児が転落するのを防止するはもとより，幼児が誤って同側溝に転落した場合には，即座に救出できるよう配慮すべき業務上の注意義務があるのに，これを怠り，被疑者が担当していた幼児である○○（当時6歳）ら数名を放置したまま持ち場を離脱して前記○○らの監視をせずに他の幼児らと雪合戦に興じた過失により，前記○○が同側溝に転落したのに気付かず，そのまま同人を同側溝内において溺れさせ，よって，同日午後○時○分頃，同郡○町大字○番地の○○病院において，同人を前記溺水による呼吸不全により死亡させたものである。　　　　　（業務上過失致死）

第11 遊戯施設関連事故

事例 69　遊戯場内に設置された「象電車」の脱線転覆事故

　被疑者甲野一郎は，○○県○○市○○町○丁目○番○号所在の遊戯場「Ａランド」の園長として，同遊戯場の遊戯施設の維持及び安全管理，従業員の人事管理，指揮監督等営業上の一切を担当し，同遊戯場内において，「象電車」と呼ばれる軌道電車を遊戯場従業員に運転させ，これを運行する業務に従事していたもの，被疑者乙野次郎は，同遊戯場の臨時従業員として前記「象電車」の運転業務に従事していたものであるが

第１　被疑者甲野は，前記「象電車」が急勾配や急カーブのある軌道上を走行する施設であり，その電車は，自動車と同様にアクセルペダル，フットブレーキペダル及びクラッチペダルを的確に操作して発進，停止及びスピード調節をする構造であることから，同電車の運行に際しては，自動車運転経験の豊富な者を充てることはもちろん，運転者に対しては，同電車の構造，機能等を習得させ，運転訓練を十分積ませた上で乗客を乗せた運行を実施し，脱線転覆等の事故を未然に防止すべき業務上の注意義務があるのに，これを怠り，同電車に乗務する運転手が不足していたことを理由に，自動車運転の経験がなく，また同電車の運転訓練を十分に受けていないため，クラッチ操作やギアチェンジが十分にできない被疑者乙野をして，平成○年○月○日頃から同月○日午後○時頃までの間，前記Ａランドにおいて，同電車に乗客を乗せて運行させた過失

第２　被疑者乙野は，同年○月○日午後○時頃，前記「象電車」に乗客22名を乗せて運転走行し，発車地点から約244メートル離れた地点を進行するに当たり，同所付近は下り勾配が続き，その先に左急

カーブがあることから，スピードの出し過ぎによる脱線転覆を未然に防止するため，適宜ブレーキ操作を行うなどして十分減速して進行すべき業務上の注意義務があるのに，これを怠り，クラッチペダルをフットブレーキと誤って踏み込み，フットブレーキ及びエンジンブレーキの利かない状態で同電車を時速約 30 キロメートルに加速させて約 262.5 メートルの地点の左急カーブに進入させた過失の競合により，発車地点から約 262.5 メートルの地点において，同電車の先頭から第 3 番目の客車を脱線転覆させ，同客車に乗車中のH（当時 43 歳）に加療約 11 か月間を要する○○等の傷害を，同Ｉ（当時 5 歳）に加療約 5 日間を要する○○等の傷害を，同J（当時 30 歳）に加療約 7 日間を要する○○の傷害を，同K（当時 3 歳）に加療約○日間を要する○○等の傷害を負わせたものである。

（業務上過失致傷）

| 事例 | 70 | 博覧会会場におけるジェットコースター追突事故 |

　被疑者甲野一郎は，遊戯機器の製造，販売，遊園地の経営等を業とする株式会社X（代表取締役H）の中国営業部係長であって，○○市○町○丁目○番地周辺地で開催された○○博覧会に，同社等が参画した遊園地Aランド共同企業体の運営のため，同企業体副所長兼ジェットコースター等遊戯機器の運行管理責任者として同企業体に派遣され，同企業体に派遣された同社従業員及びアルバイト従業員を指揮監督するとともに，ジェットコースター等遊戯機器の運行を管理する業務に従事していたもの，被疑者乙野次郎は，遊園地等の経営及び管理の受注等を行うYネットワーク株式会社○○営業所の従業員であり，同社の親会社であるZ株式会社が前記博覧会会場内Aランドに設置したジェットコースターの運転取扱責任者兼運転担当者として前記ジェットコースターを直接運転するほか，丙野三郎らアルバイト従業員に対し，ジェットコースターの運転等を指導し，同人らに運転を行わせていたもの，被疑者丙野三郎は，前記株式会社Xのアルバイト従業員で，前記ジェットコースターの運転等の業務に従事していたものであるが，同遊園地に設置されたジェットコースターは，全長約588メートル，最高地上約19メートルの軌条上を4両連結を1編成とした定員16名の列車を1編成あるいは2編成で運行するもので，駅舎の所定停止位置から走路最高地点までは引上げ装置で引き上げ，同地点からの列車の減速・停止は，軌条上に設置された「出発」，「非常」，「進入」，「到着」の各区間に設けられたブレーキ及びリミットスイッチ等によってコンピュータ制御されているが，列車は，軌条の波状により高速度で走行するため，コンピュータシステムの故障や運転操作盤などの機器の操作過誤等による脱線，衝突事故が発生して多数の乗客に傷害等を負わせるおそれがあり，特に編成の切り替え操作は，コンピュータシステムからいったん離脱してその認識を替えた後，列車の移動等の運転操作の必要があって，この操作を誤れば，列車同士が衝突して多数の乗客に傷害等を負わせるおそれが高かったのであ

るから
第1　被疑者甲野は，運行管理責任者として同社の内規等で定められたとおり，ジェットコースターの運転は，規定に基づく運転資格者を選任し，運転資格のある従業員が不足する場合は，前記株式会社Xに人員の補充を要請するなどし，運転資格のないアルバイト従業員のみによるジェットコースターの運転をさせてはならない業務上の注意義務があるのに，これを怠り，ジェットコースターの運転資格者の補充を要請することなく，運転担当者として，資格を有する同社従業員乙野次郎1名のほか無資格者のアルバイト従業員である丙野三郎及び丁野四郎を指名して運転に専従させ，しかも，前記乙野不在の場合は，ジェットコースター運転の経験が浅く，機器操作の知識も少ないアルバイト従業員のみでの運転を行わせていた過失

第2　被疑者乙野は，ジェットコースターの運転については運転資格を有する自己が自ら行い，仮にアルバイト従業員に運転させる場合があっても，列車編成切り替えは行わせないよう指示すべき業務上の注意義務があるのに，これを怠り，平成○年○月○日午後4時45分頃，前記ジェットコースター駅舎において，安易にアルバイト従業員である前記丙野に対して編成切り替え操作の一部を教示した上，自己が不在の場合にはこの操作を禁止する旨の指示を出さないまま現場を離れた過失

第3　被疑者丙野は，前記乙野の教示により編成切り替え操作を自分1人で行うことが許されたものと誤解し，2編成運行よりも1編成運行の方が運転監視等が楽であるとの理由から，同日午後5時15分頃，安易に運転編成を2編成から1編成に切り替えようとして，各列車が出発区間及び進入区間に停止している状態で，同遊園地ジェットコースター駅舎運転室の運転操作盤等を操作したが，前記切り替えに際しては，コンピュータシステムからいったん離脱する必要があり，前記操作盤の編成切り替えスイッチを2編成にしたまま主制御スイッチをいったん切った上，これを「入」にすれば1編成の

列車は出発区間に，他の1編成の列車は到着区間に停止しているものとコンピュータが認識し，進入区間のブレーキが閉じられた状態となるシステムになっているところ，その操作手順や前記コンピュータシステムについて無知のため，進入区間及び到着区間のブレーキを開放できず，進入区間に停止した空車列車を到着区間に移動させられない状態であったから，このような場合，出発区間に停止している列車に乗客を乗せて2編成での運転を行えば，進入区間に停止している列車を移動させることは不可能であって，乗客を乗せた列車が前記空車列車に衝突して多数の乗客に傷害を負わせるおそれが高かったのであるから，出発区間に停止していた列車に乗客を乗せてはならない業務上の注意義務があるのに，これを怠り，出発区間の列車を出発させれば，進入区間のブレーキを開放でき空車列車は移動可能であると軽信し，前記出発区間に停止していた列車にS（当時26歳）らの乗客を乗せて発車させた過失の競合により，同日午後5時15分頃，同列車を進入区間に停止している空車列車に追突するに至らせ，よって，別紙負傷者一覧表記載のとおり，前記Sほか11名に対し，○○，○○等の各傷害を負わせたものである。　　　　　　　　　　　　　　　　　**（業務上過失致傷）**

（別紙負傷者一覧表は省略）

| 事例 | 71 | 博覧会会場におけるウォーターライド転落事故 |

　被疑者は，○○株式会社のプロジェクト室長であり，平成○年○月○日から同年○月○日までの間，○府○市○区から同府○市にまたがる区域（約140ヘクタール）を会場として開催された「国際花と緑の博覧会」の会場内観客輸送機関であるウォーターライド運営本部の総館長として，その運行及び安全管理等に関する全ての業務を統括していたものであるが，前記ウォーターライドは，同博覧会会場中央付近に位置する同区○○公園○丁目○番地所在の中央ゲート駅と同府○市△△所在の街の駅とを結ぶ全長約2キロメートルの高架路に，3隻1セットのライド（全長約17メートル，コンパニオン1名を含む乗船定員72名）を1号から23号まで配置し，前記両駅部分を除く高架路の水平な水路部分は水流，水のない傾斜部分はベルトコンベアの推進力により秒速約1.3メートルで走行し，一方通行により各セット間隔をおおむね110メートルとして周回する構造となっていたところ，平成○年○月○日午後0時7分頃，中央ゲート駅1階の運営本部で被疑者が執務中，街の駅出発ホームにおけるベルトコンベアの故障によりライドが同駅を出発できない状態となり，その後同駅到着ホームに到着したライドが順次停止して滞留し始め，そのままライドの運行を継続すれば，街の駅に向け走行しているライドが同駅到着ホーム南側で滞留しているライドに衝突するなどして不測の事故が発生する危険があったから，直ちにライドの運行を停止させるべき業務上の注意義務があるのに，これを怠り，事故の発生はないものと軽信し，中央ゲート駅及び街の駅の乗客の動向のみに注意を注いで，同駅南側におけるライドの滞留状況に十分な注意を払わず，漫然ライドの運行を継続した過失により，同日午後0時13分頃，同駅出発ホームから同駅到着ホームを越え，同ホーム南側の鉄橋部分に至るまで連続して停止していた9セットのライド（19号ないし23号及び1号ないし4号）の最後尾の4号ライドの後部にベルトコンベアの傾斜部分を走行中の5号ライドの前部を追突させ，さらに同日午後0時15分頃，5号

ライドの後部に前記ベルトコンベアの傾斜部分を走行してきた6号ライドの前部を追突させた上，前記ベルトコンベアの推進力によって5号ライド前部を4号ライド後部に押し付けながら前進させて4号ライド中1隻を水路内で転覆させるとともに，5号ライド中2隻を水路外に脱落させて約8メートル下方の路面に転落させ，よって，別紙一覧表記載のとおり，4号，5号及び6号の各ライド乗客及びコンパニオン合計21名に対し，全治約7か月間ないし5日間の各傷害を負わせたものである。

（業務上過失致傷）

（別紙一覧表は省略）

【解説】
　花博ウォーターライド事故（平成2年4月2日発生）の事案を基にした記載例である。

第12 水難等事故

事例 72　観光ダイバーの溺死事故

　被疑者は，○○県○○郡○○町○丁目○番地に事業所を設けて「マリンクラブ△△」の名称で一般スキューバ・ダイバーを対象とするガイド等のダイビング・サービス業を営み，一般スキューバ・ダイバーを引率してガイド・ダイビングを実施するに際し，参加者の危険を防止する業務に従事していたものであるところ，平成○年○月○日午前10時30分頃，A，B，C，D，E，F，G及びHの一般スキューバ・ダイバー8名を引率し，同町字○○島南側海岸の通称「○○台」沖合約40メートルの地点の海底に所在する洞窟において，ガイド・ダイビングを実施しようとしたが，そもそもスキューバ・ダイビングは，水中高圧下での活動であるため，小さなトラブルから溺死等に至る危険性を有するものである上，前記洞窟は，入口水深約33メートル，奥行き約77メートルで，大小種々の広間が昇降傾斜通路で結ばれた複雑な構造を有し，入口から約36メートルの地点から奥は上部が完全に閉塞されて同地点に戻らなければ水面に浮上できず，入口から約51メートルの地点から奥は自然光が全く届かず暗闇となり，最奥部の広間の入出路は入口から約65メートルの同広間底部にあり，同所に堆積した土砂をフィンで舞い上がらせると視界不良となって同入出路の発見が困難になるという状況から，極めて危険な海底洞窟であり，さらに，前記8名の一般スキューバ・ダイバーのうち前記洞窟のダイビング経験を有する者は前記Hだけで，それも1回にすぎないこと等の事情もあったのであるから，前記洞窟において前記8名の一般スキューバ・ダイバーを引率してガイド・ダイビングを実施しようとするダイビング・サービス業者としては，これに先だ

って，あらかじめ，各参加者に対し，前記洞窟の状況を図面を用いるなどの適切な方法で周知させ，そこから生じ得ると予想されるエアー切れ・土砂の舞い上げによる視界不良等の危険を教え，各地点への予定到着時刻を定めるなど潜水時間管理を確実にして周知させ，さらに，前記実施に際しては，参加者全員を十分監視できるように少なくとも先頭及び最後尾に前記状況を熟知したガイド・ダイバー各1名を配置してチームを編成し，索潜水を行い，緊急時に備えて前記入口等に予備タンクを設置するなど，事故の発生を未然に防止するための措置をとるべき業務上の注意義務があるにもかかわらず，これを怠り，前記各措置を全くとらず，前記8名に対し，前記洞窟の出入口が1つしかないこと等の説明をしたのみで自分に追従するよう指示し，その頃から，前記洞窟において，ガイド・ダイビングを実施した過失により，被疑者に追従した前記8名中，後尾位置をダイビングしていた前記A（当時○歳），前記B（当時○歳）及び前記G（当時○歳）の3名をして，前記最奥部の広間からの入出路を見失わせ同広間に取り残された状態にさせて，エアー切れに陥らせ，よって，同日午前11時10分頃，同所において，前記3名をいずれも溺死させたものである。　　　　　　　　（業務上過失致死）

【解説】

スキューバ・ダイビングのインストラクターの資格・要件に関する法令は存在しない。国内にある民間団体が，各団体ごとに資格を認定している。また，文部科学省の外郭団体である一般財団法人社会スポーツセンターや公益財団法人日本体育協会が，スキューバ・ダイビング指導者の認定制度を設けている。

| 事例 | 73 | 夜間潜水指導中の溺死事故 |

　被疑者は，昭和○年○月にスキューバ・ダイビングの資格認定団体であるPADI（プロフェッショナル・アソシエイション・ダイビング・インストラクターズ）ジャパンからインストラクターの認定を受け，○○市内にある，受講生を募集して潜水技術の指導などを行うことを営業内容とするダイバーズ・トレーニングセンターに所属し，潜水指導者として受講生に対する潜水技術の指導業務に従事していたものであるが，平成○年○月○日午後9時頃，○○県○○郡○○町○丁目○番地先の海中において，同センターの募集に応じた受講生A（当時○歳）ほか5名に対し，甲野一郎，乙野次郎及び丙野三郎の3名を指導補助者として指揮しながら，圧縮空気タンクなどのアクアラング機材を使用して夜間潜水の指導を開始したところ，夜間であり，それまでの降雨のため海中の視界が悪く，容易に受講生の姿を見失うおそれがあり，一方，受講生の中には，潜水経験が少なく，潜水技術が未熟である上，夜間潜水は初めてという者もおり，不安感や恐怖感から，圧縮空気タンク内の空気を通常より多量に消費し，指導者からの適切な指示，誘導がなければ場合によっては空気を使い果たし，ひいてはパニック状態に陥って自ら適切な措置を講ずることができないまま溺水する可能性があったのであるから，潜水指導者である被疑者としては，自らあるいは指導補助者を指揮して，受講生が余裕を持って陸上に戻れるように，各受講生の圧縮空気タンク内の空気残圧量を把握すべく絶えず受講生のそばにいてその動静を注視し，受講生の安全を図るべき業務上の注意義務があるのに，これを怠り，潜水指導中に魚を捕まえて受講生に見せた後，受講生がそのまま自分について来るものと軽信し，かつ，3名の指導補助者に対しても，特別の指示をすることなしに，不用意に一人その場から移動を開始して受講生のそばを離れ，間もなく同人らを見失った過失により，指導補助者の前記丙野をして，受講生を指揮しつつ被疑者の姿を探し求めることを余儀なくさせ，その間，前記Aが圧縮空気タンク内の空気を使い果たしてパニ

ック状態に陥り，いったん海面に浮上したものの自ら適切な措置をとることができないまま溺水させ，その結果，同人を同月○日午前○時頃，同町○○△△番地所在の○○病院において死亡させたものである。

（業務上過失致死）

【解説】

最決平成4年12月17日刑集46・9・683の事案を基にした記載例である。
なお，最高裁は，
「受講生6名は，いずれも前記資格認定団体における4回程度の潜水訓練と講義を受けることによって取得できる資格を有していて，潜水中圧縮空気タンク内の空気残圧量を頻繁に確認し，空気残圧量が少なくなったときは，海上に浮上すべきこと等の注意事項は一応教えられてはいたが，まだ初心者の域にあって，潜水の知識，技術を常に生かせるとは限らず，ことに夜間潜水は，視界が悪く，不安感や恐怖感が助長されるため，圧縮空気タンク内の空気を通常より多量に消費し，指導者からの適切な指示，誘導がなければ，漫然と空気を消費してしまい，空気残圧がなくなった際に，単独では適切な措置を講じられないおそれがあった。特に被害者は，受講生の中でも，潜水経験に乏しく技術が未熟であって，夜間潜水も初めてである上，潜水中の空気消費量が他の受講生より多く，このことは被告人もそれまでの講習指導を通じて認識していた。また，指導補助者らも，いずれもスキューバ・ダイビングにおける上級者の資格を有するものの，さらに上位の資格を取得するために本件講習に参加していたもので，指導補助者としての経験は極めて浅く，潜水指導の技能を十分習得しておらず，夜間潜水の経験も2，3回しかない上，被告人からは，受講生と共に，海中ではぐれた場合には海上に浮上して待機するようにとの一般的注意を受けていた以外には，各担当の受講生2名を監視することを指示されていたのみで，それ以上に具体的な指示は与えられていなかった。」，「前記事実関係の下においては，被告人が，夜間潜水の講習指導中，受講生らの動向に注意することなく不用意に移動して受講生らのそばから離れ，同人らを見失う行為は，それ自体が，指導者からの適切な指示，誘導がなければ事態に適応した措置を講ずることができないおそれがあった被害者をして，海中で空気を使い果たし，ひいては適切な措置を

講ずることもできないままに，溺死させる結果を引き起こしかねない危険性を持つものであり，被告人を見失った後の指導補助者及び被害者に適切を欠く行動があったことは否定できないが，それは被告人の行為から誘発されたものであって，被告人の行為と被害者の死亡との間の因果関係を肯定するに妨げない。」
旨判示した。

| 事例 | 74 | スキューバ・ダイビング中の死亡事故 |

　被疑者は，スキューバ・ダイビングの実技指導等を目的とする株式会社Aの取締役を務め，スキューバ・ダイビングの民間資格認定団体からマスタースキューバ・ダイバートレーナーの資格認定を受けて，同社が企画するダイビングツアーの参加者を引率してダイビングを行う業務に従事していたものであるが，平成○年○月○日午前9時20分頃，○○県○市○○△△番地所在のX灯台より真方位150度，距離351メートル付近の水深約26メートルの海中において，同社が企画したダイビングツアーに参加したK（当時29歳）及びM（当時30歳）ほか3名を引率してダイビング中，同所は潮の流れが速く，前記Kらのダイビングの技量では，同人らが単独で海面まで安全に浮上することができないおそれがあったのであるから，浮上に当たっては，前記Kら5名全員に対して浮上する旨を確実に伝え，同人らを適切に誘導するなどして浮上し，事故の発生を未然に防止すべき業務上の注意義務があるのに，これを怠り，前記K及び前記Mに対し，浮上する旨を確実に伝えないまま浮上した過失により，両名を前記場所に放置し，その頃，同所付近において，両名を溺死させたものである。

（業務上過失致死）

| 事例 | 75 | スイミングスクールにおける小学生の溺死事故 |

　被疑者甲野一郎は、○○市○○通○丁目○番地所在の△△スイミングスクールのコーチであり、被疑者乙野次郎は、同スクールのサブコーチであり、いずれも同スクール会員の水泳指導及び水泳時の安全管理の業務に従事していたものであるが、平成○年○月○日午後5時20分から同時25分までの間、スクール内のプールの6,7コースの北側半分（水深1.15メートルないし1.35メートル、約55平方メートル）において、同スクールC組年少者15名に自由遊泳の時間を与え被疑者両名でこれを監視するに当たり、前記C組は6歳から8歳までの初心者クラスであり、年少者は危険に対する判断、防衛、回避能力がほとんど期待し難く、同プール内には1個2.5平方メートルの水深調節板3個を設置してはいたものの、水深調節板から外れれば身長が水面に達しない者や全く泳げない者もおり、かつ、水泳能力がないのにヘルパーと称する浮き具を取り外していた者もいて、水難事故発生の危険が予見されたのであるから、常時遊泳中の前記年少者の動静に注意し、直ちに異常を発見し救助措置がとれるよう監視を徹底し、自己が監視できない場合にはもう一方に監視させて事態の変化に即応し得る態勢を整えておき、水難事故を未然に防止すべき業務上の注意義務があるのに、これを怠り、被疑者両名とも前記自由遊泳中の年少者全員の監視が十分し難いプール北東端の水深調節板上にあってヘルパーの片付けをし、徹底した監視を怠った被疑者両名の過失の競合により、同時25分頃、前記C組中で水泳能力がなく、かつ、ヘルパーを外して自由遊泳中のA（当時6歳、身長116センチメートル）を溺水させ、よって、同月16日午前2時頃、同市○○所在の○○病院において、同人を脳機能障害により死亡させたものである。

（業務上過失致死）

第13 工事現場関連事故

事例 76 河川の分水路トンネル掘削工事現場において，豪雨のためトンネルが水没し，作業員が溺死した事故

　被疑者は，平成○年4月1日から平成○年3月31日までの間，○○県○○市△△○丁目○番○号所在の○○県M川改修事務所K川建設課長として，当時，同県が発注し，S建設株式会社，T建設株式会社及びU建設株式会社が工区を区分してそれぞれ受注，施工していた同県○市△△地先の1級河川K川分岐点から同市○○地先の1級河川X川に至るK川分水路（全長3362メートル）建設工事の指導監督等を行うとともに，K川及びW用水路からの洪水による濁流が同分水路トンネル上流側坑口から流入してその下流側トンネル坑内で分水路トンネル掘削工事を施工していたT建設株式会社などの作業員に危険を及ぼすことを防護するための設備としてS建設株式会社が同県から受注施工して完成させた同市○○△△番地所在の同分水路トンネル上流側坑口仮締切の引渡しを同社から受けてこれを管理する業務等に従事していたものであるが，平成○年○月○日午後4時30分頃，折からの台風○号の影響による豪雨のため，K川が氾濫し，W用水路からその濁流が流れ，前記仮締切前面の水門等建設工事現場掘削地の外周を取り囲む工事用仮設道路東側を越えて前記掘削地内に流入し始め，同日午後4時52分頃，前記M川改修事務所において，前記水門等建設工事を施工していたS建設株式会社の工事担当者であるAから，電話で，「仮設道路を越えて水が入ってきた，水の勢いが強くて簡単に止められない。」旨の緊急通報を受けた際，当時，前記仮締切から約1600メートル下流の同分水路トンネル坑内でT建設株式会社等の作業員が分水路トンネル掘削工事に従事していたのであるから，前記仮設道路を越流してきた濁流が，前記仮締切前面の掘

削地内に貯留すると，その水圧により，同仮締切が決壊して多量の濁流が同分水路トンネル坑内に流入し，前記作業員らの生命に危険が及ぶことを予見し，直ちに，Ｔ建設株式会社に対し，その作業員に前記分水路トンネル坑内の工事を中止させ，工事現場から緊急退避させるよう指示すべき業務上の注意義務があるのに，これを怠り，前記掘削地内に濁流が流入しても仮締切が決壊することはないものと軽信し，同日午後5時頃，前記Ｍ川改修事務所から同市○○町○○番地所在のＴ建設株式会社Ｋトンネル作業所に電話をかけ，同社現場代理人であるＢに対し，分水路トンネル掘削現場の切羽にコンクリートを吹き付けるよう指示し，前記作業員らに同分水路トンネル坑内での作業を継続させ，作業員の緊急退避を指示しなかった過失により，同日午後5時18分頃，前記仮設道路を越えて同掘削地内に大量に貯留した水の水圧により前記仮締切が決壊し，前記貯留した水が濁流となり，同分水路トンネル坑内に流入して同分水路トンネルを水没させ，よって，その頃，前記分水路トンネル坑内の掘削工事現場等において作業に従事するなどしていたＴ建設株式会社の従業員Ｖ1（当時○歳），同Ｖ2（当時○歳），同Ｖ3（当時○歳），同社の下請会社であるＮ株式会社の従業員Ｖ4（当時○歳），同Ｖ5（当時○歳），同Ｖ6（当時○歳）及び同Ｖ7（当時○歳）の合計7名を溺死させたものである。

（業務上過失致死）

注）　本件工事は，江戸川の支流であるＫ川の下流域における溢水氾濫を防止するため，Ｋ川を分流させてＸ川に至る分水路を設けるというものであった。

注）　「仮締切」とは，本件トンネル内にＫ川や周辺の河川からあふれ出た水が流れ込むのを防止する目的で設置された構造物である。

【解説】
　最決平成13年2月7日刑集55・1・1の事案を基にした記載例である（第一審は**千葉地判平成8年10月29日**判タ947・278，控訴審は**東京高判平成10年4月27日**判タ990・292）。

最高裁は,
「被告人は,○県○部M川改修事務所K川建設課長として,○県が発注したトンネル型水路部分を含むK川分水路建設工事の監督に当たるとともに,○県が前記トンネル内にK川や周辺の河川からあふれ出た水が流れ込むのを防止する目的で設置した構築物（以下「仮締切」という。）の管理を担当し,本件事故発生の20分以上前の時点で,仮締切がK川や周辺の河川からあふれ出た水の水圧で決壊する可能性を認識することができた。また,仮締切は,○県が,トンネル内の工事を請け負った者に委ねることなく,自ら占有して管理していた。」,「以上の事実関係の下では,被告人は,仮締切の管理に関して,当時トンネル内で建設工事等に従事していた者の危険を回避すべき義務を負っていたと解される上,本件に際して仮締切の決壊を予見することができたというのであるから,被告人には,仮締切の決壊による危険を回避するため,トンネル内で作業に従事するなどしていた請負人の作業員らを直ちに退避させる措置をとるべき注意義務があるとした原判断は,正当としてこれを是認することができる。」
旨判示した。

この最決について,調査官解説は,「通常の請負契約においては,建設工事の対象となる工作物は,工事の施工のため,請負者の管理に移される場合が多いと考えられる。請負契約によって,危険な施設の管理支配までも,請負者に移転したと考えられる事情があれば,その施設に関する安全確保,災害防止の義務も,発注者から請負者に移転することになると考えられる。しかし,本件において,仮締切は,請負者の施工区域にはなく,現実にも発注者の管理支配下にあったから,それを管理支配している発注者にそこから発生する危険を回避すべき義務を認めることができると考えられる。」,「管理支配している危険な施設から危険を発生させない作為義務に基づく注意義務が肯定されるためには,危険の発生について具体的な予見可能性が必要であるという指摘がある。それを本件についてみると,被告人は,設計業者に対して,強度を指定して仮締切の設計を依頼しており,仮締切のある掘削地が満水になると,その強度を超えることになる上,本件当時,周辺の河川から溢水が掘削地に流入しており,それを排出することはできなかったから,掘削地が満水になって,仮締切が決壊することは,被告人には予見可能であったと考えられる。そうすると,本件では,被告人に仮締切から危険を発生さ

せない作為義務に基づく注意義務を肯定する前提も満たされていたことになる。」,「本決定は,以上のような考慮から,仮締切が周辺の河川からあふれ出た水がトンネル内に流れ込むのを防止する目的で設置されており,被告人に仮締切の決壊について具体的な予見可能性があり,仮締切の管理が請負者にゆだねられていなかったなどの事実関係に言及した上,そのような事実関係の下では,仮締切の管理を担当している被告人に作業員らを退避させる措置を採るべき注意義務が肯定されるとして,原判決を是認したものと考えられる。」としている（最判解刑平成13年度21頁）。

　前田306頁は,「土木工事に関しては,建設請負工事の発注者に,請負人に対する指示監督権が認められていても,工事の安全確保は請負人が一次的な義務を負うとされてきた。しかし,大事故や大規模火災事故による多数の死傷結果を経験し,刑事において監督過失や安全体制確立義務が広く認められるようになり,**大阪高判平成3年3月22日判タ824・83**は,大阪市地下鉄の建設工事現場のガス爆発事故について,発注者である交通局の担当者にも過失責任を認めた。土木工事の発注者に過失責任を認めるには,①当該工事が危険であり,②発注者が地域住民の安全確保に最大限の努力を払う義務を有し,③発注者自身が当該工事の技術的専門性を有するなどの事情を要すると解すべきであろう。このような点の存在があってはじめて作為（監督）義務が認められる。」,「ただ,最決平成13年2月7日の事案の場合,仮締切が工事現場であるトンネル内にあふれ出た水が流れ込むのを防止する目的で設置された安全確保施設であり,それは,〇県が直接管理していたということに注意する必要がある。被告人は,注文者として本件工事の監督を担当していたというだけでなく,仮締切の管理を担当していた。その意味で本件事故を防止するための注意義務が当然肯定されると考えられる。また,このような仮締切が設けられたことからも,水があふれ出て本件のような事故が生じることの具体的予見可能性は肯定しうるであろう。」という。

事例 77 マンション建築現場において資材が落下して作業員が死亡した事故

　被疑者は，建設工事の請負等を目的とする株式会社Ｘ組が施工する○○県○○市○○町△丁目○○番地○○ハウス△△リバーサイド新築工事にとび職として玉掛け等の建築業務に従事していたものであるが，平成○年○月○日午後１時頃，同新築工事現場において，タワークレーンを使用して建築資材であるパイプサポートを屋上に荷揚げするため，ワイヤーロープ等で荷物をクレーン等のフックに掛け外しをするいわゆる玉掛けを行うに当たり，当時は荷揚げ作業範囲内への立入りが禁止されておらず，その範囲内で作業をしていた他の作業員に前記タワークレーンで荷揚げするパイプサポートが落下して激突するおそれがあったのであるから，パイプサポートを結束するなどして前記荷揚げ中にパイプサポートが落下して他の作業員に激突する危険を防止すべき業務上の注意義務があるのに，これを怠り，前記パイプサポートの荷揚げ中にパイプサポートが落下する危険はないものと軽信し，４段に組み上げたパイプサポートの最上段のパイプサポートを結束せず，最上段のパイプサポートが容易に左右に動き得る状態のまま玉掛けを終えた過失により，前記パイプサポートの荷揚げ中に，地上約60メートルの地点から最上段のパイプサポート６組を地上に落下させ，折から前記荷揚げ作業範囲内で荷の運搬作業をしていた作業員○○（当時○歳）の頭部に前記パイプサポートを激突させ，よって，同人に頭蓋骨・頭蓋底骨折を伴う脳挫滅の傷害を負わせ，同日午後○時○分頃，同市○○町△丁目○番地所在の○○病院において，同人を同傷害により死亡させたものである。

（業務上過失致死）

第13 工事現場関連事故　235

| 事例 | 78 | 店舗新築工事に伴う試着室の組立が不十分であったため，試着室完成後2年半を経過してから試着室の天井パネル板が落下して客が負傷した事故 |

　被疑者は，建築工事及び内装仕上工事等の企画，設計，施工等を業とする○○株式会社の営業部第一グループ営業専任職として，同社がX建設株式会社から請け負った○○県○○市○○町△丁目○○番地○○ビル1階A店店舗工事に伴う男性試着室の製造組立等の内装工事の現場責任者として，同工事の施工を指揮していたものであるところ，同工事を下請受注したY株式会社の技術部技術課主任Bらに前記男性試着室の組立等を行わせるに際し，同室の構造は，同室上部に据え付けられた2本のパイプ上に金属製のはめ込み式天井パネル板を載せるというものであり，完成後に同室の使用を継続していく中で，前記2本のパイプの間隔が開いた場合には直ちに同天井パネル板が脱落する危険があることを容易に予見し得たのであるから，かかるパイプの間隔の開きが生じないよう，前記パイプが取り付けられている壁面上部を，扉上部あるいは同室奥の壁面上部と溶接又はビス留め等の方法を用いて固定する，あるいは，前記壁面上部を溶接等の方法を用いて直接天井と固定する，さらには，仮に同天井パネル板が脱落した場合でも同室内にいる者に危害が及ばないよう，同天井パネル板をワイヤーを用いて吊り下げるなどの適切な工事を行わせ，同室内にいる者の頭上に同天井パネル板が落下する危険を未然に防止すべき業務上の注意義務があるのに，これを怠り，平成○年○月○日から同年○月○日までの間，切迫した納期までに工事を終了させる，あるいは見た目の美観を保つことのみに気を奪われ，適切な溶接工事やビス留め工事，あるいはワイヤーによる吊り下げを指示するといった十分な措置を講じることなく，経年の使用あるいはドアの開閉等に伴い2本のパイプの間隔が広がった場合には直ちに同天井パネル板が落下し得る状態で同室の組立等を行わせて前記X建設株式会社に引き渡した過失により，平成○年○月○日午後○時頃，同室内において，試着を行っていた○○（当時○歳）が同室の扉を開けて室外へ出ようとした際，同天井パネル板（重量約16.4キログラム）を落下させて同人の頭

部に直撃させるに至らせ，よって，同人に通院加療約7か月間を要する頭部挫創及び頸椎捻挫の傷害を負わせたものである。**（業務上過失致傷）**

第13　工事現場関連事故　237

事例 79　クレーン車による鋼材吊上作業中，懸吊用ワイヤーロープに高圧電線から流電し，作業員が感電死した事故

　被疑者は，平成○年○月○日当時，移動式トラッククレーン車の運転及び同クレーンの操縦の業務に従事していたものであるが，同日午後○時○分頃，○○県○○市○○町△丁目○○番地所在のＮ建設株式会社作業員宿舎北側鋼材置き場において，同作業員宿舎北側西寄りにトラッククレーン車（長さ7.5メートル，幅2.07メートル）を同宿舎と平行に東向きに停車させた上（宿舎北壁側端との間隔約2.25メートル），同車荷台後部のクレーン操作室に乗り移り，クレーンのブーム（鉄塔，三段伸縮式）を地上約13メートル弱の上空へ仰角75度前後に伸ばし，同クレーンを操作して，Ｘの誘導及び無資格の玉掛作業員2名の玉掛けによって，同宿舎北脇の高さ約0.45メートルの盛土部分に東西に積み上げられた建築用Ｈ型鋼材を，同車の北側約1.35メートルの間隔で同車と同方向に停車中の大型貨物自動車に積み込む作業を開始したが，その際，同クレーン操作室のやや東寄りの地上約7.8メートルの上空に，絶縁用防護管が装着された高圧電線（太さ直径約5ミリメートルの硬銅線，三相交流6.6キロボルト，電線間水平間隔約0.65メートル）がほぼ南北に架設され，うち東西両側の電線の防護管は北方に移動していて，同クレーン車のやや北寄りの箇所から南側は裸電線になっており，前記停車位置で作業するときは，ブームを西方から右西端の裸電線に近寄せて停車させ，同電線の西側0.6メートル前後の近距離の位置に懸吊用のワイヤーロープ（ブーム上端から4本のワイヤーロープでフック付きの滑車を昇降させる）を垂れ下げて鋼材の玉掛け及び吊り上げ作業をすることとなることを認め，前記作業中に，玉掛けの具合によるフックの揺れその他作業に伴うワイヤーロープの振りによって，同ワイヤーロープを前記電線に接触させて前記作業員らに感電させる危険があることが予想されたのであるから，このような場合，クレーンの操作に従事する者としては，前記絶縁用防護管の補修装着が容易にできる状況にあったのであるから，その装着を得た後に前記作業を行い，前記接触による感電事故を未然に防止すべき

業務上の注意義務があるのに、これを怠り、前記防護管の装着を得ないまま、前記接触はないものと軽信して前記積み込み作業を開始継続した過失により、同日午後○時○分頃、前記場所の地上約1.26メートルの高さに積まれ、そのほぼ中央部を東西約3.4メートルの間隔で玉掛用ロープ2本で結束された建築用H型鋼材3本（長さ10メートル、7メートル、6.2メートルのもの各1本、重量合計約0.7トン、西側端がほぼそろった状態に結束されている。）を吊り上げるため、ワイヤーロープを前記西端の電線の西側約0.6メートルの位置で、かつ、その下端のフックが前記鋼材の2箇所の結束部分の中心部から約0.2メートル西側の地点の上空約3メートルの位置に降りるまで巻き下げ、玉掛作業員2名に前記2本の玉掛ロープ先端を前記フックに掛けさせた上、玉掛作業員○○と前記Xの合図によって、これを吊り上げようとしてワイヤーロープを約1.2メートル巻き上げた際、玉掛ワイヤーロープの緊張に従ってフックが東側に引っ張られてワイヤーロープが同方向に振れていき、前記電線まで約0.3メートルの距離に接近したのを認めて危険を感じ、直ちにワイヤーロープの巻き上げを中止したが間に合わず、前記鋼材が吊り上がる直前に、前記フックの揺れと前記鋼材上からその北側地上に飛び降りた玉掛作業員2名が玉掛用ロープに加えた力により、前記ワイヤーロープがさらに東側に振れ、これを前記電線に接触又は接触同然の状態に接近させて流電させ、折から前記鋼材をその東端付近の前記盛土上において左手で支えていた前記X（当時○歳）に高圧電流を感電させ、よって、同人を高圧電流感電ショックによる心臓麻痺により即時同所で死亡させたものである。

（業務上過失致死）

【解説】
大阪高判昭和53年9月26日判時941・141の事案を基にした記載例である。

| 事例 | 80 | フォークリフトのフォークを道路へはみ出して駐車していたところ，原動機付自転車が激突した事故 |

　被疑者は，東京都〇〇区△△1丁目〇番地所在の材木問屋株式会社X商店の従業員であって，フォークリフトの運転並びにこれを用いた材木の運搬及びその荷役などの業務に従事していたものであるが，平成〇年〇月〇日午前〇時過ぎ頃，同商店前の道路（歩車道の区別のない道路で，幅員約7.8メートル）において，同商店のフォークリフト（鋼鉄製フォークの長さも含めた車長約3.5メートル，車幅約1.5メートル，車高約2.06メートル）を，その前部に装着されている鋼鉄製フォーク（2本爪のもので，各爪とも，長さ約1.1メートル，幅約13センチメートル，厚さは基部約4センチメートル，先端部約1センチメートル）上に長さ約3.65メートル，幅約7.5センチメートル，厚さ約1センチメートルの杉の小幅板12枚を1束とする材木束70束を14列5段に積載して運転し，同フォークリフトの後端から約1.4メートルの部分を同道路東側端に沿う同商店の車庫内に収め，先端から約2.1メートルまでの部分を道路に残して，道路に対しほぼ直角の向きで，同フォークリフトを駐車させ，路面から約1.15メートルの高さに固定した前記鋼鉄製フォーク上の前記材木束を1束くらいずつ手で降ろして前記車庫隣（北側）の倉庫の軒下に立て掛ける作業を開始し，その後しばらくして前記材木束を前記倉庫軒下に全部立て掛け終えたのであるが，その際，材木束が全部取り降ろされ，むき出しになった前記鋼鉄製フォークが約1.15メートルの高さで道路中央に向けて突き出しており，前記道路を通行する車両の運転手が前記鋼鉄製フォークの存在に気付かずに衝突する事故が発生する危険が生じていたのであるから，直ちに同フォークリフトをその場から移動させて，前記鋼鉄製フォークによる通行車両の安全走行が妨げられることのないようにし，もって，このような事故の発生を防止すべき業務上の注意義務があるのに，これを怠り，前記措置を講じることなく，漫然と前記場所に前記状態の同フォークリフトを駐車させたままにしていた過失により，同日午前〇時〇分頃，折から原動機付自転車を運転して前記道路を

○○道路方面（北側）から○○橋通り方面（南側）に向け，むき出しの前記鋼鉄製フォークの存在に気付かないまま時速約40キロメートルで進行してきたＡ（当時○歳）の前胸部に前記鋼鉄製フォーク右側先端付近を激突させて，同人を同車もろとも路上に転倒させ，よって，同人に胸腔内損傷の傷害を負わせ，同日午前○時頃，同区○○町○丁目○番地所在の○○病院において，同人を前記傷害による心臓破裂により死亡させたものである。

（業務上過失致死）

【解説】
東京地判平成5年5月31日判タ840・224の事案を基にした記載例である。

| 事例 | 81 | 水道管敷設工事に従事中の作業員がレンガ塀の下敷きになった事故 |

　被疑者甲野一郎は，株式会社X工業に雇われ，同社が〇市水道局から請け負った〇市〇区〇△丁目〇番地Y方前路上における水道管敷設工事の現場責任者，被疑者乙野次郎は，〇〇工業の名称で水道管敷設工事業を営み，同工事を前記X工業から下請けした施工者であって，それぞれ，作業員A，B，Cらを指揮監督して同工事を遂行するとともに，これら作業員の安全衛生を管理するなどの業務に従事していたものであるところ，被疑者両名は，平成〇年〇月〇日午前8時過ぎ頃，前記工事現場において，水道管敷設のため，前記作業員らにY方のモルタル塗装のレンガ塀南側約0.15メートルの位置に同塀と平行に上面幅約0.76メートル，底部幅約0.45メートル，深さ約0.77メートルの溝を掘削させようとしたが，前記塀は長さ約7.2メートル，高さ約1.7メートルである上，掘削現場の地盤は崩壊しやすい軟弱な砂地が多く，前記塀に沿って掘削を継続すると塀の基礎部分の土砂を崩壊させて塀を倒壊させる危険があったのであるから，掘削作業開始に先立ち塀の基礎部分の土質と塀の根入れ状況を十分調査し，かつ，土留めをしたり，支柱を設けたりするなど塀の倒壊を未然に防止するための適切な措置をしながら作業を継続すべき業務上の注意義務があるのに，これを怠り，漫然前記塀の外観を見分したのみで塀の塗装が比較的新しいことから倒壊することはないものと軽信し，塀の倒壊防止のための措置を全く講じないまま前記作業員らをして前記作業を遂行させた過失により，同日午前9時45分頃，前記作業員らが深さ約0.4メートル，長さ約9.2メートルの溝を掘削するに至った際，前記塀の地盤が崩壊し，同塀を前記作業員らの上に倒壊させて同人らを同塀の下敷きにさせ，よって，前記A及びBを即時同所において窒息死させ，前記Cを同日午前〇時〇分頃，同市〇区〇町〇番地所在の〇〇病院において全身打撲により死亡させたものである。

（業務上過失致死）

【解説】
　福岡高判昭和 61 年 5 月 26 日判時 1201・154 の事案を基にした記載例である。

| 事例 | 82 | 看板塔への看板取付け作業中の支柱倒壊事故 |

　被疑者甲野一郎は，土木建築請負業等を営む株式会社Xの建築部次長として勤務し，同社が平成○年○月○日，株式会社Y自動車ほか1社から請け負った○○市○町1丁目○番地所在「△△インテリア家具○○店新築工事」に関し，同工事現場の担当所長として同工事の指揮監督を統括する業務に従事し，被疑者乙野次郎は，前記株式会社Xの○○支店の建築部工事主任として勤務し，前記工事に係る仮設，とび・土工，鉄骨工事責任者として，鉄骨工事等の施工及び安全管理等作業の直接的な指揮監督の業務に従事し，それぞれ，前記新築工事に付帯する独立看板塔設置工事の指揮監督に当たっていたものであるが，同独立看板塔の設置工事は，1辺0.5メートルの四角柱の鉄骨製支柱2本（高さ18.75メートル）を8メートル間隔でそれぞれ垂直に設置した看板塔の上端部に，横12メートル，縦2.4メートル，重さ約3トンの広告看板をクレーンで吊り上げて取り付けるものであり，支柱の基礎部分の固定が不完全なまま広告看板の取付け作業を行った場合は，支柱に看板を取り付ける際の衝撃や看板の重量による支柱の傾斜あるいは看板表面への風圧付加等により支柱が倒壊し，看板塔の上端部で作業する作業員の生命，身体に対する危険を生じるおそれがあったため，同支柱への看板取付けに当たっては，根巻きと称する支柱基礎部分をアンカーボルトで結節し，鉄筋を巻き付け補強してコンクリート打設により完全に固定する措置を施した上で看板を取り付ける作業計画の下に作業に着手したのであるが

第1　被疑者甲野は，同工事の施工実態が当初の作業計画と異なり，同支柱基礎部分をアンカーボルトで結節したのみの不完全な状態の下で，看板取付け作業が進められていることを現場で目撃し，倒壊の危険性を認識したのであるから，本人自ら又は作業責任者等を指揮して直ちに作業を中止させ，作業計画に基づく安全な作業方法への変更を指示するなど，倒壊事故を未然に防止し，作業員の安全を図るべき業務上の注意義務があるのに，これを怠り，施工主が要求し

た同年○月○日までの完成引渡しを急ぐ余り，単に「事故を起こさないように」と指示したのみで，倒壊の危険性がある前記方法による看板取付け作業を容認し，作業を継続させた過失

第2　被疑者乙野は，前記看板取付け工事の工法及び手順を企画立案し，同工事の仮設，とび・土工，鉄骨工事の責任者として同工事に立ち会い，作業の進捗状況からみて，このまま計画どおりの作業手順で工事を進めると看板塔の引渡日までに完成できない可能性があると考え，作業を急ぐ余り，支柱基礎部分のアンカーボルトのみを結節した状態で看板を取り付ける作業手順に変更したのであるが，このような不安定な状態で看板の取付け作業を進めると，支柱が倒壊して作業員の生命，身体に危険が及ぶおそれがあると認識したのであるから，安易な作業方法の変更を戒め，作業の安全に配意した工程・手順による作業を指示して作業員の安全を図るべき業務上の注意義務があるのに，これを怠り，A（当時○歳）らに対して支柱基礎部分のアンカーボルトのみを結節した状態で看板を取り付ける作業を指示し，同従業員らをして作業させた過失

の競合により，同支柱に看板を取り付けた直後の同年○月○日午前10時○分頃，折りからの風圧5.3メートルの東南東の風により，同看板塔を支柱基礎部分から倒壊させ，よって高所作業車のバケットに乗って同看板の取付け作業に従事していたB（当時○歳）を同バケットから転落させ，即時同所において全身打撲により死亡させたほか，同看板塔内で取付け作業中のC（当時○歳）及び同支柱に登って配線作業中のD（当時○歳）を倒壊した看板並びに支柱と共に地表に落下させ，前記Cに対し頭部外傷により全治○か月間，前記Dに対し左肘上腕骨開放性骨折等により全治約4か月間のそれぞれ入院加療を要する傷害を負わせたものである。

　　　　　　　　　　　　　　　　　　　　（業務上過失致死傷）

第14 山岳関連事故

事例 83　高等学校山岳部の合宿練習中における事故

　被疑者は，○○市立○○高等学校教諭であり，同校山岳部顧問として同部の活動の指導に当たっていたもので，平成○年3月31日から同年4月6日までの日程で同部クラブ活動の一環として行われた春山合宿訓練に際し，同校2年生A（当時17歳），同校1年生B（当時16歳），同校1年生C（当時16歳）及び同校1年生D（当時16歳）の4名を引率して△県△郡△町所在の○○国立公園朝日連峰（最高標高海抜約1870メートル）に登山し，同月2日，同連峰狐穴小屋に到着し，天候不良のため同月4日午前7時頃まで同小屋に停滞していたところ，同日朝のラジオの天気予報で同日午後から海上山岳方面の天候が荒れ模様になることを聞きながら，同日午前7時頃，前記Aら生徒を引率指導して同小屋を出発し大朝日岳へ向かい，途中約4.9キロメートルの行程で竜門山を踏破して同日午前11時頃，同連峰御坪付近にさしかかったが，同所から西朝日岳・中岳を経て大朝日岳に至る行程約4.7キロメートルの進路は，海抜約1800メートルの高所で，日本海方面から吹き付ける強風を遮るもののない稜線伝えの急峻部を持つ山道であり，途中に適当な避難設備もない上，前記狐穴小屋出発後同日午前10時頃から同連峰竜門山付近で早くも雨模様となり，同所から約0.9キロメートル進んだ前記御坪付近では降雨・風勢共に激しさを加えて次第に荒れ模様となったところ，天候の激変しやすい春先の同連峰においては，雨が吹雪に変わる等さらに天候の悪化することが容易に予想され，かつ，このような地形・気象状況の下に登山経験不十分で肉体的，精神的に未熟な前記Aら生徒を引率して前進を強行するときは，指導者として前記Aら生徒の掌握が著し

く困難となるのはもちろん，天候・地形状況等の悪条件による急激な気温低下や体力消耗のため進退不能となり，ひいては寒気と疲労による凍死等不測の事態の発生も容易に予想され得る状態にあったのであるから，このような場合，生徒らを引率して登山訓練の指導に当たる山岳部顧問としては，その職務上，ア直ちに前進を中止して前記竜門山に引き返し，同所より避難路をたどって最寄りの△△小屋に避難するか，あるいは風向き等を顧慮して適当な場所に不時露営して天候の回復を待つ等臨機の措置をとり，万一前進を続ける場合も，生徒らの隊列が離散することのないように常時同人らの動静に注意を払うとともに，生徒らの体調を的確に観察把握し，状況に応じて摂食・採暖・休養の方法をとるなど万全の措置を講じて予測される事故の発生を未然に防止すべき業務上の注意義務があるのに，これを怠り，自己の登山経験と生徒らの体力を過信する余り，漫然生徒らを引率してそのまま大朝日岳方面に向かって前進を強行した上

1　同日正午頃，前記御坪付近から約1.6キロメートル前進した同連峰西朝日岳指導標付近に到着した頃は，みぞれ交じりの雨が吹雪に変わってコースを見失うほどの悪天となり，前記生徒中，特にBが寒気と疲労により著しく体力を消耗して次第に無口となり，自力で輪かんじきを着けることも取り外すことも困難となった上，歩行中転倒しても直ちに起き上がれない等全く異常と認められる行動を示し，そのまま前進を続けるときは疲労のため凍死するなど最悪の事態が容易に予測され得る状態にあったから，イ直ちに前記Bの健康状態を確かめた上，全員不時露営して休養し，採暖・摂食等の応急措置を必要としたにもかかわらず，そのまま強いて前進を続けさせ，同日午後1時30分頃，西朝日岳指導標付近から約1.5キロメートルの同連峰中岳上り口の鞍部に到着する頃には，同人がさらに体力を消耗し，全くの歩行困難となって前記C及びDの集団より100メートル余りも遅れ，Aの助けを受けながら間もなく歩行不能となって停止したのにこれを顧みず，かつ，Aより即刻Bの前記危険状態の報告を受けながら，ウ自ら引き返

してBの容態を確かめた上，同人に対し救護のための必要な措置をとることなく，同人らより先行した中岳上り口より約60メートル前進した地点でC及びDと不時露営し，漫然前記Bをそのまま放置したため，同人をして同日午後6時頃，同連峰中岳上り口付近において寒気と疲労のため凍死するに至らしめ

2　前記のごとく，同夜は吹雪の中で不時露営し，翌5日午前6時頃前記Bの死亡を確認した後，A，C及びDを伴い，さらに大朝日岳に登頂するため同所を出発したが，同地点より中岳指導標付近に到るコースは，約100メートルにわたる最も急峻な登り坂である上，前記生徒らが前日までの悪天候下の強行軍に加え，Bの前記死亡事故による衝撃のため肉体的，精神的に極度に疲労しており，前日同人が遭難したことと思い合わせ，このまま前進を強行すれば，寒気と疲労のため生存した3名の生徒についても引き続き同様の事故が発生することも容易に予想され得る状態にあったにもかかわらず，エ行進中は生徒らと離れず常時同人らの健康状態を観察し，その体調に応じて適宜休養・採暖・摂食させ，服装・装備の調整をするなど臨機の措置をとることなく，自ら先行したまま追尾したC及びDが疲労のため次第に歩行困難となって後方に取り残されていたのに，同人らの動静を全く顧慮することなく漫然前進を続けたため，C及びDの両名をして寒気と疲労のため追従不能に陥らせ，よって間もなく前記出発地点より約150メートル進んだ同連峰中岳指導標付近において，前記両名を凍死するに至らせ

たものである。

（業務上過失致死）

【解説】

山形地判昭和49年4月24日判時755・39の事案を基にした記載例である。

上記記載例においては，死亡した被害者3名に対する関係で，アンダーラインの「ア」が過失として構成され（御坪付近で直ちに前進を中止して竜門山に引き返す義務があるのにそのまま前進を続けた過失，又は御坪付近で直ちに前

進を中止して適当な場所に不時露営して天候の回復を待つなどの臨機の措置をとるべき義務があるのにそのまま前進を続けた過失），さらに，被害者Bに対する関係では「1」記載中のアンダーラインの「イ」と「ウ」（御坪付近で直ちに前進を中止すべき義務に違反して前進を続けた場合，常時同人らの動静に注意を払うとともに，生徒の体調を的確に観察把握し，状況に応じて摂食・採暖・休養の方法をとるなどの義務があるのに，西朝日岳指導標付近のBの転倒した地点において，Bの健康状態を確認して不時露営し，休養・採暖・摂食等の応急措置をとるべき義務があるのに，これらを怠り前進を続けた過失，及び中岳上り口付近鞍部において自ら引き返してBの容態を確かめ必要な措置をとるべき義務があるのに漫然これを放置した過失）が，被害者C及びDに対する関係では「2」記載中のアンダーラインの「エ」（御坪付近で直ちに前進を中止すべき義務に違反して前進を続けた場合，常時同人らの動静に注意を払うとともに，生徒の体調を的確に観察把握し，状況に応じて摂食・採暖・休養の方法をとるなどの義務があるのに，中岳指導標付近を行進中生徒等と離れず常時同人らの健康状態を観察し，その体調に応じて適宜休養・採暖・摂食させ，服装・装備の調整をするなどの措置をとるべき義務があるのに漫然前進を続けた過失）が，それぞれ過失として構成されている。

　上記事案について山形地裁は，被害者3名に共通するとして構成された過失のうち，「御坪付近で直ちに前進を中止して竜門山に引き返す義務があるのにそのまま前進を続けた過失」については，日暮沢小屋に向かって進行（下山）することが，下山に伴う気温の変化，距離，標高差，地形，風の方向等を総合的に比較検討すると，より安全であったとは到底いえないから，御坪付近で直ちに前進を中止して日暮沢小屋に避難する義務があったとはいえず，そのまま前進したことが義務に違反した行為に当たるとはいえないとし，また，「御坪付近で直ちに前進を中止して適当な場所に不時露営して天候の回復を待つなどの臨機の措置をとるべき義務があるのにそのまま前進を続けた過失」については，「それまでBを含む被告人ら一行には特に異常を訴えるものもなく普通に進行を続けてきており，しかも御坪付近における状況は単に雨が強くなってきたというにすぎないから，この時点において被告人に，Bの生命に危険が起こることを予見して，適当な場所に不時露営して摂食・採暖等の臨機の措置をとるべき法的義務が発生したとはいえない。」などとした。

次に，Bに関する個別の過失について，「被告人ら一行が西朝日岳指導標を出発後，Bが輪かんをはずすようにとの被告人の指示にすぐ従わなかったり，輪かんを自分ではずせなかったり，はずした輪かんを他の部員ら及び被告人が手に持ったにもかかわらず，自分のキスリングを降ろしてこれに輪かんを結びつけたり，さらに歩行中滑って尻もちをついた後ようやく立ち上がったこと」などを被告人が認識していたとしながらも，「Bの前記行為がBの身体の異常をさほど明確に示すものではないこと，及びBを含む部員4名は御坪から西朝日岳指導標に至るまでの間，多くの登山経歴を有する被告人をたびたび引き離し，遅れて来る被告人を待つということが何度かあったほどの健脚ぶりを示し，また，Bが滑って尻もちをついたのは同指導標付近から約190メートル進んだにすぎない地点であるから，被告人がBの滑ったのを認識した時点においても，被告人にBの生命に危険が迫りつつあることを予見して，直ちにBの健康状態を確かめた上，全員不時露営し，採暖・摂食等の措置をとるべき法的義務があるとはいえないと認めるのが相当であり，結局，被告人が相変わらず前進を続けたことが前記注意義務違反になるとはいえない。」とし，さらに，「C・Dのグループが中岳上り口付近鞍部に到着し，中岳斜面を少し登りかけた際，Aが被告人らのところに来て，被告人に『Bがバテて動けなくなった』と報告したとき，Aのこの報告は，雨に濡れ，しかも発汗した上，相当の時間吹雪の中を歩いて来たBが，それまで無断で不時露営などしたことがないにもかかわらず，被告人のいる直前まで来て止まってしまったという状況の直後になされたこと等に照らせば，Bの容態について懸念を抱いて同人のところに引き返し，しかる後同人の異常を発見して救護の措置を講じる義務が生じたと認められる。」としたものの，「Bが入っているツェルトザック内に風が入らないようにした上，ホエブスに点火して同ザック内を暖めたり，同ザック内でBの荷物を乾いたものに替えること」などは，同ザックが燃えやすいビニロン製であったことや，同ザックの広さから実際に可能であったかどうか疑問であり，また，医師の鑑定書によれば，Bを救命するためには，シュラーフザックに収容してから長くても30分以内にこのような措置をとることを必要としたのに，当時の被告人，B，Aらの位置関係からみて，それは不可能であり，結局，この段階においては，結果回避可能性はなかったとした。
　また，C及びDの関係で，「御坪付近で直ちに前進を中止すべき義務に違

反して前進を続けた場合，常時同人らの動静に注意を払うとともに，生徒の体調を的確に観察把握し，状況に応じて摂食・採暖・休養の方法をとるなどの義務があるのに，中岳指導標付近を行進中，生徒等と離れず常時同人らの健康状態を観察し，その体調に応じて適宜休養・採暖・摂食させ，服装・装備の調整をするなどの措置をとるべき義務があるのに漫然前進を続けた過失」については，追尾したC及びDが次第に歩行困難となって後方に取り残されていったという事実は認められず，C及びDが，被告人に対し，「腹が空いたので飯を食べていっていいか」旨申し出たので，被告人は，歯をガチガチさせているAを，そのままC・Dの食事が終わるまで待たせておくわけにはゆかず，「食事が終わったらついて来い。」などと言い残して，Aだけを連れて前進を続けたと認められるとして，これを否定した。

　結局，「注意義務違反行為についてはいずれもこれを認めるに足りないから，本件各公訴事実はいずれも犯罪の証明がないことになる」旨判示し，被告人を無罪とした。

事例 84　雪崩事故

　被疑者甲野一郎及び被疑者乙野次郎は，いずれも北海道虻田郡〇〇町△番地所在のホテル△△地下１階に事務所を置く〇〇プロスノーボードサービスの従業員として勤務し，冬期間における雪上散策（スノーシューイング）の企画，参加者の募集及びガイド等の業務に従事していたものであるが，平成〇年１月25日実施の有料スノーシューイング・ツアーに応募したA（当時24歳）及びB（当時24歳）をガイドとして引率する業務に共同して従事するに当たり，当時ニセコアンヌプリ山付近においては大量の降雪及び積雪量の増加が続き，同日朝より札幌管区気象台から大雪・雪崩注意報も発令されていたのであるから，引率者である被疑者両名としては，雪崩発生の危険がある区域への立入りを避けることはもちろん，発生した雪崩の通過地域となるような樹木のまばらな沢筋等を避けて，雪崩による遭難事故のおそれのない樹木の密生した小高い林等を行程として選定するなど，共同して雪崩による遭難事故の発生を未然に防止すべき業務上の注意義務があるのに，これを怠り，ニセコアンヌプリ山の南東側に位置する扇状の急斜面で，過去にもその付近で発生した雪崩による遭難事故があり，地元自治体等で組織するニセコスキー場安全利用対策連絡協議会が雪崩危険区域に指定し，その旨をチラシ等により広く周知させていた通称「春の滝」の方面を，被疑者両名が共に目的地に選定した上，同日午前11時45分頃，「春の滝」の下部の沢筋に当たり，樹木がほとんどない同町字〇〇△△番地先〇〇営林署△△小班内の標高約411メートルの地点に，前記A及びBを，被疑者両名が共に引率して休憩させた過失により，同日午前11時50分頃，折から，「春の滝」の標高約816メートル付近から発生し流下して来た面発生乾雪表層雪崩に，休憩中の前記A及びBを巻き込ませて雪中に埋没させ，よって，その頃，同休憩地点において，Aに対し，入院加療６日間を要する全身打撲，偶発性低体温症の傷害を負わせるとともに，同日午後８時頃，〇〇市〇区△△丁目〇番〇号所在の△△病院において，前記Bを前記

雪崩事故に起因する急性心不全により死亡させたものである。

（業務上過失致死傷）

【解説】
　札幌地小樽支判平成 12 年 3 月 21 日判時 1727・172 の事案を基にした記載例である。
　この事案のガイドの職務は，ツアー参加者の生命身体に対する危険の防止もその義務内容としているので，刑法 211 条の「業務」に該当する。上記記載例は，業務上過失致死傷罪の共同正犯（過失の共同正犯）である（被疑者両名は，対等の立場に立ち，共同してツアーに参加する者の安全を確保すべき注意義務を負っているという構成であり，並行的危険創出型である。）。
　なお，この判決については，船山泰範『刑法の役割と過失犯論』（北樹出版，2007 年）234 頁以下が詳細な検討を加えている。

| 事例 | 85 | 登山ツアーに参加したツアー客の遭難事故 |

　被疑者は、旅行業等を営む株式会社Aの旅行本部営業統括室○○サブマネージャとして同社の主催する有料登山ツアーの企画立案及びツアー客の引率等の業務に従事し、平成○年9月22日から同月26日までの日程で、B（当時56歳）、C（当時64歳）ら16名のツアー客が参加した羊蹄山（標高1898メートル）等の有料登山ツアーに添乗員として同行し、同月25日、同比羅夫登山道登り口から同山頂までの往復路の登山引率を開始し、同日午前11時30分頃、北海道虻田郡○○町字○番○の同登山道9合目（標高約1700メートル）付近に至ったが、当時、降雪時期直前であり、同所付近より上は、濃霧で視界が悪く、ガレ場や登山道の分岐が続き、登山道を見失うおそれがあり、かつ、ツアー客が同山登山の経験がなく、登山道の状況等を熟知していない者であり、添乗員から離れて適切な引率を受けられない場合には、登山道を見失って山中を迷走し、著しい気温低下により凍死する可能性があったのであるから、ツアー客を引率する添乗員としては、ツアー客が自集団に合流するのを待ち、その安全を図るべき業務上の注意義務があるのに、これを怠り、同合目付近で、自集団からB及びCが後方に離れていたにもかかわらず、遅れてついて来るものと軽信し、そのまま登山引率を継続してB及びCから離れ去った過失により、同日午前11時30分過ぎ頃、B及びCをして、登山道の分岐点から別道を経由させ、その頃から同月26日未明までの間、登山道を見失わせて同山頂付近を迷走させた上、同所付近で、B及びCをそれぞれ凍死させたものである。　　　（業務上過失致死）

【解説】
　札幌地判平成16年3月17日裁判所ウェブサイトの事案を基にした記載例である。札幌地裁は、
「契約上、添乗員には、ツアー客の安全かつ円滑な旅行の実施を確保する義務があり、……とりわけ、登山ツアーには通常の旅行以上に遭難、落石、

転倒等による人の生命・身体に対する危険を伴い，現に，被告人自身で本件ツアーの当初予定であった火口一周を悪天候を理由に山頂往復に変更したのみならず，その山頂登山の最終決定権も被告人にあると認識していたことなどが認められるから，被告人が本件ツアーに当然に伴う生命・身体の危険を防止することを義務内容とする職務に従事していたものであり，これが業務上過失致死傷罪にいう『業務』に該当することは明白である。」
と判示した。

注）　本件事故発生後の平成 14 年 10 月頃から JATA（日本旅行業協会）及び ANTA（全国旅行業協会）では，「ツアー登山の健全な発展を考える懇談会」を発足させ，登山ツアーを取り扱う旅行業者の組織化の検討に入り，平成 15 年 7 月，会員 65 社の参加を得，「旅行業ツアー登山協議会」が発足した。同協議会は，ツアー登山のガイドラインの策定にかかり，平成 16 年 6 月，「ツアー登山運行ガイドライン」が策定され，平成 17 年 1 月から適用が開始された。その内容は，①安全対策，②人的対策，③装具対策，④顧客対策，⑤環境対策，⑥事故対策の 6 本柱で構成されている。また，同協議会は，平成 17 年 6 月，ツアー登山の難易度に応じた，引率者数の目安を示した「ガイド・レシオ」（無雪期における 2000～3000 メートル内外の山岳を対象）を決定・発表した（難易度は 5 段階に分けられ，それぞれにツアー参加者数及び引率数の目安が示されている。平成 18 年 1 月 1 日から適用が開始された。）。また，国内最大のガイド組織である「日本山岳ガイド協会」では，平成 16 年 6 月から全国統一のガイド資格認定制度をスタートさせたところ，資格は，エベレストなど海外登山で通用する「国際山岳ガイド」から，雪のない時期の整備された登山道を案内する「登山・山地ガイド」，身近な里山の自然や民俗を解説する「里山ガイド」までの 6 段階があり，登山実績や自然保護・気象知識，人命救助の方法等の筆記と実技試験を行い資格認定を行っている（以上，佐々木正人＝小林勝法＝山田紘祥「スポーツツアー事故における旅行業者の法的責任に関する一考察」文教大学国際学部紀要第 16 巻第 2 号〔2006 年〕13～29 頁）。なお，平成 14 年 10 月 15 日，北海道知事は，日本旅行業協会会長と全国旅行業協会会長に対し，「ツアー登山の安全確保について」と題する文書を送付し，ツアー登山の安全確保に対する取組を依頼した（平成 13 年 10 月，北海道は，「北海道アウトドア活動振興条例」を制定し，山岳ガイドを始め 5 分野にお

けるアウトドア資格制度を設けている。)。

第15 医療関連事故

事例 86 薬剤の取り違え事故

　被疑者両名は，東京都〇〇所在の東京都立Ａ病院整形外科に勤務する看護師として，医師による患者に対する医療行為の補助等の業務に従事していたものであるが，慢性関節リウマチ治療のため左中指滑膜切除手術を受けた入院患者であるＶ（当時〇歳）に対し，主治医の指示により，平成〇年〇月〇日午前8時30分頃から，同病院整形外科病棟〇号室において，点滴器具を使用して抗生剤を静脈注射した後，血液が凝固するのを防止するため，引き続き血液凝固防止剤であるヘパリンナトリウム生理食塩水を点滴器具を使用して同患者に注入するに際し

第1　被疑者甲において，患者に投与する薬剤を準備するにつき，薬剤の種類を十分確認して準備すべき業務上の注意義務があるのにこれを怠り，午前8時15分頃，同病棟処置室において，Ｖに対して使用するヘパリンナトリウム生理食塩水を準備するに当たり，保冷庫から注射筒部分に黒色マジックで「ヘパ生」と記載されたヘパリンナトリウム生理食塩水10ミリリットル入りの無色透明の注射器1本を取り出して処置台に置き，続いて，他の入院患者に対して使用する消毒液ヒビテングルコネート液を準備するため，無色透明の注射器を使用して容器から消毒液ヒビテングルコネート液を10ミリリットル吸い取り，この注射器を前記ヘパリンナトリウム生理食塩水入りの注射器と並べて処置台に置いた後，前記ヘパリンナトリウム生理食塩水入りの注射器の注射筒部分に黒色マジックで書かれた「ヘパ生」という記載を確認することなく，漫然，これを消毒液ヒビテングルコネート液入りの注射器であると誤信して，黒色マジッ

クで「6，E子様洗浄用ヒビグル」と手書きしたメモ紙をセロテープで貼り付け，他方，もう1本の消毒液ヒビテングルコネート液入りの注射器をヘパリンナトリウム生理食塩水入りの注射器であると誤信して，これを抗生剤と共にVの病室に持参し，午前8時30分頃，同患者に対し点滴器具を使って抗生剤の静脈注射を開始すると共に，消毒液ヒビテングルコネート液10ミリリットル入りの注射器をVの床頭台に置いて誤薬を準備した過失

第2　被疑者乙において，患者に薬剤を投与するにつき，薬剤の種類を十分確認して投与すべき業務上の注意義務があるのにこれを怠り，午前9時頃，Vから抗生剤の点滴が終了した旨の合図を受けて同患者の病室に赴き，引き続きヘパリンナトリウム生理食塩水を同患者に点滴するに当たり，ヘパリンナトリウム生理食塩水入りの注射器には注射筒の部分に黒色マジックで「ヘパ生」との記載がされているのであるから，「ヘパ生」の記載を確認した上で点滴すべきであるのに，これを確認することなく，同患者の床頭台に置かれていた注射器にはヘパリンナトリウム生理食塩水が入っているものと軽信し，漫然，同注射器内に入っていた消毒液ヒビテングルコネート液を同患者に点滴して誤薬を投与した過失

の競合により，Vの容態が急変し，その連絡を受けた同病院医師の指示により，午前9時15分頃，血管確保のための維持液の静脈への点滴が開始されたが，維持液に先立ち，点滴器具内に残留していた消毒液ヒビテングルコネート液を全量Vの体内に注入させることになり，よって，その頃，同所において，Vを消毒液ヒビテングルコネート液の誤投与に基づく急性肺塞栓症による右室不全により死亡させたものである。

（業務上過失致死）

【解説】
　東京地判平成12年12月27日判時1771・168の事案を基にした記載例である。

同事案は，都立Ａ病院において，手術を受けた入院患者である被害者に血液凝固防止剤を点滴するに当たり，看護師甲（記載例の被疑者甲）において，血液凝固防止剤と消毒液とを取り違えて，消毒液を入れた注射器を被害者のベッド脇の台に準備し，看護師乙（記載例の被疑者乙）において，その台上に準備された薬剤の確認を怠って消毒液を被害者に点滴したため，被害者を死亡させたという看護師2名による過失の競合事案である。同事案については，両名の過失を認めて，看護師甲につき禁錮1年・執行猶予3年，看護師乙につき禁錮8月・執行猶予3年とした上記東京地判が確定している。

なお，本件事故の事後処理に関連して，病院長が，主治医らと共謀して犯した，①死亡診断書の死因・病名について虚偽の記載をした虚偽有印公文書作成罪等及び②24時間以内に所轄警察署に異状死の届出をしなかった医師法21条違反の罪で起訴され有罪となり，同条の違憲性等を主張して上告したが，最高裁は同上告を棄却（**最判平成16年4月13日刑集58・4・247**）し，病院長を有罪（懲役1年・執行猶予3年及び罰金2万円）とした原判決が確定している。

医師法21条には，「医師は，死体又は妊娠4月以上の死産児を検案して異状があると認めたときは，24時間以内に所轄警察署に届け出なければならない。」と規定されている。上記最判は，同条の解釈について，「医師法21条にいう死体の「検案」とは，医師が死因等を判定するために死体の外表を検査することをいい，当該死体が自己の診療していた患者のものであるか否かを問わないと解するのが相当」であるとした。したがって，医師は，自分の患者が医療ミス等により死亡した場合（この場合に死体を検案すれば異状を認めるのが通常であろう。）も，24時間以内に警察署に届け出なければならない。また，上記最判は，医師にこのような届出義務が課されることについて，「死体を検案して異状を認めた医師は，自己がその死因等につき診療行為における業務上過失致死等の罪責を問われるおそれがある場合にも，本件届出義務を負うとすることは，憲法38条1項に違反するものではないと解するのが相当である。」として，医師法21条の規定は憲法38条1項（黙秘権〔自己負罪拒否特権〕の保障）に反しないとした。

医師法21条の規定に基づく届出は，しばしば警察による医療過誤事件捜査の端緒となるものであり，同条の解釈について明確な判示をした上記最判は参考となるであろう。

| 事例 | 87 | 薬剤の過剰投与事故（薬量の誤り） |

　被疑者甲は，埼玉県○○所在のA医科大学総合医療センター耳鼻咽喉科科長兼教授として，同科における診療全般を統括し，同科の医師らを指導監督する業務に，被疑者乙は，同大学助手として，被疑者丙は，同科病院助手として，患者の診療の業務にそれぞれ従事していたものであるが，被疑者乙をリーダー，被疑者丙を主治医として医療チームを組み，右顎下部の滑膜肉腫に罹患したV（当時○歳）に対し，抗がん剤である硫酸ビンクリスチン，アクチノマイシンD及びシクロホスファミドの3剤を投与する化学療法（VAC療法）を実施するに当たり

第1　被疑者丙は，滑膜肉腫やVAC療法の臨床経験がなく，抗がん剤は細胞を破壊する作用を有するもので，その投与は患者の身体に対する高度な侵襲であることから，その用法，用量を誤ると患者の命にも関わる事態となり，また，強い副作用があることから，これを用いるに当たっては，当該療法についての文献，医薬品添付文書等を調査して，その内容を十分理解し，副作用についても，その発現の仕方やこれに対する適切な対応を十分把握して治療に臨むべき業務上の注意義務があるのに，これを怠り，同療法や硫酸ビンクリスチンについての文献，医薬品添付文書の精査をせず，同療法のプロトコールが週単位で記載されているのを日単位と読み間違え，2ミリグラムを限度に週1回の間隔で投与すべき硫酸ビンクリスチンを12日間連日投与するという誤った治療計画を立て，それに従って研修医らに注射を指示し，平成○年9月27日から同年10月3日までの間，同センターにおいて，入院中のVに対し，1日当たり2ミリグラムの硫酸ビンクリスチンを7日間にわたって連日投与し，さらには，投与開始4，5日後には，Vに高度な副作用が出始めていたのに，これに対して適切な対応をとらなかった過失

第2　被疑者乙は，リーダーとして，被疑者丙らを指導する役割を担っていたところ，滑膜肉腫やVAC療法の臨床経験がなく，抗がん剤

は細胞を破壊する作用を有するもので，その投与は患者の身体に対する高度な侵襲であることから，その用法，用量を誤ると患者の命にも関わる事態となり，また，強い副作用があることから，当該療法についての文献，医薬品添付文書等の調査を通じて，その内容を十分理解し，副作用についても，その発現の仕方やこれに対する適切な対応を十分把握した上，被疑者丙が立てた治療計画について，その適否を具体的に検証し，副作用に対する対応についても，被疑者丙を適切に指導すべき業務上の注意義務があるのに，これを怠り，同年9月18日か19日頃，被疑者丙が立てた治療計画について了承を求められた際，被疑者丙が依拠した上記プロトコールの写を示されながら，それが週単位で記載されているのを見落とし，被疑者丙が立てた誤った治療計画をそのまま是認し，副作用に対する対応についても被疑者丙を適切に指導しなかった過失

第3 被疑者甲は，抗がん剤は細胞を破壊する作用を有するもので，その投与は患者の身体に対する高度な侵襲であることから，その用法，用量を誤ると患者の命にも関わる事態となり，また，強い副作用があることから，化学療法について十分な知識経験を有する医師の指導の下になされることが要請されるところ，当時同科には滑膜肉腫やVAC療法の臨床経験を有する医師がいなかったのであるから，VAC療法の実施を一般的な診療と同様に主治医の被疑者丙やチームリーダーの被疑者乙に任せることなく，同療法についての文献，医薬品添付文書等の調査を通じて，その内容を十分理解し，副作用についても，その発現の仕方やこれに対する適切な対応を十分把握した上，被疑者丙が立てた治療計画について，その適否を具体的に検証し，被疑者丙の投与薬剤の副作用についての知識を確認するなどして，副作用に対する対応についても適切に指導すべき業務上の注意義務があるのに，これを怠り，VAC療法を実施することを了承しただけで，被疑者丙の具体的な治療計画を確認しなかったため，それが硫酸ビンクリスチンを12日間連日投与するという誤

ったものであることを見逃し，副作用に対する対応についても適切な指導をしなかった過失
の競合により，被疑者丙らにおいて，同年9月27日から同年10月3日までの間，同センターにおいて，Vに対し，連日硫酸ビンクリスチンを投与して多臓器不全に陥らせ，よって，同月7日午後1時頃，同所において，Vを硫酸ビンクリスチンの過剰投与の副作用による多臓器不全により死亡させたものである。　　　　　　　　　　　（業務上過失致死）

【解説】
　最決平成17年11月15日刑集59・9・1558の事案を基にした記載例である。
　同事案は，大学附属病院において，当時有効な治療法が確立しておらず，診療関係者の誰も臨床経験がなかった右顎下部滑膜肉腫の治療を行うに際し，医師免許を取得して5年目の主治医が，文献を誤読して，本来，週単位で投与すべき抗がん剤を日単位で投与する誤った治療計画を立て，チームリーダーの指導医及び診療科科長である教授のいずれもこの誤りに気付かないまま治療計画を承認したために，本件抗がん剤を7日間にわたり連日患者に投与し，その過剰投与による多臓器不全により死亡させたものである。同事案につき，主治医（記載例の丙）・指導医（記載例の乙）・科長（記載例の甲）の3名が起訴され，主治医については第一審（さいたま地裁）の禁錮2年・執行猶予3年，指導医については控訴審（東京高裁）の禁錮1年・執行猶予3年の判決がそれぞれ確定し，科長のみが上告したが，上記最決は，これを棄却し，同人についても禁錮1年・執行猶予3年の原判決が確定している。
　同事案における科長については，主治医が立案した抗がん剤の投与計画を具体的に検討せず，投与間隔の誤りを見落とした「決裁における見落とし」が監督過失として問われたところ，いわゆる信頼の原則が適用されるのではないかが問題となった。
　信頼の原則とは，他人が適切な行動に出ることを信頼できるのが相当な場合には，その信頼に基づく行為の結果，法益侵害の結果を生じたとしても過失責任を負わないという法理をいうとされている（小林108頁参照）。医療現場のチーム医療の場面で信頼の原則が問題となった先例としては，**札幌高**

判昭和 51 年 3 月 18 日高刑集 29・1・78（北大電気メス事件）の事案がある。同事案では，電気メスを使用した手術の際に，執刀医が，看護師が電気メスのケーブルを誤接続していたことに気付かずに手術をしたため，手術部位ではない患者の下肢に重度の熱傷を負わせた過失責任が問われたところ，「チームワークによる手術の執刀医として危険性の高い重大な手術を誤りなく遂行すべき任務を負わされた被告人が，その執刀直前の時点において，極めて単純容易な補助的作業に属する電気手術器のケーブルの接続に関し，経験を積んだベテランの看護婦の作業を信頼したのは当時の状況に徴し無理からぬものであった」などとして執刀医を無罪とした。すなわち，同事案では，執刀医が看護師を信頼したことは相当であり執刀医にはケーブル接続の点検義務はないものとされた（なお，他に信頼の原則が問題となった事例として第 15・事例 88 参照。）。

上記最決の事案においても，科長の立場としては，基本的な治療方針の審査をすれば足り，その先は，主治医らが文献等に従って適切に抗がん剤を投与するものと信頼してよく，主治医の投与計画の具体的内容まで確認する監督義務はない，すなわち信頼の原則が適用され監督過失が否定されるのではないかが問題となったのである。

この点について，上記最決は，①本症例は極めて稀であり，同病院の耳鼻咽喉科においては過去に臨床実績がなく，同科の医局員はもとより科長ですら同症例を扱った経験がなかった，②主治医が選択した治療法（VAC 療法）については，主治医・指導医はもちろん科長も実施した経験がなく，VAC 療法に用いる抗がん剤には強力な毒性があり使用法を誤れば重篤な副作用が発現し，現に過剰投与による死亡例も報告されていたが，科長らはこのようなことについての十分な知識はなかった，③主治医は，医師として研修医の期間を含めて 4 年余りの経験しかなく，科長としては，同病院の耳鼻咽喉科に勤務する医師の水準から見て，平素から主治医らに対して過誤防止のため適切に指導監督する必要を感じていたものであることなどの事情の下では，「被告人〔科長〕は，主治医や指導医らが抗がん剤の投与計画の立案を誤り，その結果として抗がん剤が過剰投与されるに至る事態は予見し得たものと認められる。」，「被告人〔科長〕としては，自らも臨床例，文献，医薬品添付文書等を調査検討するなどし，VAC 療法の適否とその用法・用量・副作用などについて把握した上で，抗がん剤の投与計画案の内容についても踏み込

んで具体的に検討し，これに誤りがあれば是正すべき注意義務があったというべきである。」などと判示して，科長につき，主治医・指導医を信頼する相当性はなく，「投与計画の具体的内容を把握しその当否を検討することなく，VAC療法の選択の点のみに承認を与え，誤った投与計画を是正しなかった過失がある」として，その過失責任を認めた。

　上記最決は，大学附属病院での医療事故について，その最終責任者である科長（教授）が，部下の立案の過誤を看過したことにより刑事責任を問われたものであって，実務上参考になるものと思われる。

事例 88　患者を取り違えて手術をした事故

　被疑者Aは，○○大学医学部附属病院第一外科部長及び同科内の心臓血管外科担当医師グループの指導者として，同科の医療行為全般を統括するとともに，自らも同グループの医師等を指揮し，診察，治療，手術等の業務に従事していたもの，被疑者Bは，同第一外科の病棟主治医グループの長として同病棟の入院患者に対する診察，治療，手術等の業務に従事していたもの，被疑者C及び被疑者Dは，いずれも同病院麻酔科医師として手術予定患者の麻酔管理等の業務に従事していたもの，被疑者Eは，同病院の看護師として第一外科病棟の入院患者に対する看護，診療介助等の業務に従事していたもの，被疑者Fは，同病院の看護師として手術における医師の介助等の業務に従事していたものであるが，平成○年○月○日，○○市○○区○○所在の同病院において，同病棟7階に入院中のX（昭和○年○月○日生，当時74歳）に対する僧帽弁形成又は人工弁置換の手術が同病院4階手術部3番手術室で，同じく同病院7階に入院中のY（昭和○年○月○日生，当時84歳）に対する開胸生検・右肺上葉切除・リンパ節郭清の手術が同手術部12番手術室で予定され，各被疑者はこれを知っていたところ

第1　被疑者Eは，同日午前8時20分頃から午前8時35分頃までの間，前記患者両名を前記病棟から同病院4階手術室入口の交換ホールへ搬送して手術室介助担当看護師に引き渡すに当たり，患者の同一性を確認した上，これを1名ずつ確実に搬送して引き渡すのはもとより，仮に患者2名を同時に搬送して引き渡す場合においては，各患者の氏名等を1人ずつ確実に伝え，いずれの場合にあっても当該患者のカルテ，レントゲン写真，看護記録等（以下「カルテ等」という。）を，当該患者のものであることが判然分かるようにして同時的に引き渡すなどし，もって患者の取り違えによる事故の発生を未然に防止すべき業務上の注意義務があるのに，これを怠り，同一時間帯の手術予定患者を遅滞なく搬送して引き渡す必要上，前記患者

両名を同時に搬送したのに，前記交換ホール到着時に前記患者両名の姓を同時に告げるなどしたが，同交換ホール内の患者受渡窓口で1人目の患者Xを引き渡した際，手術室看護師である被疑者Fが同患者の氏名を了知したものと思い，それ以上に被疑者Fに対して同患者の氏名が確実に了知されるように伝えず，さらに，被疑者Fから患者Xに引き続いて患者Yを引き渡すよう指示されて漫然とこれに従い，患者Xのカルテ等を同患者の手術室介助担当看護師に引き渡さない間に，2人目の患者Yを，その氏名等を伝えることなく前記患者受渡窓口で被疑者Fに引き渡し，その直後に患者と面識のない前記患者両名の各手術室の介助担当看護師に，単に姓のみで特定して当該患者のカルテ等を手渡すなどし，各手術室介助担当看護師をして前記患者Xを患者Yの手術をする予定の前記12番手術室に，患者Yを患者Xの手術をする予定の前記3番手術室にそれぞれ搬送させた過失

第2　被疑者Fは，同日時頃，前記手術室入口の交換ホールにおいて，病棟看護師である被疑者Eから同一機会に前記患者両名の引渡しを受けるに当たり，患者の同一性を確認できなかったのであるから，その氏名等を患者ごとに確認するとともに，当該患者のカルテ等の引渡しを同時的に受けるようにするなどし，もって患者取り違えによる事故の発生を未然に防止すべき業務上の注意義務があるのに，これを怠り，前記患者両名を遅滞なく受け取る必要のほか，後輩看護師の手前，術前訪問した患者の氏名が分からないことが恥ずかしいとの思いや誰かが分かるであろうとの思いもあって，前記患者受渡窓口において，1人目の患者Xの引渡しを受ける際，被疑者Eとのやりとりで同被疑者が患者Yの姓を告げたものと思い，あいまいさを残したまま患者Xを患者Yとして受け取り，かつ，患者Xのカルテ等の引渡しを済ませていないのに，被疑者Eに対し，2人目の患者（Y）を続いて引き渡すよう指示し，同被疑者をして，患者Xのカルテ等を同患者の手術室介助担当看護師に引き継がせる前に，

2人目の患者（Y）の引渡しを行わせ，同患者の氏名等を聞かないまま漫然と同患者が患者Xではないかと思い引渡しを受けたため，前記患者両名を当該患者のカルテ等と同時的に引き継がせる機会を失わせ，その直後に前記患者両名と面識のない各手術室介助担当看護師らをして，単に姓のみで特定して被疑者Eとの間で当該患者のカルテ等の授受を行わせ，前記のとおり患者Xを前記12番手術室に，患者Yを前記3番手術室にそれぞれ搬送させた過失

第3　被疑者Dは，手術中における患者の全身状態の管理を行う麻酔科医師として，患者Xの術前回診を行い，その容貌，身体等の外見的特徴，手術前の病状等を把握していた上，前記のとおり，同一時刻に複数の患者に対する手術が予定されているのを認識しており，また，患者取り違えの可能性もないではなかったのであるから，同日午前8時45分頃から，前記3番手術室において，前記患者Xに対する僧帽弁形成又は人工弁置換の手術に関与するに当たり，麻酔導入前に患者の外見的特徴等や問診により患者がX本人であることを確認するのはもとより，麻酔導入前に手術室内で実施した経食道心エコー検査において，患者Xに手術を施す理由となった僧帽弁逸脱や腱索断裂が見られず，左心室から左心房への逆流の程度もわずかに見られる程度に変化し，異常であった肺動脈圧も正常であるなど術前検査と著しく異なる検査結果が出ていることを認識したのであるから，患者の同一性について再確認し，患者の取り違えが判明した場合には直ちにその旨連絡して患者Xに対する誤った手術を中止し，もって前記患者両名に対する事故の発生を未然に防止すべき業務上の注意義務があるのに，これを怠り，前記3番手術室に搬送された患者Yを，その同一性を確認することなくXであると軽信して麻酔を導入した上，その導入後，歯や毛髪の状態や術前検査結果と麻酔導入前検査結果の著しい相違から，患者Xの同一性に疑念を抱き，前記3番手術室に入室していたXの主治医らに自己の疑念を告げ，介助担当看護師をして病棟看護師に患者Xが手術室に搬送さ

れたか否かを電話で問い合わさせたが，Xが手術室に降りていることが確認されたことやXの前記主治医が胸部の感じから前記3番手術室に搬送されているのはX本人であるなどと言ったことから，Yを患者Xであると軽信して麻酔を継続するとともに，患者Xの現在する前記12番手術室に患者の取り違えを連絡する機会を失わせた過失

第4　被疑者Aは，同日，前記3番手術室において，前記患者Xに対する手術全般に責任を有する執刀医として手術を施すに当たり，前記のとおり，同一時刻に複数の患者に対する手術が予定されているのを認識していたところ，手術室入口の交換ホールにおいては病棟看護師から手術室介助担当看護師に患者の引渡しが行われており，複数の患者も出入りすることなどから患者を取り違える可能性がないではなかった上，執刀前に手術室内で実施した経食道心エコー検査において，患者Xに手術を施す理由となった僧帽弁腱索断裂を伴う前尖及び後尖の逸脱が見られず，左心室から左心房への逆流の程度が重度から軽度に変化し，異常であった肺動脈圧も正常であるなど術前検査と著しく異なる検査結果が出ていることを認識したのであるから，患者の同一性についても再確認し，患者の取り違えが判明した場合には直ちにその旨連絡して患者Xに対する誤った手術を中止し，もって前記患者両名に対する事故の発生を未然に防止すべき業務上の注意義務があるのに，これを怠り，前記検査結果の著変について患者の同一性確認の手段を全く講ぜず，患者Yに対し，同人を患者Xであると誤信したまま僧帽弁形成の手術を継続するとともに，患者Xの現在する前記12番手術室に患者の取り違えを連絡する機会を失わせた過失

第5　被疑者Cは，手術中における患者の全身状態の管理を行う麻酔科医師として，患者Yの術前回診を行い，その容貌，身体等の外見的特徴，手術前の病状等を把握していた上，前記のとおり，同一時刻に複数の患者に対する手術が予定されているのを認識しており，ま

た，患者取り違えの可能性もないではなかったのであるから，同日午前8時40分頃から，前記12番手術室において，前記患者Yに対する開胸生検・右肺上葉切除・リンパ節郭清の手術に関与するに当たり，麻酔導入前に患者の外見的特徴等や問診により患者がY本人であることを確認するのはもとより，同手術室内の患者の背中には心疾患患者用の経皮吸収型心疾患治療剤（通称フランドルテープ）が貼付されていた上，既往症として把握していた脊柱管狭窄症の手術痕が見当たらなかったのであるから，患者の同一性に疑念を抱き，患者Yの同一性について慎重に再検討を加え，患者の取り違えが判明した場合には直ちにその旨連絡して患者Yに対する誤った手術をも防止し，もって前記患者両名に対する事故の発生を未然に防止すべき業務上の注意義務があるのに，これを怠り，前記12番手術室に搬送された患者Xを，その同一性を十分確認することなく，姓による声掛け等をしただけで患者Yであると軽信し，前記フランドルテープをはがし，手術痕が見当たらないことの理由を確かめず，患者の同一性に疑問を抱かないまま患者Xに麻酔を導入かつ継続するとともに，患者Yの現在する前記3番手術室に患者の取り違えを連絡する機会を失わせた過失

第6　被疑者Bは，同日，前記12番手術室において前記患者Yに対する手術全般に責任を有する執刀医として手術を施すに当たり，前記のとおり，同一時刻に複数の患者に対する手術が予定されているのを認識しており，また，患者取り違えの可能性もないではなかった上，主治医でもある同被疑者自身入室していなかったのであるから，患者Yの容貌，身体，剃毛範囲等の外見的特徴，手術前の病状等を把握し，手術室内の患者が前記Y本人であることを確認して執刀を開始するのはもとより，執刀開始後においても，手術前には所見として把握していなかった肺気腫が存在し，肺がんと疑われた腫瘍が見当たらないなど術前検査の結果と異なる所見を認識したのであるから，患者の同一性についても再確認し，患者の取り違えが判

明した場合には直ちにその旨連絡して患者Yに対する誤った手術をも中止し，もって前記患者両名に対する事故の発生を未然に防止すべき業務上の注意義務があるのに，これを怠り，状況に応じた患者の同一性を確認する措置をとらず，患者Xに対する執刀を開始し，執刀開始後においても，所見の変化に疑問を抱いたものの患者の同一性につき再確認の手段を講じることなく，患者Xを患者Yであると誤信したまま開胸生検の手術を継続するとともに，患者Yの現在する前記3番手術室に患者の取り違えを連絡する機会を失わせた過失

の競合により，執刀医である被疑者Aら前記各患者の手術担当医らにおいて，同日午前8時45分頃から同日午後4時15分頃までの間，同病院3番手術室において，患者Yに，患者Xに行うべき麻酔及び手術を施し，執刀医である被疑者Bらにおいて，同日午前8時50分頃から同日午後1時48分頃までの間，同病院12番手術室において，患者Yに，患者Xに行うべき麻酔及び手術を施し，よって，患者Yに対し，同手術の間麻酔状態に陥らせた上，全治約5週間を要する胸骨正中切開，心臓僧帽弁輪形成等の傷害を負わせるとともに，患者Xに対し，同手術の間麻酔状態に陥らせた上，全治約2週間を要する右側胸部切創，右肺嚢胞一部切除縫縮，右第5肋骨欠損等の傷害を負わせたものである。

(業務上過失致傷)

【解説】

最決平成19年3月26日刑集61・2・131の事案を基にした記載例である。(第一審の**横浜地判平成13年9月20日**判タ1087・296はDを無罪としたが，控訴審の**東京高判平成15年3月25日**東京高裁刑事判決時報54・1＝12・15はDを有罪とした。Dは上告したが，最高裁は上告を棄却した。)。

上記最決は，

「医療行為において，対象となる患者の同一性を確認することは，当該医療行為を正当化する大前提であり，医療関係者の初歩的，基本的な注意義務であって，病院全体が組織的なシステムを構築し，医療を担当する医師や看

護婦の間でも役割分担を取り決め，周知徹底し，患者の同一性確認を徹底することが望ましいところ，これらの状況を欠いていた本件の事実関係を前提にすると，手術に関与する医師，看護婦等の関係者は，他の関係者が上記確認を行っていると信頼し，自ら上記確認をする必要がないと判断することは許されず，各人の職責や持ち場に応じ，重畳的に，それぞれが責任を持って患者の同一性を確認する義務があり，この確認は，遅くとも患者の身体への侵襲である麻酔の導入前に行われなければならないものというべきであるし，また，麻酔導入後であっても，患者の同一性について疑念を生じさせる事情が生じたときは，手術を中止し，又は中断することが困難な段階に至っている場合でない限り，手術の進行を止め，関係者それぞれが改めてその同一性を確認する義務があるというべきである。」
と判示した（前田303頁は，「チーム医療の場合には，常に信頼の原則が働き，執刀医などには過失責任が及ばないというわけではない。本件では役割分担，特に患者の同一性の確認担当者が明確に特定しておらず，さらに麻酔医なども，患者の入れ違いに気付きうる立場にあった以上，過失責任は免れない。」という。）。

| 事例 | 89 | 手技の誤りによる事故（その１） |

　被疑者３名は，医師免許を受け，東京都○○区所在のＡ大学附属Ｂ病院に泌尿器科医師として勤務し，医療業務に従事していたものであるが，平成14年○月○日午前９時40分頃，Ｂ病院手術室において，入院中のＶ（当時○歳）に対し，前立腺がんの治療を行うに際し，腹腔鏡下前立腺全摘除術（以下「本術式」という。）は，腹部に開けた穴に挿入した鉗子等を用いて，多数の静脈の集まりである陰茎背静脈叢（以下「DVC」という。）を確実に結紮（けっさつ）して止血し，前立腺摘除後に膀胱及び尿道を吻合するなど高度な手技を要する術式であり，止血処理に失敗したときなどに開腹術へ術式を変更する判断が難しいなどのため，高度先進医療とされているところ，被疑者３名は，いずれも本術式を安全に施行するための知識，技術及び経験がなく，本術式を施行すれば，DVCなどの止血処理が十分にできず，開腹術への変更の判断が遅れて大量出血となり，患者が低酸素脳症による脳死に至るおそれがあることを十分予見できたのであるから，患者の生命身体に危険のある本術式を選択することを厳に避けるべき業務上の注意義務があるのにこれを怠り，本術式を安全に施行することができるものと軽信し，共同して本術式により手術を開始した過失により，同日午後９時30分頃までの間，DVCの中心部に針を刺すなど運針操作を誤った上，DVCの結紮をするため，運針用器具であるエンドスティッチを使用するも，使用経験がなかったことからエンドスティッチの針を見失ってしまい，DVCの十分な結紮を諦めたことに加え，出血でDVCの傷口が見えない状態のまま止血用器具であるエンドクリップを使用したため，DVCの傷口を広げるなどして大量出血させ，さらに，上記手術に立ち会った麻酔医に対し，同出血を見過ごして出血は治まった旨申し向けるなどして輸血処置を遅らせ，よって，同年○月○日午前○時○分頃，Ｂ病院において，上記Ｖを低酸素脳症による脳死に起因する肺炎により，死亡させたものである。

（業務上過失致死）

【解説】

　東京高判平成19年6月5日公刊物未登載（いわゆる腹腔鏡下前立腺がん手術ミス事件）の事案を基にした記載例である。

　同事案は、大学附属病院の医師3名が、患者の前立腺がん治療のため腹腔鏡下前立腺全摘除術（本術式）を行うに際し、3名共に当時先進的だった本術式を安全に実施するための知識・技術・経験がなかったのであるから、本術式を選択すべきでなく、安全な開腹術によるべきであったのに、本術式を安全に実施できると軽信して、患者を大量出血させて死亡させたというものである。過失の構成としては、過失の競合ではなく、3名の医師が、共同の注意義務に共同して違反した過失の共同正犯として起訴され、判決もそのとおり認定している。

　医師3名のうち2名については、第一審（東京地裁）の禁錮2年6月・執行猶予5年、禁錮2年・執行猶予4年の判決がそれぞれ確定し、うち1名（第1助手）のみが控訴したが、上記東京高判はその過失責任を認めて禁錮1年6月・執行猶予4年としたものである。

　同事案は、大学附属病院の医師3名が、先進的な術式についての知識・技術・経験がないにもかかわらず、十分な準備をすることなく無謀にもこれを実施したという比較的特異な事例ではあるが、そのような事案における過失構成等において実務上の参考になるものと思われる。

| 事例 | 90 | 手技の誤りによる事故（その２） |

　被疑者は，横浜市○○所在のA大学B病院に泌尿器科医師として勤務し，医療業務に従事していたものであるが，平成14年○月○日午後2時10分頃から同日午後10時45分頃までの間，同病院中央手術室において，左副腎腫瘍に基づくクッシング症候群により入院中のV（当時○歳）に対し，腹腔鏡下左副腎摘除術を行うに当たり，摘除すべき臓器を十分確認して摘除して患部以外の臓器を損傷するのを避け，摘除後は摘除した組織を慎重に観察するなどして患部以外の臓器の損傷の有無を確認することにより患部以外の臓器を損傷したのに適切な処置を施さないまま放置するのを避けるべき業務上の注意義務があるのにこれを怠り，摘除すべき臓器の確認不十分のまま漫然膵尾部を左腎周囲脂肪組織と誤認して電気メス等で摘除し，さらに，摘除した膵尾部を手に取って見た際にも，それを十分慎重に観察せずに漫然これを左腎周囲脂肪組織と誤認し続け，体内に残存する膵臓の切断面の縫合等適切な処置を施さないまま手術を終え，その後も同手術における手技には過誤がなかったものと軽信し，上記適切な処置を施さなかった過失により，同月○日午後○時○分頃，同病院において，上記Vを膵尾部一部摘除等に起因する出血性ショック等に伴う多臓器不全により死亡させたものである。

（業務上過失致死）

【解説】
　横浜地判平成18年12月1日公刊物未登載の事案を基にした記載例である。
　同事案は，大学病院に勤務する医師が，腹腔鏡下左副腎摘除術を行うに際し，臓器の確認不十分のまま，切除すべきでない膵尾部を脂肪組織と誤認して電気メスで摘除し，これを手に取って見たが膵尾部とは気付かず，誤って切断した膵臓の縫合等の処置をしないまま手術を終了したため，膵臓動脈からの大量出血により患者を死亡させたものである。
　同事案の被告人は，日本泌尿器科学会指導医の資格を有し，約10例の左

副腎腫瘍摘除の経験があり腹腔鏡の取扱経験もある10年以上の経験を有する医師であり，本術式による手術を選択・施行したこと自体に問題があったとはされていない。その意味では，同じ腹腔鏡下の手術ではあるが，そもそも執刀医に知識・技術・経験がなく無謀な手術を行った第15・事例89の事案とは事情を異にする。

　上記横浜地判は，被告人の過失について，

「医師にとって人体内部の各臓器の位置等を把握することは初歩的，基本的かつ必須のものである上，腹腔鏡下手術においては，内視鏡を用いるため開腹手術に比して術野に制限が生じるから，執刀医においては他臓器を傷つける等することがないよう，各臓器及び手術部位の位置を正確に把握するのはもとより，目的部位に到達するよう，慎重を期して内視鏡等の器具を操作すべきで……慎重に本件手術に臨むことが要求されていたにもかかわらず，手術部位の特定を誤り，重要な臓器である膵臓の膵尾部を誤切除し，最後まで気付かなかったものであって，その過失は極めて重大である。」

などとして，被告人を禁錮2年・執行猶予5年に処している。

　本件は，手術中の手技の誤りによる，いわば典型的な手術ミスの死亡事故の事案であり，同種事案の注意義務等の記載例として実務上の参考になるものと思われる。

| 事例 | 91 | 歯科インプラント手術における事故 |

　被疑者は，東京都中央区○○にA歯科八重洲診療所を開設し，同診療所で歯科医師として歯科治療に従事していたものであるが，平成19年○月○日午後1時50分頃から同日午後2時40分頃までの間，同診療所において，V（当時○歳）に対する歯科インプラント手術を実施し，Vの右下顎第2小臼歯相当部の歯槽頂からドリルを挿入してインプラント体の埋入窩を形成するに当たり，下顎の舌側口腔底にはオトガイ下動脈等の血管が走行しており，これらの血管をドリルで損傷すると，出血により口腔底等に血腫を発生させて気道閉塞を生じるおそれがあったのであるから，これらの血管を損傷する危険性を認識した上で，これらの血管を損傷することのないよう，ドリルを挿入する角度及び深度を適切に調整して埋入窩を形成すべき業務上の注意義務があるのに，これを怠り，下顎臼歯部の埋入窩形成においては，舌側皮質骨を穿孔したとしても血管損傷の危険性はないものと軽信した上，インプラント体を固定するために埋入窩をできるだけ深く形成しようとする余り，ドリルを挿入する角度及び深度を適切に調整せず，右下顎骨の舌側近心方向にドリルを挿入し，右下顎第1小臼歯根尖下方の舌側皮質骨を穿孔してドリルを口腔底の軟組織に突出させた過失により，その付近のオトガイ下動脈をドリルで挫滅させるなどし，出血により口腔底等に発生した血腫によって気道閉塞を生じさせて上記Vを窒息させ，よって，同月○日午前○時頃，同区○○所在の○×病院において，上記Vを窒息に起因する低酸素脳症及び多臓器不全により死亡させたものである。　　（業務上過失致死）

【解説】
　東京地判平成25年3月4日判時2190・133の事案を基にした記載例である。
　同事案は，歯科医師である被告人が，歯科インプラント手術を実施する際に，挿入したドリルを被害者の口腔底の軟組織に突出させ，そのオトガイ下動脈をドリルで挫滅させるなどして，被害者を出血による血腫によって窒息

させて死亡させたものである。

同事案において，被告人は，過失責任を争ったが，上記東京地判は，被告人の予見可能性について，

「本件当時，口底部（口腔底）における血管の走行状況に関しては，具体的な走行バリエーションの詳細は判明していなかったものの，動脈の走行パターンは多様であり，下顎骨を穿孔するなど，口底部（口腔底）を侵襲するのは危険であると一般的に考えられていた上，下顎臼歯部付近の舌側皮質骨を穿孔すると，大出血等の危険性があることは，インプラント治療を行う臨床歯科医師にとって，かなり知られていたことであると推認することができるし，少なくとも，容易に知り得る状況にあったと認められる。血管の走行状況から，小臼歯部であれば安全であるといったような理解がされていたとは認められない。」

として，その予見可能性を肯定した上で，

「被告人には，手術に当たり，オトガイ下動脈等の血管を損傷する危険性を認識した上で，これらの血管を損傷することのないよう，ドリルを挿入する角度及び深度を適切に調整して埋入窩を形成すべき業務上の注意義務があるのに，これを怠り，下顎臼歯部の埋入窩形成においては，舌側皮質骨を穿孔したとしても血管損傷の危険性はないものと軽信した上，インプラント体を固定するために埋入窩をできるだけ深く形成しようとする余り，ドリルを挿入する角度及び深度を適切に調整せず，右下顎骨の舌側近心方向にドリルを挿入し，右下顎第１小臼歯根尖下方の舌側皮質骨を穿孔してドリルを口腔底の軟組織に突出させた過失があるというべきである。」

として，被告人の過失責任を認めた（禁錮１年６月・執行猶予３年）。

特殊な手技における器具の操作ミスによる事案であり，同種事案の過失構成や記載例として参考になるものと思われる。

| 事例 | 92 | レーシック手術後の細菌感染による事故 |

　被疑者は，東京都中央区○○にA眼科医院を開設し，同医院で眼科医師として眼科医業に従事していたものであるが，別表記載のとおり，平成20年9月○日から平成21年1月○日までの間，前後7回にわたり，同医院において，V1（当時○歳）ら7名に対し，眼の屈曲矯正手術であるレーシック手術を行うに当たり，同手術においては，開瞼器でまぶたを開いて固定し，サクションリングを眼球に当ててこれを吸引して固定し，取替式の刃を装着したマイクロケラトームで角膜に円状に切り込みを入れてフラップを作製し，スパーテルでそのフラップをめくり上げた上で，露出させた角膜実質にエキシマレーザーを照射して角膜実質の一部を蒸散させ，再び洗浄針又はスパーテルでそのフラップを戻すという手順をとり，その間，随時，眼部に点滴薬を投与し，洗浄針から灌流液を噴射して洗浄等を行うところ，そのように開瞼器，サクションリング，マイクロケラトーム，スパーテル及び洗浄針を患者の眼部に接触させるのであるから，開瞼器，サクションリング，マイクロケラトーム及びスパーテルについては，手術ごとにオートクレープを使用するなどして確実に滅菌を行い，かつ，洗浄針及びマイクロケラトームに装着した取替式の刃については手術ごとに交換して，各手術器具から患者の眼部への細菌感染を防止する措置をとった上，手術に先立ち手洗いをし，手袋を装着して手術を行い，被疑者の身体から患者の眼部への細菌感染を防止する措置をとり，点眼薬用の容器についても滅菌されたものを使用するなどして，点眼薬から患者の眼部への細菌感染を防止する措置をとるべき業務上の注意義務があるのにこれらを怠り，前記各措置をとらずに前記レーシック手術を行った過失により，各手術器具，被疑者の身体，点眼薬のいずれかから，あるいは，これらが複合して，いずれにしても被疑者が行った前記レーシック手術によって，別表番号1ないし6記載の上記V1ら6名の各眼部にナイアシノジェン菌を，別表番号7記載のV7（当時○歳）の眼部に抗酸菌をそれぞれ感染させ，よって，上記V

1ら7名に対し,不正乱視,角膜混濁の後遺症を伴う全治1年3か月間を要する左眼細菌性角膜炎等の別表傷病名欄記載の各傷害を負わせたものである。

(業務上過失致傷)

(別表は省略)

【解説】

東京高判平成24年3月9日公刊物未登載の事案を基にした記載例である。

同事案は,眼科医師である被告人が,レーシック手術等を行うに当たり,手術器具を確実に減菌し,使い捨ての取替刃等を手術ごとに交換し,手洗いをし,手袋を装着して手術を行うなど,患者の眼部への細菌感染を防止する措置をとるべき業務上の注意義務があるのにこれらを怠った過失により,合計7名の患者に後遺症を伴う細菌性角膜炎等の傷害を負わせた事案である。上記東京高判は,被告人について,「眼の手術をするに当たり,細菌感染を防止するため,医師であれば当然に行うべき基本的な注意義務に違反したというものであって,その過失の程度は大きい」とした上で,「多額の負債を抱える中で,施術数を増やすために時間のかかる洗浄や減菌を怠ったり,経費を惜しんで本来は使い捨てとすべきものを使い回したりするなどしており,医師としてあるまじき診療態度」であるとして,被害結果の重大性等も踏まえ,被告人の量刑不当の控訴を棄却した。これにより,被告人を禁錮2年の実刑とした**東京地判平成23年9月28日公刊物未登載**の量刑が維持された。

同事案は,レーシック手術における細菌感染による医療過誤という比較的特殊な類型の過失事案である上,医師について医療過誤事件のみで実刑判決が確定したという珍しい事案であって,実務上の参考になるものと思われる。

| 事例 | 93 | 医療機器の操作ミスによる事故 |

被疑者は，○県○○所在の社会福祉法人A特別養護老人ホームに看護師として勤務し，入居者に対する診療補助等の業務に従事していたものであるが，平成15年○月○日午後5時15分頃，同所2階○号室において，全介助のため同所に入居中のV（当時80歳）に対し，栄養カテーテルチューブをその右鼻腔から胃に挿入して鼻注食を投与するに当たり，同チューブが気管に挿入されれば，同チューブにより鼻注食が気管内に注入されて窒息等を生じさせるおそれがあったのであるから，同チューブの挿入を的確に行い，同チューブから胃内へ送気して胃内の気泡音を確認するなどして，同チューブが胃内に到達したことを十分に確認した上で鼻注食を投与すべき業務上の注意義務があるのに，これを怠り，誤って同人の気管に同チューブを挿入した上，前記気泡音の確認を行わず，同チューブが胃内に到達していることを十分に確認しないまま同人に鼻注食を投与した過失により，同チューブにより鼻注食を同人の気管内に注入し，よって，同日午後11時○分頃，B中央総合病院において，同人を気管内異物吸引による窒息により死亡させたものである。

(業務上過失致死)

【解説】

特別養護老人ホームにおける看護師による栄養カテーテルチューブの誤挿入の事案に関する記載例である。多数の類似例がある典型的な機器の操作に関する過誤であり，今後も同種事案の発生があり得ることから，実務上，被疑事実の記載の参考になるものと思われる。

第16 公務員関連事故

事例 94　医薬品の規制に係る事故

　被疑者は，昭和59年7月〇日から昭和61年6月〇日までの間，公衆衛生の向上及び増進を図ることなどを任務とする厚生省（本件当時。以下同）薬務局生物製剤課長として，同課所管に係る生物学的製剤の製造業・輸入販売業の許可，製造・輸入の承認，検定及び検査等に関する事務全般を統括し，同製剤の安全性等を確保するとともに，同製剤の使用に伴う公衆に対する危害の発生を未然に防止する業務に従事していた者であるが，我が国の医療施設では，かねてより血友病Ｂ患者及び肝機能障害患者に対する止血治療のため，厚生大臣の承認を受けて製造又は輸入された米国を始めとする外国での採取に係る人血液の血漿を原料とする外国由来の生物学的製剤である非加熱濃縮血液凝固第Ⅸ因子製剤（以下「非加熱第Ⅸ因子製剤」ともいう。）が血友病Ｂ患者等の多数に投与されていたところ，昭和59年5月までに米国立がん研究所のギャロ博士によりヒト免疫不全ウイルス（以下「HIV」ともいう。）が後天性免疫不全症候群（以下「エイズ」ともいう。）の病原微生物として同定され，エイズが血液等を媒介とするウイルス感染症であることなどが判明するとともに，抗体検査による同感染の有無の判定が可能となり，同検査結果により米国では血友病患者のHIV感染率が高率に及び，HIVにより汚染された非加熱製剤等の投与にその原因があるものと認識されていた上，同年9月には，同省血液研究事業・エイズの実態把握に関する研究班班長であった甲大学病院第一内科長乙が前記ギャロ博士に依頼した同内科受診に係る血友病患者48名の抗体検査の結果，約半数の23名が陽性であってHIVに感染していることが判明し，かつ，米国では血友病

患者のエイズ発症例が次第に増加し，同発症率も高まりつつあったとともに，いったんこれを発症した場合はその死亡率が極めて高いことが明らかとなり，現に同博士による上記検査結果が陽性であった者のうち2名がエイズを発症して同年11月までに同病院において死亡しており，また，同年11月○日開催の同省血液研究事業・輸血後感染症研究班エイズ分科会会合における○○大学医学部教授丙の「我が国血友病患者から採取した27例の血清検体のうち6例がHIV抗体陽性反応を示す一方，健常人の血清検体110例についてはいずれも陰性であった」旨の報告に接するなどし，したがって，我が国医療施設で使用されてきた外国由来の非加熱第Ⅸ因子製剤（エタノール処理によりHIVの不活化がなされたものを除く。以下同じ。）が少なからずHIVにより汚染されているため，今後もなおその投与を継続させれば，HIV未感染の血友病B患者等をして高い確率でHIVに感染させた上，その多くにエイズを発症させてこれを死亡させることを予見し得，かつ，昭和60年12月以降は，国内で採取された人血液の血漿を原料とする非加熱第Ⅸ因子製剤等に加え，HIV感染の危険がない加熱濃縮血液凝固第Ⅸ因子製剤の供給が開始され，それらの投与による治療が可能であったから，自ら立案して同省内の関係部局等と適時適切に協議を遂げその権限行使を促すなどして，外国由来の非加熱第Ⅸ因子製剤の販売を行う医薬品製造会社等をしてその販売中止及び回収をさせるとともに，血友病B患者等の治療に当たる医師をしてその投与を控えさせる措置を講じることにより，HIV感染及びこれに起因するエイズ発症・死亡を極力防止すべき業務上の注意義務があるのに，これを怠り，何らの措置を講ずることなくその販売・投与等を漫然放任した過失により，昭和61年1月○日から同年2月○日までの間，株式会社Mをして，N株式会社に対し，外国由来の非加熱第Ⅸ因子製剤であるクリスマシン合計160本を販売させ，同年3月○日，同会社をして，大阪府○○所在の大阪○○病院に対し，これらのうち合計7本を販売させた上，同年4月○日から同月○日までの間，同病院において，同病院医師をして，肝機能障害に伴う食道静脈瘤の硬化術を受け

た患者Vに対し，そのうちの合計3本（合計1200単位）を投与させたことにより，その頃，同人をしてHIVに感染させた上，平成5年9月頃までにエイズの症状である抗酸菌感染症等を発症させ，よって，平成7年12月○日，同病院において，同人を死亡させたものである。

（業務上過失致死）

【解説】

　最決平成20年3月3日刑集62・4・567（いわゆる薬害エイズ事件厚生省ルート事案）の事案を基にした記載例である。

　同事案は，HIVに汚染された非加熱血液製剤を医師から投与された患者がエイズを発症して死亡した薬害事件について，厚生省薬務局生物製剤課長の地位にあった被告人が，行政上適切な措置をとらなかったとして業務上過失致死罪に問われた事案である。被告人は，被害者2名（V1，V2）に対する同罪の事実で起訴されたが，V1に対する非加熱製剤の投与当時（昭和60年5～6月）は，エイズの感染・発症等の機序に未解明の部分が多かった上，血友病患者の治療に適する血液製剤としては，HIV感染の危険性のある非加熱製剤しかなく，これに代替する加熱製剤は未だ承認されていないという時期だったのに対し，V2に対する非加熱製剤の投与当時（昭和61年4月）は，エイズの感染・発症等の機序に関する知見が相当深まっていた上，M社等の製薬会社による加熱製剤の販売が順次開始されていたという時期であったことなどから，第一審（東京地裁）は，被告人をV1関係は無罪，V2関係は有罪（禁錮1年・執行猶予3年）とした。控訴審では，被告人・検察官双方の控訴が棄却され，被告人のみが上告したことで，V1関係の無罪は確定し，V2関係のみが上記最決において判断され，原審の判断が是認されて被告人の過失責任が認められた（本記載例はV2関係に係るものである。）。

　上記最決は，①当時広範に使用されていた非加熱製剤にはHIVに汚染されていたものが相当量含まれており，これを使用した場合，HIVに感染してエイズを発症する者が現に出現し，かつ，いったんエイズを発症すると，有効な治療方法がなく，多数の者が高度の蓋然性をもって死に至ること自体はほぼ必然的なものとして予測されていた，②当時は同製剤の危険性についての認識が関係者に必ずしも共有されていたとはいえず，かつ，医師等にお

いて，これが HIV に汚染されているか否かを見分けることは不可能であった，③同製剤は，国によって承認が与えられていたところ，その危険性に鑑みれば，本来その販売・使用が中止され，又は少なくとも医療上やむを得ない場合以外は使用が控えられるべきものであるにもかかわらず，国が明確な方針を示さなければ，引き続き，安易な，あるいはこれに乗じた販売・使用が行われるおそれがあったことなどの状況を踏まえ，被告人の注意義務について，「薬務行政上，その防止のために必要かつ十分な措置をとるべき具体的義務が生じたといえるのみならず，刑事法上も，本件非加熱製剤の製造・使用や安全確保に係る薬務行政を担当する者には，社会生活上，薬品による危害発生の防止の業務に従事する者としての注意義務が生じたものというべき」とした上で，具体的には，「被告人は……本件非加熱製剤が，被告人が課長である生物製剤課の所管に係る血液製剤であることから，厚生省における同製剤に係るエイズ対策に関して中心的な立場にあったものであり，厚生大臣を補佐して，薬品による危害の防止という薬務行政を一体的に遂行すべき立場にあったのであるから，被告人には，必要に応じて他の部局等と協議して所要の措置を採ることを促すことを含め，薬務行政上必要かつ十分な対応を図るべき義務があったことも明らかであり，かつ，原判断指摘のような措置を採ることを不可能又は困難とするような重大な法律上又は事実上の支障も認められないのであって，本件被害者の死亡について専ら被告人の責任に帰すべきものでないことはもとよりとしても，被告人においてその責任を免れるものではない。」として被告人の責任を認めた。なお，同決定中の「原判断指摘のような措置」とは，行政指導として，製薬会社に対し本件非加熱製剤の販売を中止させて自社の加熱製剤との置換え回収をさせるとともに，本件非加熱製剤の不急不要の投与を控えるよう医師等に対し通知等を発出することである（一審判決及び控訴審判決の判示参照）。

　本件は，最高裁において，中央省庁の行政官の不作為について刑事責任が認められたものであり，同種事案の過失構成や記載例として参考になるものと思われる。

　もっとも，上記判示中，「行政指導自体は任意の措置を促す事実上の措置であって，これを行うことが法的に義務付けられるとはいえず，また，薬害発生の防止は，第一次的には製薬会社や医師の責任であり，国の監督権限は，第二次的，後見的なものであって，その発動については，公権力による介入

であることから種々の要素を考慮して行う必要があることなどからすれば，これらの措置に関する不作為が公務員の服務上の責任や国の賠償責任を生じさせる場合があるとしても，これを超えて公務員に個人として刑事法上の責任を直ちに生じさせるものではないというべきである。」と述べて，公務員個人に刑事法上の責任が生じるのは例外的な場合であるとしていることについては留意すべきであろう。

事例 95 砂浜陥没事故

　被疑者甲野一郎は，国土交通省近畿地方整備局姫路工事事務所工務第一課長として，被疑者乙野次郎は，同事務所東播海岸出張所所長として，それぞれ，同整備局長が海岸管理者の権限を行使する国所有で明石市に対し使用目的を公園としてその占用を同意した兵庫県明石市大蔵○○先の，海岸保全区域内の土地である砂浜及び同区域内の海岸保全施設である突堤の管理を行い，公衆の海岸の適正な利用を図り，公園利用者等の安全を確保すべき業務に従事していたもの，被疑者丙野三郎は，同市土木部海岸・治水担当参事として，被疑者丁野四郎は，同市土木部海岸・治水課長として，それぞれ，同市が同整備局長から占用の同意を受けて公園として整備した公の施設である同砂浜及び突堤の維持及び管理を行い，公園利用者等の安全を確保すべき業務に従事していたものであるが，同砂浜は，北側が階段護岸に接し，東側及び南側がかぎ形の突堤（以下「かぎ形突堤」という。）に接して厚さ約2.5メートルの砂層を形成し，かぎ形突堤は，ケーソンを並べて築造され，ケーソン間の隙間の目地にはゴム製防砂板が取り付けられ，同防砂板によって砂層の砂が海中に吸い出されるのを防止する構造になっていたところ，海水の作用により同防砂板が摩耗して破損し，その破損部分から砂層の砂が海中に吸い出されて砂層内に空洞が発生して成長し，同空洞がその上部の砂の重みによって自ら崩壊して同砂浜表面が陥没し，さらに，平成○年1月頃から同年4月頃までの間，かぎ形突堤南部分内側の砂浜表面に多数の陥没が発生したため補修工事が行われたものの，その後もかぎ形突堤南部分及び東部分内側の砂浜において陥没発生が継続し，抜本的な砂の吸出防止工事を実施しなければ，かぎ形突堤に接した砂浜において，砂層内で成長した空洞が，その上部に乗った公園利用者等の重みによって崩壊して陥没し，公園利用者等の生命，身体に危害が加わるおそれがある状態に至っていたところ，被疑者甲野及び被疑者乙野の両名は，同年5月から6月にかけて，被疑者丁野ら同海岸・治水課職員から，同防砂板が破

損し砂層の砂が海中に吸い出されて同砂浜表面の陥没を食い止めることができない旨説明を受け，かつ，国土交通省による抜本的な吸出防止工事の実施方の要望を受け，被疑者丙野は，同年1月から6月にかけて，同海岸・治水職員から，同防砂板が破損し砂層の砂が海中に吸い出されて同砂浜表面の陥没を食い止めることができないこと及び同事務所に対して国土交通省による同工事の実施方を要望したことの各報告を受け，被疑者丁野は，同年1月から6月にかけて，同防砂板が破損し砂浜の砂が海中に吸い出されて同砂浜表面の陥没を食い止めることができないことを自ら確認し，また，同海岸・治水課職員からその旨報告を受け，同年5月から6月にかけて，同事務所に対して国土交通省による同工事の実施方を要望していたが，被疑者らは，いずれも，同砂浜の陥没発生のメカニズム及び陥没発生の可能性のある砂浜の範囲が判然とせず，かぎ形突堤に接した砂浜のいかなる箇所で人の生命，身体に対する危害が惹起される陥没等が発生するか分からなかったのであるから，同メカニズム及び同範囲を確定するための調査並びに同工事が終了するまでの間，被疑者甲野においては，同事務所自ら，あるいは同市又は同出張所を指導し，被疑者乙野においては，同出張所自ら，あるいは同市を指導し，被疑者丙野においては，被疑者丁野ら同海岸・治水課職員を指導し，被疑者丁野においては，同海岸・治水課自ら，あるいは同砂浜等の日常管理を同市が委託していた財団法人明石市○○協会に指示して，いずれも，かぎ形突堤に接した一帯に人が立ち入ることがないよう，かぎ形突堤が前記階段護岸に接合する地点からその西方の水面を結ぶ線上にバリケード等を設置し，同砂浜陥没の事実及びその危険性を表示するなどの安全措置を講じ，もって，陥没等の発生により公園利用者等が死傷に至る事故の発生を未然に防止すべき業務上の注意義務があるのに，これを怠り，同年11月以降も同砂浜の陥没の発生が継続していたことを知っていたにもかかわらず，同砂浜南端付近の表面に現出した陥没の周囲のみにカラーコーン等を設置する措置で事足りると軽信し，いずれも漫然同安全措置を講じることなく放置した各過失により，同年12月30日午

後0時50分頃，かぎ形突堤東部分内側の砂浜において，○○（当時4歳）が，かぎ形突堤の目地に取り付けられた防砂板の破損により砂が吸い出され，砂層内に発生し成長していた大規模な空洞上を小走りで移動中，同児の重みによって同空洞を崩壊させて瞬時に陥没孔を発生させ，同児を同孔内に転落させて崩れ落ちた砂によって埋もれさせ，よって，その頃，同児に窒息による低酸素性・虚血性脳障害の傷害を負わせ，同○年○月○日午後○時頃，同市○○○所在の○○病院において，同児を同傷害によって死亡させたものである。　　　　　　　　　（業務上過失致死）

【解説】

　最決平成21年12月7日判時2067・159の事案を基にした記載例である（第一審の**神戸地判平成18年7月7日判タ1254・322**は無罪判決を言い渡し，控訴審の大阪高裁はこの判決を破棄して差し戻す判決を言い渡した。被告人の上告に対し，最高裁はこれを棄却した。この事件の争点は，結果の予見可能性が肯定できるか否かであったところ，最高裁はこれを肯定した。）。

　前田319頁以下は，「一審判決は，砂層内の空洞の発生は，土木工学上よく知られた一般的な現象とはいえないし，本件事故現場付近の砂浜において，危険であると感じるような陥没は発見されていなかったのであるから，空洞の存在は認識不可能だったとした。これに対し，最高裁は，少し離れた砂浜において繰り返し発生していた陥没を認識し，その原因が防砂板の破損による砂の吸い出しであると考えて対策を講じており，耐用年数が約30年とされていた防砂板が数年で破損していることが判明していたわけで，本件事故現場を含む砂浜において，『防砂板の破損による砂の吸い出しにより陥没が発生する可能性があることを予見することはできる』と判示した。防砂板破損による砂の吸い出しという中間項を，追加することにより，一般人ならば結果の予見が可能だとしたのである。」，「波の強さ等で砂の流出量が大きく異なることはあり得る。しかし，同じ構造で構築され，同じ防砂板が使われている以上，連続する砂浜の一部で陥没が発生し，その原因が防砂板の破損であることが認識されていたとすれば，同様の防砂板が用いられているのであるから，砂の吸い出し（空洞の発生）は予見可能であったというべきであろう。」という。

| 事例 | 96 | 町民プールで発生した溺死事故 |

　被疑者は，平成〇年〇月〇日から平成〇年〇月〇日まで〇〇県〇〇郡A町教育委員会教育課長として部下職員を指揮監督するとともに同委員会が管理する体育施設の安全管理及び維持運営を統括する業務に従事していたものであるが，同教育委員会が管理する〇〇郡A町中央〇丁目〇番地所在のA町民プールは，その中央底部に設けられた直径約17センチメートルの円形排水口の重さを約14キログラムの金属製格子蓋で覆っていたものの，同蓋をボルト等で固定しておらず，人力によって容易に外すことができ，かつ，循環浄化装置作動中には，前記排水口から毎分約0.63ないし1.25立方メートルの水が排水されているため，いたずら等によって同蓋が外されれば，遊泳者が露出した前記排水口にその身体を吸引され，水中で身動きができなくなって溺死するおそれがあったところ，〇〇保健所が平成〇年〇月〇日に実施した同プールに対する立入検査結果に基づき，同保健所の同教育委員会に対する翌月〇日付け文書により，同プールの安全確保のため，前記蓋をボルト等により固定する改善措置を速やかに講じるよう指導されていたにもかかわらず，自らの在任中に前記蓋を固定する改善措置を講じなかったことから，平成〇年〇月〇日に退職するに当たり，前記蓋が固定されないまま同プールが開放されないように，後任の教育課長である甲野一郎に対し，前記蓋が固定されておらず，前記立入検査結果を踏まえて前記蓋を固定する改善措置を講ずる必要がある旨を確実に引き継ぐべき業務上の注意義務があるのに，これを怠り，その旨の引継ぎを行わなかった過失により，前記蓋を固定されない状態で放置させ，平成〇年〇月〇日午後〇時頃，一般開放中の同プールにおいて，前記蓋を外れさせた上，遊泳中の〇〇（当時11歳）の両足を前記排水口に吸引させて，同人を水中で身動きできない状態にさせて溺水させ，よって，同人に低酸素脳症の傷害を負わせ，同月〇日午前〇時頃，〇〇市〇〇2丁目〇番地所在の〇〇病院において，同人を同傷害により死亡させたものである。　**（業務上過失致死）**

| 事例 | 97 | 花火大会の際の歩道橋における雑踏事故 |

　被疑者Xは，警備業を営む株式会社A社の大阪支社長であり，平成○年7月20日，○県B市○○所在の甲海岸公園においてB市が実質的に主催して開催したB市民花火大会（以下「本件花火大会」という。）について，B市とA社の契約に基づき，会場警備に従事した警備員の統括責任者として，参集者の安全を確保する警備体制を構築して実施すべき業務に従事していたもの，被疑者Yは，○県B警察署地域官として，本件花火大会の雑踏警備計画の企画・立案を掌理し，かつ，本件花火大会の現地警備本部指揮官として，雑踏警戒班指揮官ら配下警察官を指揮して，参集者の安全を確保すべき業務に従事していたものであるが，本件花火大会の会場となった甲海岸公園は，C駅の南方に位置し，同駅とは，○県B市○○所在の通称乙歩道橋によって接続されており，乙歩道橋は，全長約103.65メートル，歩行者有効幅員約6メートルで，歩道橋南側には展望デッキが設けられ，歩道橋南端部には，約80度に西向きに折れた幅約3.2メートル，長さ約18メートル，48段の階段があり，同階段によって甲海岸公園を東西に走る市道の南側歩道に接しており，乙歩道橋のかかる構造や，乙歩道橋の南側展望デッキや南側階段が花火の絶好の観覧場所となることから，同展望デッキ付近や南側階段において参集者が滞留し，大混雑を生じることが容易に予想された上，本件花火大会は，平成○年7月20日午後7時45分頃に開始され，同日午後8時30分頃に終了することが予定されており，花火大会の開始時刻に合わせてC駅側から多数の参集者が乙歩道橋を通って甲海岸公園に集まってくることや，花火大会の終了時刻前後からは甲海岸公園からC駅方面に向かって帰路に就く参集者が一挙に乙歩道橋に流入することから，そのまま放置すれば，花火大会の終了時刻前後頃には，乙歩道橋内において，双方向に向かう人の無秩序な流入や過密な滞留が生じ，雑踏事故が発生するおそれが予測されていたところ

第1　被疑者Xは，同日午後6時頃から，C駅側から多数の参集者が

乙歩道橋に流入し始め，同日午後7時頃までには，乙歩道橋に多数の参集者が参集し滞留しつつあることを認識していたところ，その後もますます多くの参集者が集まり，取り分け，花火大会終了前後からは，乙歩道橋内において双方向に向かう参集者の流れがぶつかり，滞留が一層激しくなり，そのまま放置すれば雑踏事故発生の危険性がさらに高まることが容易に予想できたのであるから，その頃には，自ら又は配下警備員らを通じて乙歩道橋における人の流入・滞留状況及び雑踏警備実施状況を常時かつ厳重に監視して的確に状況を把握した上，その頃以降同日午後8時頃までの間の適時に，配下警備員らに指示して，参集者の迂回路への誘導や分断等により，乙歩道橋への流入規制を実施し，乙歩道橋内における参集者の過密な滞留状態を防止すべき業務上の注意義務があり，さらに，同日午後8時過ぎ頃には，配下警備員から警察官による規制の要請を受け，かつ，B市職員から状況連絡を受けたことにより，乙歩道橋内が警察官による規制を実施しなければならない程度の過密な滞留状況に達していることを認識していたところ，前記のとおり，花火大会終了前後からは，滞留が一層激しくなることが容易に予想できたのであるから，その頃には，雑踏事故発生の危険が現実化しつつあることを予見し，直ちに，被疑者Yらに警察官の出動要請を進言し，あるいは自ら警察官の出動を要請することにより，乙歩道橋への参集者の流入規制を実現し，雑踏事故の発生を未然に防止すべき業務上の注意義務があったにもかかわらず，これらを怠り，雑踏事故が発生することはないものと軽信し，前記のいずれの措置もとることなく，漫然放置した過失

第2　被疑者Yは，同日午後6時45分頃までには，乙歩道橋に多数の参集者が参集し滞留しつつあることを認識していたところ，その後もますます多くの参集者が集まり，取り分け，花火大会終了前後からは，乙歩道橋内において双方向に向かう参集者の流れがぶつかり，滞留が一層激しくなることが容易に予想できたのであるから，その

頃には，自ら又は配下警察官をして，乙歩道橋への参集者の流入・滞留状況や雑踏警備の実施状況を常時かつ厳重に監視して的確に状況を把握した上，その頃以降同日午後8時頃までの間の適時に，配下警察官らを動員して，参集者の分断や迂回路への誘導等により，乙歩道橋への流入規制を実施し，乙歩道橋内における参集者の過密な滞留状態を防止すべき業務上の注意義務があり，さらに，同日午後8時頃までには，配下警察官からの報告を受けたことにより，歩道橋内が警察官による規制を実施しなければならない程度の過密な滞留状況に達していることを認識していたところ，前記のとおり，花火大会終了前後からは，滞留が一層激しくなることが容易に予想できたのであるから，その頃には，雑踏事故発生の危険が現実化しつつあることを予見し，直ちに，配下警察官を指揮するとともに，管区機動隊等の出動をB警察署長らを介しあるいは直接要請して動員指揮することにより，乙歩道橋への流入規制を実現し，もって，雑踏事故の発生を未然に防止すべき業務上の注意義務があったにもかかわらず，これらを怠り，雑踏事故が発生することはないものと軽信し，前記のいずれの措置もとることなく，漫然放置した過失の競合により，同日午後8時頃から午後8時50分頃までの間，乙歩道橋において，多数の参集者の過密な滞留あるいはC海岸公園へ向かう参集者と同公園からB駅方面へ向かう参集者とのもみ合いによる強度の群集圧力を生じさせ，同日午後8時40分ないし50分頃，多数の参集者を折り重なって転倒させるなどし，よって，その頃，乙歩道橋において，別紙1記載のとおり，V1（当時○歳）ほか182名に加療約1日間ないし約250日間を要する頸椎捻挫，胸部圧挫傷等の傷害をそれぞれ負わせるとともに，別紙2記載のとおり，その頃から同月○日午後○時○分頃までの間，乙歩道橋南端部付近ほか1箇所において，V2（当時○歳）ほか10名を全身圧迫による呼吸窮迫症候群（圧死）等によりそれぞれ死亡するに至らしめたものである。　　　　**（業務上過失致死傷）**

（別紙1及び2は省略）

【解説】

　最決平成 22 年 5 月 31 日刑集 64・4・447（いわゆる明石歩道橋事故事件）の事案に基づく記載例である。

　同事案は，平成 13 年 7 月，B 市が実質的に主催した花火大会で，最寄り駅と会場の公園とを結ぶ歩道橋上において，多数の観客が集中して過密な滞留状態となり折り重なって転倒し，11 名が死亡し 183 名が重軽傷を負ったいわゆる雑踏事故の事案である。

　同事故につき，主催者側の B 市職員 3 名，B 市から会場警備を委託された警備会社の現場責任者（記載例の被疑者 X），警察の現地警備本部指揮官である B 署地域官（記載例の被疑者 Y）の 5 名が起訴され，B 市職員 3 名は執行猶予に付され，被疑者 X 及び Y は禁錮 2 年 6 月の実刑に処せられたところ（神戸地判平成 16 年 12 月 17 日，大阪高判平成 19 年 4 月 6 日），実刑となった被疑者 X 及び Y が上告し，上告棄却となったのが前記最決である。

　同事案における主催者側（会場警備を委託された警備会社も含む。）と警察との関係については，警察の雑踏警備実施要領等を踏まえ，本件花火大会の警備計画においても，いわゆる自主警備の原則が採用されており，警察は，主催者側に対する指導・助言を積極的に行うとともに，主催者側で措置できない犯罪の予防検挙，交通規制その他事件事故等防止上の必要な措置（機動隊による通行・流入規制等も含まれる。）をとることとされていた。その上で，警備会社の現場責任者（記載例の被疑者 X）と警察の現地警備本部指揮官（記載例の被疑者 Y）の過失責任について，上記最決は，要旨，「遅くとも午後 8 時頃までには，歩道橋上の混雑状況は，B 市職員及び警備員による自主警備によっては対処し得ない段階に達していたのであり，その頃までには，被告人両名共に，直ちに機動隊の歩道橋への出動が要請され，これによって歩道橋内への流入規制等が実現することにならなければ，午後 8 時 30 分頃に予定される花火大会終了の前後から，歩道橋内において双方向に向かう参集者の流れがぶつかり，雑踏事故が発生することを容易に予見し得たものと認められる。」とし，警察の現地警備本部指揮官（被疑者 Y）については，「午後 8 時頃の時点において，直ちに，配下警察官を指揮するとともに，機動隊の出動を B 署長らを介し又は直接要請することにより，歩道橋内への流入規制等を実現して雑踏事故の発生を未然に防止すべき業務上の注意義務があった」，警備会社の現場責任者（被疑者 X）についても，「午後 8 時頃の時点に

おいて，直ちにＢ市の担当者らに警察官の出動要請を進言し，又は自ら自主警備側を代表して警察官の出動を要請することにより，歩道橋内への流入規制等を実現して雑踏事故の発生を未然に防止すべき業務上の注意義務があった」として，いずれについても過失責任を肯定した（なお，上記最決は，「歩道橋周辺における機動隊員の配置状況等からは，午後8時10分頃までにその出動指令があったならば，本件雑踏事故は回避できたと認められる」として結果回避可能性があったことを認定している。）。

雑踏事故に関する刑事上の過失責任が問題となった先例としては，いわゆる弥彦神社餅まき事件（**最決昭和 42 年 5 月 25 日**刑集 21・4・584。第1・2参照）があるところ，同事件で訴追されたのは，必ずしも雑踏警備に関する専門性を有していたわけでない神社の職員らであった（罪名も業務上過失致死ではなく過失致死だった）のに対し，本件歩道橋事故の最決の事案は，この種大規模イベントにおける雑踏事故防止の責任を負うべき警備会社の現場責任者と警察の現地警備本部指揮官の刑事責任が正面から問われたものであって，同種事案の過失構成や被疑事実の記載例として参考になるものと思われる。

なお，本件歩道橋事故に関しては，Ｂ署警察署長及び同署副署長について不起訴処分となった後，検察審査会による起訴相当の議決を経て，（警察署長は死亡したため副署長についてのみ）強制起訴されたところ，最高裁は，「業務上過失致死傷罪の共同正犯が成立するためには，共同の業務上の注意義務に共同して違反したことが必要である」とした上で，現地警備本部指揮官たる警察署地域官（記載例の被疑者Ｙ）と，Ｂ署警備本部の警備副本部長として署長を補佐する立場にあった副署長とでは，分担する役割や事故防止のために要求され得る行為が基本的に異なっていたことから，両者は業務上過失致死傷罪の共同正犯とはならないとして，副署長については（警察署地域官の公訴提起によっても副署長の公訴時効が停止しないので）公訴時効が完成しているとして免訴とした原審の判断を是認している。

第17 その他の事故

事例 98 路上でゴルフクラブの素振りをしていた際に生じた事故

　被疑者は，平成○年○月○日午後1時頃，△市△△町○○通○丁目○番地先の東西に通ずる幅員3.14メートルの道路上で全長約1.1メートルのゴルフクラブの素振りをしようとしたのであるが，同所付近は住宅街であって，自転車，歩行者等の通行も多く，前記のとおり道路幅員も狭隘で，かつ，道路南側には公園のフェンスがあり，北側には事務所・住宅等の建物が立ち並んでいるため，同路上でゴルフクラブの素振りをすれば自転車，歩行者らの通行人がこれを避ける場所が制限され，ゴルフクラブが通行人に当たって死傷の結果を生ずるおそれがあることが十分に予想される場所であったから，被疑者としては，このような路上でゴルフクラブの素振りをする場合には，ゴルフクラブの届く範囲内に通行人のいないことを確認して危険の発生を未然に防止すべき注意義務があるのに，これを怠り，前記道路に出て来た通行人のないことを確かめただけで，その後は東方からの通行人の有無を全く確認しないまま通行人はいないものと軽信し，同路上で東方に背を向けて立ち，ゴルフクラブを北から南方向に円弧を描いて振り回した重大な過失により，折から被疑者の後方（東方）から西方に向かって，被疑者の左側（南側）を自転車に乗って通行しようとしたA（当時36歳）に気付かず，同人の胸部をゴルフクラブのヘッド部分で強打し，よって，同人に胸部打撲による心臓挫創の傷害を負わせ，同日午後3時頃，同市○町○○通○丁目○番地所在の△△病院において，同人を前記傷害に基づく心タンポナーデにより死亡させたものである。

　　　　　　　　　　　　　　　　　　　　　　　　　（重過失致死）

【解説】
　大阪地判昭和61年10月3日判タ630・228の事案を基にした記載例である。
　同判決は，
「相当数の通行人（車）のある道路上の中央部付近で，後方に対する注意を欠いたまま，人の死傷の結果を招く可能性の高いゴルフクラブを素振りすることは極めて危険性の高い行為というべきであり，普通人である被告人にとってこの行為の危険性を予見することは十分可能であって，その危険を回避するには，かかる道路上でゴルフクラブを振らないか，振るにしても場所を選び，後方等の死角に対する注意を払って，ゴルフクラブの届く範囲内に通行人等のいないことを十分確認してなすべきであったことは被告人においても容易に知り得たことであるし，なし得たというべきである。しかるに，被告人は，前記のとおりの状況下で，結果回避の措置をとらず，漫然ゴルフクラブを素振りして判示のとおりの重大な結果を引き起こしたものであって，被告人の行為は重過失に当たるというべきである。」
旨判示した。

事例 99　ディスコ内の照明器具落下事故

　被疑者甲野一郎は，電気照明器具設備の設計・製造及び据付工事の請負等を業とする株式会社Ｘ製作所の代表取締役であり，同社が株式会社△△から受注した東京都○区○○７丁目○番○号ディスコ「Ｙ」（以下「Ｙ」という。）地下１階のダンスフロア上部空間に懸垂する照明装置であるミドルリングを昇降させる電動昇降装置一式等を設計した上，これを製作して据え付ける業務に従事していたものであるが，平成10年12月上旬から平成11年５月上旬までの間，同区△△２丁目△番△号所在の前記Ｘ製作所工場事務所等において前記業務を行うに当たり，Ｙ２階天井下部に設けたグリッド上に設置する前記電動昇降装置は，モーター，減速機及びワイヤー巻き取りドラム等で構成され，モーターに連結された減速機の出力軸とワイヤー巻き取りドラムシャフトの各スプロケットを伝動用ローラーチェーンで連結して前記ドラムを回転させ，同ドラムからワイヤーロープで懸垂した前記リングを昇降させるもので，常時同リングの総重量にワイヤー巻き取りドラムとドラムシャフトの径比（1.86）及び使用係数（1.30）を乗じて算出される荷重が作用するので，その荷重に十分耐え得る強度を有する伝動用ローラーチェーンを選定しないと同チェーンが疲労破断し，懸垂したリングが地下１階のダンスフロアでダンス等をする多数人の頭上に落下して同人らを死傷させる危険があったのであるから，前記装置を設計するに当たり，ミドルリングの枠に取り付けられる電気装飾品の個々の重量を正確に把握して同リングの総重量を算定し，これに基づき伝動用ローラーチェーンに作用する前記荷重を正確に算出した上，その荷重に十分耐え得る強度を有する同チェーンを選定して前記装置を製作設置し，もって事故の発生を未然に防止すべき業務上の注意義務があるのに，これを怠り，同リングを取り付ける電気装飾品の個々の重量について正確に把握せず，かつ，同チェーンに作用する荷重は当初の予定重量と等しいものと軽信して，実際には同リングの重量は約1300キログラムであって，同チェーンに作用する

荷重は約3200キログラムに及んでいたのに，同年5月8日頃，許容荷重約1257キログラムのチェーンを漫然と選定し前記電動昇降装置に取り付けて設置して使用に供させ，平成12年1月5日午後9時頃，Y店舗内において同店従業員の操作によりミドルリングが上昇中，同リングの電動昇降装置の伝動用ローラーチェーンの強度が十分でなかったため，同チェーンを疲労破断させて同リングを折からその下でダンス等をしていた多数人の頭上に落下させ，よって，A（当時21歳）ほか2名を別紙死亡者一覧表記載のとおり頭蓋骨内損傷等により死亡させるとともに，Bほか12名に対し，別紙負傷者一覧表記載のとおりの傷害を負わせたものである。　　　　　　　　　　　　（業務上過失致死傷）

（別紙死亡者一覧表，別紙負傷者一覧表は省略）

【解説】
　東京地判平成4年2月26日判タ800・275の事案を基にした記載例である。

| 事例 | 100 | 大型回転ドアに挟まれた児童が死亡した事故 |

　　被疑者甲野一郎は，平成〇年〇月，建築用装飾金物，金属建具の製造，施工，販売等を目的とするＡ株式会社（以下「Ａ社」という。）の取締役に就任し，同年〇月から営業開発部長を，平成〇年〇月からは回転扉物件プロジェクトリーダーをも兼任し，Ａ社が開発，販売，設置する大型自動回転ドアに関して安全対策を含む業務全般を統括していたもの，被疑者乙野次郎は，平成〇年〇月，不動産の管理等を目的とし，東京都〇区〇△丁目〇番〇号所在のＢタワーを管理するＣビル株式会社（以下「Ｃ社」という。）の常務取締役に就任し，Ｂタワー竣工前からＢタワーの設計部門の責任者として関与していたことなどから，Ｂタワー竣工時にその共用部分に設置された大型自動回転ドア等の設備に関して安全性確保を含む改修工事の計画，実施，品質管理などの業務を実質的に統括していたもの，被疑者丙野三郎は，平成〇年〇月，Ｃ社の〇〇運営本部管理本部管理運営室担当部長に就任し，Ｂタワーの共用部分の設備を管理，運営して来訪者の安全を確保し，死傷事故の発生を防止する業務に従事していたものであるところ，Ａ社は，同社が開発した大型自動回転ドア「シノレス」をＢタワーに設置することになったが，Ａ社ないしはその前身である株式会社Ｄ製作所が開発し，それまでに販売，設置してきた大型自動回転ドアでは，その戸先と固定方立との間に人が挟まれて負傷する事故（以下「挟まれ事故」ともいう。）が多数発生していたが

第1　被疑者甲野は，前記のような挟まれ事故の発生状況を知っていた上，平成〇年〇月〇日にＢタワー2階に設置された他のシノレスで，当時6歳の女児がその戸先と固定方立との間に体を挟まれるなどして頭部挫創等の傷害を負う事故が発生し，その頃，それを認識したのであるから，被疑者甲野としては，Ｂタワーの共用部分である2階メインエントランスにシノレス（以下「本件シノレス」という。）を設置し，竣工前にＣ社に引き渡し，その後これを運転させるに当たり，本件シノレスを不特定多数の来訪者の出入り用ドアと

して運転させても挟まれ事故が発生しないように，戸先が固定方立に接近した状況で人がドア内へ進入するのを防止する，あるいは，人が戸先と固定方立との間に挟まれても死傷の結果を生じさせない装置を備え付けるなどの安全対策を講ずべき業務上の注意義務があるのに，これを怠り，漫然とC社に他6台のシノレスとともに本件シノレスを引き渡し，C社をして本件シノレスを不特定多数の来訪者の出入り用ドアとして運転させ続けた過失

第2　被疑者乙野及び被疑者丙野は，A社から引渡しを受けてBタワーの共用部分に設置された自動回転ドアでは，設置後，多数の人身事故が発生していたところ，それらについて情報を得ていた上，前記女児の挟まれ事故についても認識していたのであるから

1　被疑者乙野は，前記女児の挟まれ事故を知った平成○年○月○日頃以降，本件シノレスを不特定多数の来訪者の出入り用ドアとして運転しても挟まれ事故が発生しないよう戸先が固定方立に接近した状況で人がドア内へ進入するのを防止する，あるいは，人が戸先と固定方立との間に挟まれても死傷の結果を生じさせない装置を備え付けるなどの安全対策を講ずべき業務上の注意義務があるのに，これを怠り，漫然と本件シノレスを不特定多数の来訪者の出入り用ドアとして運転させ続けた過失

2　被疑者丙野は，前記女児の挟まれ事故を知った平成○年○月○日頃以降，本件シノレスに適切な安全対策が講じられるまでの間に挟まれ事故が発生しないように，本件シノレスの固定方立付近に戸先が固定方立に接近した状況で人がドア内へ進入するのを防止するための人員を配置する，あるいは，適宜，シノレスの回転ドアとしての運転を止め，スライドドアとして運転するなど，安全に運転するための方策を講ずべき業務上の注意義務があるのに，これを怠り，本件シノレスを除く一部のシノレスにつき，日時を限って人員を配置し，○月○日の前記女児の事故後，固定方立付近にベルトパーティションを配備したのみで，他の方策を講ずることなく，漫然と本

件シノレスを不特定多数の来訪者の出入り用ドアとして運転させ続
　　　けた過失
の競合により，平成〇年〇月〇日午前〇時〇分頃，〇〇（当時6歳）が，本件シノレスを通ってBタワー内に入ろうとした際，閉じかけていた本件シノレスの戸先と固定方立との間にその頭部，顔面を挟み込まれて圧迫され，よって，その頃，その場で，同人を頭部，顔面部圧迫による脳損傷により死亡させたものである。　　　　　　　（業務上過失致死）

【解説】
　東京地判平成 17 年 9 月 30 日判時 1921・154 の事案を基にした記載例である。

事例 101 立体駐車場のエレベーターによる圧死事故

　被疑者は，○○市○○区○○町○○番地所在のXビル立体駐車場において，駐車場警備員として，同駐車場に設置されたターンテーブル併設エレベーターの操作，同駐車場を利用する車両の誘導等の業務に従事していたものであるが，同駐車場は，6階建てで，西側に車両の入口，北側に車両の出口が設けられ，車両の出し入れは，建物の南側壁の中央部に設置された直径約6メートルのほぼ円形をした前記ターンテーブル併設エレベーター（同エレベーターの中心部に直径約4メートルのターンテーブルが併設されている。）で行う方式になっており，同エレベーターは，通常の場合，1階に停止しており，その場合は同エレベーターの周囲には柵がなかった上，その手前に一時停止等の標識もなく，同エレベーターは，駐車場警備員が操作することになっており，その操作盤は同エレベーターの西側南端に設置されており，操作盤の位置からは，西側の車両出入口がよく見通せる状態であったところ，平成○年○月○日午前○時○分頃，同立体駐車場において，駐車場2階の清掃を思いつき，1階に停止中の同エレベーターに乗り込み，同エレベーターを2階に上昇させるに際し，同エレベーター上に進入して来る車両の有無等周囲の安全を確認した上で同エレベーターを上昇させるべき業務上の注意義務があるのに，これを怠り，当日同駐車場を利用する車両が少なかったことから，同駐車場に入場して来る車両はないものと軽信し，同駐車場の西側入口の方を見ず，同エレベーター上に進入して来る車両の有無等周囲の安全を全く確認しないまま漫然と同エレベーターを上昇させた過失により，折から同駐車場に入場し，同エレベーター上に前輪部分を進入させたA（当時○歳）運転の普通貨物自動車に全く気付かず，同車両を1階天井枠の鉄骨と同エレベーターのターンテーブルとの間に挟み込ませ，よって，同所において，前記A及び同車両の助手席に同乗していたB（当時○歳）の両名を，胸部圧迫による窒息により即死させたものである。

（業務上過失致死）

事例 102 点検中の高所放水車横転による消防士死亡事故

　被疑者は，消防士長として○○市○○町○○番地Ｘ地区消防組合中央消防署に勤務し，警防第２係２分隊分隊長として隊員を指揮監督してはしご付高所放水車等の装備資器材の点検及び同車等を操作し火災の消火活動をなすことなどの業務に従事していたものであるが，平成○年○月○日午前○時○分頃，同署南西側訓練場において，被疑者，同分隊隊員Ａ（当時○歳）及び同分隊隊員Ｂの３名ではしご付高所放水車の週次点検を実施するに当たり，同車の点検は，同車のはしごを高所まで伸梯し，隊員を登梯させた上，はしごを旋回させるため，同車が横転して隊員等の生命，身体に危害が発生するおそれがあったのであるから，前記Ａ及び前記Ｂに対し，同車のアウトリガーの張り出し及びジャッキを降ろすことなどの安全対策を講じさせた上で同車の点検を開始させ，もって，同車の横転による隊員等の生命，身体に対する危害の発生を未然に防止すべき業務上の注意義務があるのに，これを怠り，前記措置を何ら講じさせないまま，前記Ｂに同車のはしごを起立角度約70度，地上高約29メートルに伸梯させ，前記Ａをリフターではしごの上部に登梯させた上，前記Ｂにはしごを右旋回させた過失により，同車を右に横転させて前記Ａを地上に転落させ，同人に頭蓋骨陥没骨折の傷害を負わせ，よって，同日午後○時○分頃，同市○○町○○番地所在の○○病院において，同人を前記傷害により死亡させたものである。　　　　　　　　　　　　　　　　　　（業務上過失致死）

　　注）　「アウトリガー」とは，クレーン車や高所作業車などでアームを伸ばしたり，物を吊ったりする際に，車体の横に張り出して接地させることで車体を安定させる装置である。

| 事例 | 103 | 杉の伐採中における倒木による死亡事故 |

　被疑者は，山林立木伐採の業務に従事していたものであるが，平成〇年〇月〇日午前〇時〇分頃，〇〇県〇〇郡〇〇町〇〇番地付近の通称〇〇山中腹の斜面において，A（当時〇歳）と共に杉立木の伐倒及び倒木の枝打ち，切断等の伐採作業に従事中，樹高約20メートルの杉立木を伐倒するに当たり，同人も近くで作業に従事していたことを知っていた上，伐木は予定方向外にも倒れることが予測されたのであるから，あらかじめ，作業中の同人の位置及び作業状況等に留意し，同人に声を掛けるなどの合図をして，樹高，地形等から伐木が倒れるおそれのある範囲外に同人を退避させ，その安全を確認してから伐倒し，もって不測の事故を未然に防止すべき業務上の注意義務があるのに，これを怠り，同人の位置及び作業状況等に留意せず，声を掛けるなどして退避させることなく，伐木が倒れるおそれのある範囲内の安全を確認しないまま前記杉立木を伐倒した過失により，折からその伐木を前記伐採位置から約18.8メートル下方向で伐採，枝打ち作業をしていた同人の方に倒れかけさせて同人の身体に直撃させ，よって，同人を内臓破裂，肋骨骨折等により即死させたものである。

（業務上過失致死）

| 事例 | 104 | 潜水夫が漁船のスクリューに巻き付いた縄を取り除く作業をしていた際，エンジンを始動させたため同人を死亡させた事故 |

　被疑者は，漁船X丸（53.3トン）の船長として船員及び船舶を指揮しているものであるところ，平成○年○月○日午前○時頃，○○港東北約120キロメートルの海上においてまぐろ延縄漁（はえなわ）の操業中，縄がスクリューにからんでその回転軸に巻き付いたため，翌○日，○○港に入港して○市○町○番地先岸壁に船尾を岸壁に向けて停泊し，同船機関長である乙野次郎を通じて前記回転軸に巻き付いた縄の取り除き作業を依頼した潜水夫A（当時○歳）が同日午後4時25分頃から同作業を開始するに当たり，同人の要請でスクリューの回転軸を船体の後方に出すため同船の操縦長をしてエンジンのクラッチを停止位置から後退位置に入れ替えさせて潜水作業を行わせたが，乗組員に対してはあらかじめ出港準備のため各人の持ち場に集合する時間を同日午後4時と指定していたのであるから，外出していた前記乙野が乗船して前記潜水作業中に機関室に入り，クラッチのギアが停止の位置から後退の位置に入れ替えられていることに気付かないまま出港準備のためにエンジンを始動するときは直ちにスクリューが回転を起こし潜水夫に危険を与えるので，前記潜水作業が終了するまで機関室に連絡員を派遣しておくなどして前記乙野に対する連絡を確実に行い，もって事故の発生を未然に防止すべき業務上の注意義務があるのに，これを怠り，自ら船尾において前記潜水作業を監視したのみで，前記乙野に対する連絡措置をとらなかった過失と，たまたま集合時間に遅れて乗船した前記乙野が同日午後4時40分頃に機関室に駆けつけ，前記潜水作業は終了しているものと軽信し，かつ，エンジンのクラッチの状態も点検しないでエンジンをかけた過失との競合により，直ちにスクリューを回転させ，折から前記回転軸に巻き付いた縄を取り除く作業に従事中の前記Aに対し，左大腿，両側下腿開放性骨折等の傷害を負わせ，よって，同人を同日午後○時○分頃，同市○町○番地所在の○○病院において，失血死させたものである。　**（業務上過失致死）**

第17　その他の事故　305

【解説】
　東京高判昭和47年12月20日高刑集25・6・946の事案を基にした記載例である。
　東京高裁は，
「縄の取り除き作業をその業者に依頼したのは機関長乙野であり，その結果潜水夫が同日午後4時半頃までに来ることになり，乙野は，同日午後2時頃上陸した際，道路上で被告人と会い，その旨を告げたことが認められるのであるから，被告人は，乙野が，同日午後4時半頃から縄の取り除き作業が行われることを十分承知の上で行動するであろうと考えたとしても，これは，当然といわなければならない。そして，当審証人○，原審証人○の各供述及び乙野の検察官に対する供述調書によれば，機関長としては，エンジンを始動させる場合，ギアがニュートラルに入っているかどうかを確認すべきものであり，通常そのように行われているというのであって，機関長にかかる注意義務を課することは，当該船舶及びその乗組員の安全はもとより，当該船舶に近接している他の船舶及びその乗組員の安全を確保する上から考えても当然というべく，これは，機関長の守るべき基本的な注意義務であると考えられる。しかるに，乙野は，前記のとおり，縄の取り除き作業が行われているかどうか，またギアがニュートラルに入っているかどうか確認せず，漫然エンジンを始動させたというのであるから，同人の行動は，極めて軽率，異常なものといわざるを得ず，これが本件事故の主たる原因となっていることは，原判決も認めるところである。
　ところで，船舶の船長としては，通常，機関長のような地位にある職員について，同人がその持ち場において，その基本的な注意義務を守り，適切な行動に出るであろうということを信頼して行動することは，当然であって，特段の事由のない限り，同職員がその職責上その知識経験に基づき当然守るであろう基本的注意を怠り，異常な行動に出るかもしれないことまで予想して，事故の発生の防止に努めなければならない業務上の注意義務があるものとは，解し難いのである。
　これを本件についてみるに，船長である被告人としては，機関長である乙野が，自ら直接縄の取り除き作業を業者に依頼していて，潜水夫の来る時刻を知っており，したがって，その作業時間も予測していたはずであるから，同人が本件事故当時である同日午後4時40分頃，潜水夫による縄の取り除

き作業が行われていることを知っているものと考えることは，不合理ではなく，かかる作業の際にはギアを後退に入れることも従前から行われていたのであるから，同人が前記の時刻にエンジンを始動させる場合は，特にギアの位置を確かめ，ニュートラルに入っているのを確認した上でこれをなすであろうことを信頼するのは，当然であって，本件のように，前記作業時間中に帰船した機関長が，帰船の知らせもしないで，直ちに機関室に入って，縄の取り除き作業中であるかどうかも，またギアの位置がニュートラルになっているかどうかも確かめず，いきなりエンジンを始動させることのあり得ることまで予想して，人を配して機関室への立入りを禁ずるとか，機関長の気付きやすいところに貼紙をする等して事故の発生を未然に防止すべき業務上の注意義務があるものとは，認め難い。」

旨判示して，船長に対し，有罪とした原判決を破棄して無罪を言い渡した（なお，上記判示中波線部分はいわゆる信頼の原則の考え方に立ったものとも認められるところ，同原則については第15・事例87の【解説】参照）。

第17 その他の事故　307

事例 105　ダートトライアル競技の練習中に同乗者が死亡した事故

　被疑者は，平成○年○月○日午前10時10分頃，業務として普通乗用自動車（ダートトライアル用車両）を運転し，長野県○○所在の「株式会社スポーツランド○○山」ダートトライアル場内見学台前付近のコースを左回りに進行するに当たり，同所は前方の見通しが困難な，左に鋭く湾曲する下り急勾配の非舗装路面のコースであり，かつ，被疑者はダートトライアル走行の経験が浅く，運転技術が未熟で，コース状況も十分把握していなかったのであるから，自己の運転技術とコース状況に即応できるよう，適宜速度を調節して安全な進路を保持しつつ進行すべき自動車の運転上の注意義務があるのに，これを怠り，同コース状況を十分把握しないまま時速約40キロメートルで進行した過失により，同下り急勾配のカーブを曲がり切れず，コース右側に寄り過ぎて狼狽し，左右に急転把・急制動の措置を講じたが，走行の自由を失い，自車を左右に蛇行させた上，右前方に暴走させてコース右側に設置してあった丸太の防護柵に激突・転覆させ，その際，自車に同乗中のA（当時28歳）の頸部及び胸部等を自車内部に突き刺さった前記防護柵の丸太で挟圧するに至らせ，よって，同日午前11時45分頃，同市○○所在の△△病院において，同人を胸部圧迫により窒息死させたものである。

（過失運転致死）

【解説】

　上記の記載例は，**千葉地判平成7年12月13日判時1565・144** の事案である（当時の罪名は業務上過失致死罪）。この判決によると，ダートトライアル競技とは，競技専用の非舗装路面をより速く走行することを競うタイムトライアル競技である。ダートトライアル競技を含む自動車競技については，国際自動車連盟（FIA）の統括，公認を受けた国内団体であるJAFが，国内における各種競技を管理統括し，JAFは，「国内競技規則」，「スピード行事競技開催規定」等を定め，競技の種類及び方法，コース，車両等を規制してお

り，その中で，ダートトライアル競技は，「スピード行事競技のうち，未舗装の路面上に任意に設定したコースで行われる競技」と定義され，競技においては運転者の乗車だけが許されていた。本件において，Aは，危険を承知の上で自動車に同乗しており，被告人は，このようなAの死亡についてまで過失責任を負うのかが問題となった。

　千葉地裁は，

「ダートトライアル競技には，運転技術等を駆使してスピードを競うという競技の性質上，転倒や衝突等によって乗員の生命，身体に重大な損害が生じる危険が内在している。その練習においても，技術向上のために，競技に準じた走行をしたり，技術の限界に近い運転を試み，あるいは一段上の技術に挑戦する場合があり，その過程で競技時と同様の危険が伴うことは否定できない。ところで，練習走行に同乗する場合としては，①上級者が初心者の運転を指導する，②上級者がより高度な技術を習得するためにさらに上級の者に運転を指導してもらう，③初心者が上級者の運転を見学する，④未経験者が同乗して走行を体験する等，様々な場合があるようである。これらのうち，少なくとも①・②のような場合では，同乗者の側で，ダートトライアル走行の前記危険性についての知識を有しており，技術の向上を目指す運転者が自己の技術の限界に近い，あるいはこれをある程度上回る運転を試みて，暴走，転倒等の一定の危険を冒すことを予見していることもある。そのような同乗者には，運転者への助言を通じて一定限度でその危険を制御する機会もある。したがって，このような認識，予見等の事情の下で同乗していた者については，運転者が前記予見の範囲内にある運転方法をとることを容認した上で（技術と隔絶した運転をしたり，走行上の基本的ルールに反することは容認していない。），それに伴う危険（ダートトライアル走行では死亡の危険も含む）を自己の危険として引き受けたとみることができ，同危険が現実化した事態については違法性の阻却を認める根拠がある。もっとも，そのような同乗者でも，死亡や重大な傷害についての意識は薄いかもしれないが，それはコースや車両に対する信頼から死亡等には至らないと期待しているにすぎず，直接的な原因となる転倒や衝突を予測しているのであれば，死亡等の結果発生の危険をも引き受けたものと認め得る。」，「そこで，本件被害者の同乗についてみると，被害者は7年くらいのダートトライアル経験があり，同乗に伴う一般的な危険は認識しており，その上で自らもヘルメット等を着用し，シ

ートベルトを装着して同乗したものと考えられる。そして，被害者は，半年余り前に本件コースで被告人の運転に同乗したことがあり，当日は，スタート前に被告人に何速まで入れるか尋ねられて自分は三速で走ると答え，スタート後も，二速，三速へのギアチェンジ，次いでブレーキ操作を指示している。被害者において被告人が三速に入れるのが初めてであることを知っていたかは不明であるが，前記事実からすれば，少なくとも，被害者には，被告人は初心者のレベルにあり，本件コースにおける三速での高速走行に不慣れであるという認識があったと認められる。そうすると，被害者は，同所において被告人が自己の技術を上回り得る三速での高速走行を試みて，一定の危険を冒すことを容認していたものと認められ，他方，前記運転方法が被告人の技術と隔絶したものとまでは認められない。したがって，被害者は，三速での高速走行の結果生じ得る事態，すなわち，その後の対応が上中級者からみれば不手際と評価し得る運転操作となり，衝突や転倒，そして死傷の結果が生ずることについては，被告人の重大な落ち度による場合を除き，自己の危険として引き受けた上で同乗していたと認めることができる。そして，三速走行に入った後の被告人は，別紙事故現場見取図ＡからＢの間の減速措置が足りなかったことも一因となって，ハンドルの自由を失って暴走し，本件事故を引き起こしているが，この経過は被害者が引き受けていた危険の範囲内にあり，他方，その過程に被告人の重大な落ち度があったとまではいえない。」，「前記の理由から，本件については違法性の阻却が考えられるが，さらに，被害者を同乗させた本件走行の社会的相当性について検討する。」，「ダートトライアル競技は，既に社会的に定着したモータースポーツで，ＪＡＦが定めた安全確保に関する諸ルールに従って実施されており，被告人の走行を含む本件走行会も一面前記競技の練習過程として，ＪＡＦ公認のコースにおいて，車両，走行方法及び服装もＪＡＦの定めたルールに準じて行われていたものである。そして，同乗については，競技においては認められておらず，その当否に議論のあり得るところであるが，他面，競技においても公道上を走るいわゆる『ラリー』では同乗者が存在しており，また，ダートトライアル走行の練習においては，指導としての意味があることから他のコースを含めてかなり一般的に行われ，容認されてきた実情がある。競技に準じた形態でヘルメット着用等をした上で同乗する限り，他のスポーツに比べて格段に危険性が高いものとはいえない。また，スポーツ活動におい

ては，引き受けた危険の中に死亡や重大な傷害が含まれていても，必ずしも相当性を否定することはできない。これらの点によれば，被害者を同乗させた本件走行は，社会的相当性を欠くものではないといえる。」，「以上のとおり，本件事故の原因となった被告人の運転方法及びこれによる被害者の死亡の結果は，同乗した被害者が引き受けていた危険の現実化というべき事態であり，また，社会的相当性を欠くものではないといえるから，被告人の本件走行は違法性が阻却される。」
旨判示して無罪を言い渡した。

　この判決の「衝突や転倒，そして死傷の結果が生ずることについては，被告人の重大な落ち度による場合を除き，自己の危険として引き受けた上で同乗していたと認めることができる。」とした点については，「そのようにいえるためには，転倒や衝突から生ずる死亡結果発生の蓋然性が高く，そのことを被害者が認識していなければならない。しかし，ダートトライアル競技では，転倒や防護柵への接触はしばしば発生するが死亡事故は一度も発生したことはなかったというのであるから，Aが死亡結果発生の危険を引き受けたとみるのは困難であるように思われる。また，仮に，死亡結果に対する引受けがあったとしても，同意殺処罰規定（刑法202条）の存在から，業務上過失致死傷罪について完全な違法性阻却の効果を認めるのは困難であるように思われる。刑法は，被害者の同意に基づく故意の生命侵害行為を処罰しているのであるから，過失による生命侵害行為だけ死亡結果に対する引受けを根拠に不可罰とすることは妥当ではないからである。」（大塚426頁以下）という批判がある。

| 事例 | 106 | トラックの脱輪事故 |

　被疑者Xは，自動車及びその部品の開発，設計，製造，売買等の事業を営むM自動車工業株式会社（以下「M社」という。）の技術本部品質保証部長として，同社が製造した自動車の品質保証業務を統括する業務に従事し，同自動車について，その構造，装置又は性能が道路運送車両の保安基準に適合しないおそれがあるなど，安全性に関わる重要な不具合が生じた場合には，これがリコール等の改善措置を行うべき場合に該当するか否かの判断を行う検討会議等を主宰するなど，リコール等の改善措置の実施責任者としての地位にあった者，被疑者Yは，同社技術本部品質保証グループ長として，被疑者Xを補佐して，同社が製造したトラック・バスの品質保証業務に従事していた者であるが，同社が製造したトラック・バス等の大型車両の共用部品であり，前輪のタイヤホイールと車軸を結合する重要保安部品であるフロントホイールハブ（以下「ハブ」という。）について，平成4年6月から平成11年8月までの間に，車両の走行中にハブが輪切り状に破損して前輪が脱落するなどの不具合が十数件も発生し，過去にハブの十分な強度試験も実施しておらず，ハブの強度不足が疑われた上，平成11年6月○日に発生した同社製大型バス走行中のハブ破損による前輪脱落不具合に関し，同月○日頃，リコール等の改善措置の勧告等に関する権限を有する運輸省（本件当時。以下同）の担当官からM社に対し同事案の原因の調査・報告を求められるに至っていたところ

第1　被疑者Xは，上記大型バスの前輪脱落不具合事案の発生と内容の報告を受け，過去に同社製トラックで同様のハブ破損不具合が発生していたなどの報告も受けており，今後もハブが車両の走行中に破損してその前輪が脱落し，同車両が制御不能となり，又は，脱落した前輪が他の通行車両や歩行者等に衝突するなどして，同車両の運転者や歩行者等の生命・身体に危険を及ぼすおそれがあるなどの事情も容易に予見することができたのであるから，被疑者Yらから更

に具体的な報告を徴するなどして，M社製ハブに強度不足の疑いがある事情を把握し，被疑者Yらに対し，徹底した原因調査を行わせるべく指示し，同ハブに強度不足の疑いが残る以上は，上記検討会議を開催するなどしてリコール等の改善措置のための社内手続を進める一方，上記運輸省担当官の求めに対しては，調査の結果を正確に報告するなどして，リコール等の改善措置の実施のため必要な措置をとり，もって同社製トラック・バスでハブ破損による前輪脱落不具合がさらに発生することを防止すべき業務上の注意義務があったのに，これを怠り，被疑者Yら部下に対し，上記原因調査等の指示を行わず，必要な報告を徴することなどもしないまま，同年9月中旬頃，他に同種不具合の発生はなく，多発性はないので処置は不要と判断するなどの虚偽の内容を記載した被疑者Y作成に係る運輸省担当官宛ての報告書をそのまま同担当官に提出するなどして，同社製ハブを装備した車両についてリコール等の改善措置を実施するための措置を何らとらずに漫然放置するという過失

第2　被疑者Yは，前記大型バスの前輪脱落不具合事案を処理するに当たり，M社製の自動車で同様の不具合が続発していて，同社製のハブに強度不足の疑いがあるなどの事情を知っており，今後も同部品が車両の走行中に破損してその前輪が脱落し，同車両が制御不能となり，又は脱落した前輪が他の通行車両や歩行者等に衝突するなどして，同車両の運転者や歩行者等の生命・身体に危険を及ぼすおそれがあることが容易に予見できたのであるから，同社の担当部署に指示するなどして，徹底した原因調査を行わせ，同ハブに強度不足の疑いが残る以上は，被疑者甲にその旨報告して上記検討会議の開催等リコール等の改善措置のための社内手続を進めるよう進言し，また，上記運輸省担当官の求めに対しては，調査の結果を正確に報告するよう取り計らうなどして，リコール等の改善措置の実施のため必要な措置をとり，もって同社製トラック・バスでハブ破損による前輪脱落不具合がさらに発生することを防止すべき業務上の注意

義務があったのに，これを怠り，原因調査を十分行わせることもなく，被疑者Ｘに対する上記進言等も行わないまま，上記内容虚偽の運輸省担当官宛て報告書を作成して被疑者Ｘに提出し，その頃これを運輸省に提出させるなどして，同社製ハブを装備した車両についてリコール等の改善措置を実施するための措置を何らとらずに漫然放置するという過失

の競合により，平成14年○月○日午後○時○分頃，横浜市○区○○先道路において，時速約50キロメートルで走行中の同社製大型貨物自動車の左フロントホイールハブを輪切り状に破損させて左前輪を脱落させ，同前輪を左前方約46メートルの歩道上を歩行中のＶ１の背部等に衝突させて同女を路上に転倒させ，よって，同女に頭蓋底骨折等の傷害を負わせ，同日午後○時頃，○○所在の○○病院において，同女を上記傷害により死亡させたほか，同女が伴っていたＶ２及びＶ３をいずれも路上に転倒させるなどし，それぞれ全治約○日間を要する頭部打撲等の傷害を負わせたものである。　　　　　　　　　　（業務上過失致死傷）

【解説】

　最決平成24年2月8日刑集66・4・200の事案を基にした記載例である。

　同事案は，大手自動車メーカーＭ社のトラックの左前輪タイヤが，フロントホイールハブという部品の破損によって走行中に脱落し，歩道上にいた母子に衝突して死傷させたという本件事故に関し，その約２年半前に発生していた類似事故事案の処理に当たり，Ｍ社内で品質保証業務を担当していた社員２名が，その当時において，同種ハブの強度不足に起因する本件事故のような死傷事故の発生を予見できたにもかかわらず，同種ハブを装備した車両についてリコール等の実施のために必要な社内措置をとらなかった過失によって本件事故を発生させたなどとして業務上過失致死傷罪に問われたものである。

　上記最決は，社員２名の予見可能性について，要旨，「①Ｍ社製ハブの開発に当たり客観的なデータに基づき強度が確かめられていなかったこと，②ハブは破損することが基本的に想定されていない重要保安部品であって走行

中にハブが輪切り破損するという事故が発生すること自体が想定外のことであるところ，そのような事故が，7年余りの間に実に16件という少なくない件数発生していたこと，③M社内では，これら事故の情報を人身事故の発生に繋がるおそれがある重要情報に分類ししつつ，当時の運輸省に知られないように秘匿情報の扱いとし続けたことが認められ，これらの事情に照らすと，上記類似事故事案の処理の時点において，同社製ハブの強度不足のおそれが客観的に認められる状況にあったことは明らかである」とし，品質保証部門部長及びグループ長の立場にありこれらの事情を認識していた被告人（記載例の被疑者X及びY）らの予見可能性を肯定した。また，結果回避義務については，要旨，「上記類似事故事案の処理の時点におけるM社製ハブの強度不足のおそれの強さや，予測される事故の重大性，多発性に加え，その当時，同社が，同社製ハブの輪切り破損事故の情報を秘匿情報として取り扱い，事故関係の情報を一手に把握していたことをも踏まえると，同社でリコール等の改善措置に関する業務を担当する者においては，リコール制度に関する道路運送車両法の関係規定に照らし，同種ハブを装備した車両につきリコール等の改善措置の実施のために必要な措置をとることが要請されていたにとどまらず，刑事法上も，そのような措置をとり，強度不足に起因するハブの輪切り破損事故の更なる発生を防止すべき注意義務があったと解される。」とした上で，被告人（記載例の被疑者X及びY）らの地位・立場に鑑みて，業務上の注意義務を認めた。

　同事案は，自動車部品の欠陥に基づく事故について，製造会社の品質保証業務を担当していた者に対し，リコール等の改善措置の実施のために必要な措置をとるべき業務上の注意義務が肯定されたものであり，同種事案の事実記載や過失構成の検討において参考になるものと思われる。

判例索引

最高裁判所

最決昭和 37 年 12 月 28 日刑集 16・12・1752	5
最判昭和 41 年 6 月 14 日刑集 20・5・449	145
最決昭和 42 年 5 月 25 日刑集 21・4・584（弥彦神社餅まき事件）	1, 293
最決昭和 55 年 4 月 18 日刑集 34・3・149	79
最決昭和 60 年 10 月 21 日刑集 39・6・362	33, 75
最判昭和 62 年 9 月 22 日刑集 41・6・255	155, 161
最判昭和 63 年 10 月 27 日判時 1296・28	161
最決平成元年 3 月 14 日刑集 43・3・262	6
最決平成 2 年 11 月 16 日刑集 44・8・744（川治プリンスホテル火災事故）	27, 33, 50
最決平成 2 年 11 月 29 日刑集 44・8・871（千日デパートビル火災事故）	46
最判平成 3 年 11 月 14 日刑集 45・8・221（熊本大洋デパート火災事故）	25, 35, 50
最決平成 4 年 12 月 17 日刑集 46・9・683	226
最決平成 5 年 11 月 25 日刑集 47・9・242（ホテルニュージャパン火災事故）	25, 27
最決平成 12 年 12 月 20 日刑集 54・9・1095（生駒トンネル火災事故）	71
最決平成 13 年 2 月 7 日刑集 55・1・1	231
最判平成 16 年 4 月 13 日刑集 58・4・247	258
最決平成 17 年 11 月 15 日刑集 59・9・1558	261
最決平成 19 年 3 月 26 日刑集 61・2・131	269
最決平成 20 年 3 月 3 日刑集 62・4・567（いわゆる薬害エイズ事件厚生省ルート事案）	282
最決平成 21 年 12 月 7 日判時 2067・159	287
最決平成 22 年 5 月 31 日刑集 64・4・447（いわゆる明石歩道橋事故事件）	292
最決平成 22 年 10 月 26 日刑集 64・7・1019	206

最決平成 24 年 2 月 8 日刑集 66・4・200 ･････････････････････････････ 313
最決平成 28 年 5 月 25 日刑集 70・5・117 ･･････････････････････････ 186
最決平成 29 年 6 月 12 日刑集 71・5・315 ･･････････････････････････ 148

高等裁判所・地方裁判所等

東京地判昭和 32 年 8 月 20 日判時 124・18 ･･･････････････････････････ 105
佐世保簡判昭和 36 年 8 月 3 日下刑集 3・7 = 8・816 ･････････････････ 14
八王子簡判昭和 38 年 12 月 13 日刑集 20・5・466 ･････････････････ 146
東京高判昭和 40 年 1 月 25 日高刑集 18・1・13 ････････････････････ 146
札幌高判昭和 40 年 3 月 20 日高刑集 18・2・117 ･･･････････････････ 7
東京高判昭和 42 年 9 月 29 日判時 502・68 ･･････････････････････････ 105
大阪高判昭和 43 年 12 月 4 日判時 557・279 ････････････････････････ 98
大阪高判昭和 45 年 6 月 16 日判時 613・101 ････････････････････････ 80
東京地判昭和 47 年 7 月 3 日判タ 283・254 ･･････････････････････････ 167
東京高判昭和 47 年 12 月 20 日高刑集 25・6・946 ････････････････ 305
山形地判昭和 49 年 4 月 24 日判時 755・39 ････････････････････････ 247
仙台地判昭和 49 年 10 月 11 日判時 763・24 ･･･････････････････････ 87
鳥取地判昭和 50 年 1 月 28 日判タ 329・338 ････････････････････････ 120
大阪地判昭和 50 年 2 月 28 日判時 788・114 ････････････････････････ 84
広島高松江支判昭和 51 年 3 月 8 日公刊物未登載 ･････････････････････ 120
札幌高判昭和 51 年 3 月 18 日高刑集 29・1・78 (北大電気メス事件) ･･･････ 261
東京地判昭和 51 年 3 月 23 日判時 826・113 ････････････････････････ 196
東京高判昭和 51 年 3 月 25 日判タ 335・344 ････････････････････････ 110
和歌山地判昭和 51 年 3 月 30 日判時 823・112 (椿グランドホテル火災事故) ･･･ 42
仙台高判昭和 52 年 2 月 10 日判時 846・43 ････････････････････････ 87
長野地判昭和 52 年 12 月 24 日判時 886・113 ･･･････････････････････ 80
宮崎地判昭和 53 年 1 月 17 日判時 901・123 ････････････････････････ 200
仙台高判昭和 53 年 1 月 24 日判時 892・109 (磐梯熱海磐光ホテル火災事故) ･･･ 38
京都地判昭和 53 年 5 月 26 日判時 905・126 ････････････････････････ 77
大阪高判昭和 53 年 9 月 26 日判時 941・141 ････････････････････････ 238
神戸地判昭和 53 年 12 月 25 日判時 935・137 (有馬温泉池之坊満月城火災
　事故) ･･ 42
釧路地判昭和 54 年 3 月 30 日判時 960・134 ････････････････････････ 210
大阪地判昭和 54 年 4 月 10 日判時 949・135 ････････････････････････ 62

大阪地判昭和54年4月17日判時940・17	154
東京高判昭和54年11月19日判時966・135	80
札幌地判昭和54年11月28日判時971・130（白石中央病院火災事故の第一審判決）	54
札幌高判昭和56年1月22日判時994・129（白石中央病院火災事故の控訴審判決）	54
東京地判昭和56年3月11日判時998・131	144
釧路地網走支判昭和56年3月27日刑裁月報13・3・271	180
仙台地判昭和56年7月2日判タ469・161	86
大阪地判昭和57年3月30日判時1176・154	75
大阪地判昭和57年8月27日判時1076・156	175
高知簡判昭和58年1月17日判タ500・234	91
大阪高判昭和58年3月22日刑集39・6・396	75
福岡高判昭和60年2月28日高等裁判所刑事裁判速報集（昭和60年）334	117
山形地判昭和60年5月8日判時1162・172（蔵王観光ホテル火災事故）	41
札幌地判昭和61年2月13日判タ592・54	172
福岡高判昭和61年5月26日判時1201・154	242
名古屋高判昭和61年9月30日判時1224・137	16
大阪地判昭和61年10月3日判タ630・228	295
東京高判昭和62年10月6日判時1258・136	64
横浜地判平成2年3月22日公刊物未登載	124
東京高判平成2年8月15日判タ746・227（ホテルニュージャパン火災事故の控訴審判決）	24
大阪高判平成3年3月22日判タ824・83	233
東京地判平成4年1月23日判時1419・133	12
東京地判平成4年2月26日判タ800・275	297
東京高判平成4年9月29日東京高等裁判所刑事判決時報43・1＝12・41	90
神戸地判平成5年2月10日判時1460・46	108
静岡地沼津支判平成5年3月11日判タ835・252（ホテル大東館火災事故）	42
長崎地判平成5年3月26日判時1457・157	126
札幌地判平成5年5月13日判タ846・284	142
東京地判平成5年5月31日判タ840・224	240
神戸地尼崎支判平成5年9月13日公刊物未登載（長崎屋火災事故）	59
水戸地下妻支判平成6年12月7日公刊物未登載	90
大阪地判平成7年10月6日判タ893・87（生駒トンネル火災事故の第一審	

判決）……………………………………………………………………………71
横浜地判平成7年10月30日判時1575・151…………………………………66
那覇地沖縄支判平成7年10月31日判時1571・153………………………122
千葉地判平成7年12月13日判時1565・144………………………………307
名古屋地判平成8年2月23日判タ916・250………………………………131
水戸地判平成8年2月26日判時1568・147…………………………………129
浦和地判平成8年7月30日判時1577・70……………………………………99
千葉地判平成8年10月29日判タ947・278…………………………………231
東京地判平成8年11月6日判タ958・292……………………………………184
大阪高判平成10年3月25日判タ991・86（生駒トンネル火災事故の控訴
　審判決）………………………………………………………………………71
東京高判平成10年4月27日判タ990・292…………………………………231
札幌地小樽支判平成12年3月21日判時1727・172…………………………252
大津地判平成12年3月24日判時1717・25（信楽高原鐵道事故）…………138
東京高判平成12年6月13日東京高等裁判所刑事判決時報51・1＝12・76…118
東京地判平成12年12月27日判時1771・168…………………………………257
横浜地判平成13年9月20日判タ1087・296…………………………………269
東京高判平成15年3月25日東京高裁刑事判決時報54・1＝12・15………269
札幌地判平成16年3月17日裁判所ウェブサイト……………………………253
札幌地判平成16年9月27日判タ1198・296…………………………………151
大阪地判平成17年1月20日判タ1186・312…………………………………135
東京地判平成17年9月30日判時1921・154…………………………………300
東京地判平成18年3月20日判時2008・151…………………………………204
神戸地判平成18年7月7日判タ1254・322……………………………………287
横浜地判平成18年12月1日公刊物未登載……………………………………273
東京高判平成19年6月5日公刊物未登載（いわゆる腹腔鏡下前立腺がん手
　術ミス事件）…………………………………………………………………272
東京高判平成20年4月11日判時2008・133…………………………………204
東京地判平成22年5月11日判タ1328・241…………………………………164
東京地判平成23年9月28日公刊物未登載……………………………………278
東京高判平成24年3月9日公刊物未登載……………………………………278
東京地判平成25年3月4日判時2190・133……………………………………275

〈編著者紹介〉

山口 貴亮(やまぐち たかあき)　法務省司法法制部参事官

〈主要著書〉

『Q＆A 実例 適正捜査の分かれ道〜適法・違法の分水嶺〜』（共著，立花書房，2015年）
『捜索・差押えハンドブック』（共著，立花書房，2016年）
『適法・違法捜査ハンドブック』（共著，立花書房，2017年）

★本書の無断複製（コピー）は，著作権法上での例外を除き，禁じられています。また，代行業者等に依頼してスキャンやデジタルデータ化を行うことは，たとえ個人や家庭内の利用を目的とする場合であっても，著作権法違反となります。

過失犯犯罪事実記載要領〔第2版〕

平成31年4月15日　第1刷発行

編著者　山　口　貴　亮
発行者　橘　　　茂　雄
発行所　立　花　書　房

東京都千代田区神田小川町3-28-2
電話（代表）　03-3291-1561
FAX　03-3233-2871
http://tachibanashobo.co.jp

平成23年8月20日　初版発行
©2019 Takaaki Yamaguchi
印刷・東京創文社／製本・和光堂
乱丁・落丁の際は本社でお取り替えいたします。
ISBN978-4-8037-4343-2　C3032

現場警察官に求められる瞬時の判断力が身に付く！

立花書房 好評書

適法・違法捜査ハンドブック

捜査現場において、執行務の適法性判断に迷う警察官に送る最良の一冊。

現行犯逮捕における実力行使、任意捜査の限界、令状による捜査の限界 など、現場で生じる疑問について、適法事例・違法事例を踏まえて、分かりやすく解説。

サイバー犯罪関連の問題にも詳しく言及！

「リモートアクセスに係る差押えをするには？」
「電磁的記録を差し押さえるには？」
「差し押さえたパソコンやスマホの解析は？」などの留意点に言及し、現場捜査能力の向上に資する！

刑訴法、警職法、通信傍受法など、幅広く適正な執行務のポイントを把握！

刑訴法上の任意・強制捜査に加え、警職法上の行為（職務質問／所持品検査／保護／避難等の措置／犯罪の予防及び制止／立入／武器の使用）に関する問題を網羅！ 通信傍受法の改正にも対応。

判例索引付き

【監修】弁護士、元大阪高等検察庁検事長　伊丹　俊彦

【著者】
東京高等検察庁刑事部検事　倉持　俊宏
日本司法支援センター本部総務課長・検事　細川　充
法務省大臣官房司法法制部参事官・検事　山口　貴亮
内閣官房副長官秘書官・検事　山口修一郎
東京地方検察庁公判部検事　栗木　傑
法務省法務総合研究所総務企画部付　渡邊真知子
神戸地方検察庁尼崎支部検事　三尾有加子

A5判・並製・432頁（送料：300円）
定価（本体2400円＋税）